JN108095

3つのステップで成功させるデータビジネス

「データで稼げる」新規事業をつくる

EYストラテジー・アンド・コンサルティング

SE
SHOEISHA

本書内容に関するお問い合わせについて

このたびは翔泳社の書籍をお買い上げいただき、誠にありがとうございます。弊社では、読者の皆様からのお問い合わせに適切に対応させていただくため、以下のガイドラインへのご協力をお願い致しております。下記項目をお読みいただき、手順に従ってお問い合わせください。

●ご質問される前に

弊社Webサイトの「正誤表」をご参照ください。これまでに判明した正誤や追加情報を掲載しています。

正誤表　https://www.shoeisha.co.jp/book/errata/

●ご質問方法

弊社Webサイトの「刊行物Q&A」をご利用ください。

刊行物Q&A　https://www.shoeisha.co.jp/book/qa/

インターネットをご利用でない場合は、FAXまたは郵便にて、下記"翔泳社 愛読者サービスセンター"までお問い合わせください。電話でのご質問は、お受けしておりません。

●回答について

回答は、ご質問いただいた手段によってご返事申し上げます。ご質問の内容によっては、回答に数日ないしはそれ以上の期間を要する場合があります。

●ご質問に際してのご注意

本書の対象を越えるもの、記述個所を特定されないもの、また読者固有の環境に起因するご質問等にはお答えできませんので、あらかじめご了承ください。

●郵便物送付先およびFAX番号

送付先住所　〒160-0006　東京都新宿区舟町5
FAX番号　03-5362-3818
宛 先　(株)翔泳社 愛読者サービスセンター

※本書に記載されたURL等は予告なく変更される場合があります。

※本書の出版にあたっては正確な記述につとめましたが、著者や出版社などのいずれも、本書の内容に対してなんらかの保証をするものではなく、内容やサンプルに基づくいかなる運用結果に関してもいっさいの責任を負いません。

※本書に記載されている会社名、製品名はそれぞれ各社の商標および登録商標です。

※本書に記載されている情報は2023年5月執筆時点のものです。

はじめに

各社が暗中模索する「データを活用した新規事業」

「競合他社や他の企業は、うまくデータを活かしているぞ。我が社でも、データを活かして何か新しいビジネスができないのか」

皆様の会社の社長や役員から、こうした発言を聞いたことはないだろうか。また、データを活かして莫大な収益を生み出す大手プラットフォーマーに注目した記事を読むたびに、自社に蓄積するデータから、大きな収益を生み出せないか、と考えたりしないだろうか。

多くの企業が、従来の主力事業だけでは成長が頭打ちになる中で、どんな企業でも新たな事業の立ち上げが急務になっている。また、コロナウイルス感染症2019の流行を契機に、社会のデジタル化が進展し、様々なデータであふれるようになった。**企業が新規事業を検討する際には、「新規事業の中でどうやってデータを活用するか」を考えることは必須であり、また必然と**も言える。

新規事業の企画や立ち上げについては、入門書や実践書など様々な書籍が書店に並べられ、「どのように進めれば良いのか」というノウハウはある程度、確立されている。

一方、「データを活用した新規事業（本書では「データビジネス」と呼ぶ）」となると、そのノウハウを説く手引書のようなものは見当たらない。

「データを活用しようとしまいと、新規事業なら同じような進め方になるのでは？」と思われるけで、必要とするノウハウは大きく異なる。

読者も多いだろう。ただ、実際には「新規事業」に「データを活用した」という枕言葉がつくだ

データは「曲者」である

データは、企業にとってヒト・モノ・カネに次ぐ第4の経営資源と言われて久しい。

ただ、ヒト・モノ・カネに比べて、データは「どのようにうまく扱い、企業価値の向上に活用すべきか」という活用やマネジメントの手法が未だ発展途上と言える。

そして、**データはそれを活用して収益を上げよう（稼ごう）と思うと、特性を理解していない限り、「実際には使い物にならない」くらいクセが強い**。それには次のような理由がある。

- データは、取得、蓄積、分析、管理に多大な時間と投資・コストがかかる
- データは陳腐化するのも早く、すぐ無価値になり、常に鮮度維持が必要となる
- 苦労して取得したデータは、所有しているだけで収益を生むわけではない
- データそのものは、顧客がお金を払いたくなるような解決策ではない（顧客は「データ」にお金を払いたいのではなく、「データを活かした解決策」にお金を払いたい）
- データは、活用方法を間違えると企業の存続を脅かすようなリスクを持つ

EYストラテジー・アンド・コンサルティングでは近年、通常の「新規事業」に加えて、データビジネス（データを活かした新規事業）のご支援の依頼を頂くことが多く、データの活かし方について独自のノウハウや知見を蓄積してきた。

このたび、蓄積してきたことを書籍化することで、データビジネスに取り組んでいる、あるいは、これまで取り組んだが壁にぶつかり苦戦している企業の一助になればと考える。

本書の構成

第1部では、データビジネスがなぜ必要なのか、なぜ今データビジネスを考える必要があるのか、という本書の主題である「データビジネス」の必要性について述べたい。データビジネスについては、依然「デジタル企業のもの」、「自分たちとは関係のないもの」と捉える企業も多いと思う。

しかし、今やデータビジネスは、一部のデジタル企業の専売特許ではない。既存事業がどのようなものであれ、企業が今後存続していくためには、すべての企業が考え、立ち上げに向けて動き出すべき取り組みである。

そのため、第1部ではまず、データビジネスの背景にある動きやトレンドを、技術やビジネスモデルの転換、レガシー産業領域での変化といった様々な観点から紐解き、データビジネスが今やすべての企業にとって「他人事」ではない理由について見ていく。

データビジネスを考える必要性そのものについて知りたい読者は、まずは第1部からじっくりとご覧頂ければ幸いである。

第2部では、データビジネスの全体像をご説明したい。「データビジネス」と一口に言っても、大きく分けて「**既存サービスの新機能・サービス追加**」、「**データを用いた他事業者サービスのクロスセル**」、「**データを用いた新規事業の展開**」の3つの段階があり、それぞれ収益の上げ方や競争上のポイント、立ち上げる際に留意すべき点は異なる。

データビジネスについて社内で議論しても、この3つの段階の認識がすり合わないと、目指すイメージ自体がなかなか互いに合致せず、議論が前に進まない場面も多々あるだろう。

そこで第2部では、データビジネスの3つの段階ごとに、具体的な事業やサービスの事例も挙げながら、どのようなものをどのように展開するのかについて見ていく。データビジネスの検討を始めてみたいが、具体的にイメージできていないという読者は、特に第2部をご覧頂ければと思う。

続く第3部~第5部では、データビジネスの3段階目にあたる「データを用いた新規事業の展開」を図る上での思考法を見ていきたい。ここが、データビジネスのアイデアをつくり、形にし、立ち上げるという3つのステップにおいて押さえるべきポイント、すなわちデータビジネスの思考を網羅した本書のメインパートである。

すでにお伝えした通り、データを用いた新規事業はその性質上、一般的な新規事業とは異なる独特のクセが存在する。仮に新規事業のノウハウに忠実に沿って検討しても、データビジネスは成功しない。

そのため、第3部~第5部では、データビジネスのクセを押さえた検討の進め方を述べる。第3部はサービスのアイデア出しなど「アイデアをつくるステップ」、第4部はビジネスモデルや差別化要素を検討する「アイデアを形にするステップ」、第5部はそれらを実際に立ち上げ市場に展開し「マネタイズするステップ」を取り上げる。

また、各ステップをそれぞれ3つのサブステップに分割し、全3部9章で、1サブステップに対し1章を対応させる形で解説する。

データビジネスを進める上で押さえるべき考え方や思考法が、その検討の順番に沿う形で網羅されているので、可能な限り順番通りにご覧頂ければ幸いである。

最後の第6部では、「データビジネスの実践ケース」と題し、様々な業種や業界におけるデータビジネスの最新事例や、そこから推察されるデータビジネスの未来を描いた。

第3部〜第5部はスタート地点から順にゴールを目指す発想でデータビジネスの流れを述べているが、それだけでは具体的にどのようなゴールを目指すべきか、というイメージが醸成されない可能性がある。そこで第6部で、目指すべきデータビジネスのイメージをつかんで頂きたいと考えている。スタートとゴールの両面から、データビジネスの理解の解像度を高めることに寄与できれば幸いである。

本書の企画は、すでにデータビジネスに取り組んでいるが、様々な課題に直面して思うような成果を上げられていない新規事業担当者や経営者の方に、何か手助けになるノウハウを提供できないか、との意識から始まった。

特に本書の第3部〜第5部では、実践に使えることを念頭に、汎用性は損なわない範囲で、可能な限り具体的な方法論を述べることに努めた。だからこそ、本書は単なるデータビジネスを理解するための教養本としてだけでなく、それを実践する上での指針としても、十分に実用に活かせるはずだ。

これからデータビジネスを立ち上げようとしている方、すでに始めているが課題に直面している方の両方にとって、本書が道標となれたら幸いである。

目次

ブックデザイン 國枝達也
DTP 株式会社シンクス

第 1 部

データをカネに換える
“データビジネス”とは何か

第1章　なぜ今データビジネスが必要なのか

1・1　データビジネスの第二幕が始まる

2000年初頭以降、インターネットから生まれた大手プラットフォーマーが、無料サービスを消費者に提供するかたわら個人のデータを収集し、巨額の収益を稼ぎ続けている。それによって、ビジネスにおけるデータ活用が注目されるようになった。

また、ビジネスだけでなく、データを使ったSNSでの情報戦が、米大統領選の投票結果や、英国のEU（欧州連合）離脱を決めた国民投票にも影響を与えたことで、皮肉にもデータの持つ力に関心が集まることになる。

しかし、**一部の大手プラットフォーマーやスタートアップの〝専売特許〟のように考えられていたデータビジネスの「第一幕」は、2018年頃から大きく潮目が変わる。**

1つ目の潮目の変化は、膨大なデータを独占してきた大手プラットフォーマーへの富と力の集中に対して、EUが消費者や関係する事業者の保護を目的に、包括的な規制をかけたことが契機となった。これまで大手プラットフォーマーの独壇場であったデータビジネスは、曲がり角を迎えることになる。

２つ目の潮目の変化は、日本では２００８年のスマートフォンの登場、その後のＳＮＳの普及、さらにはコロナ禍により、社会、経済、そして人々の生活でもデジタル化が一気に進み、世の中に膨大なデータがあふれるようになったことによる。

３つ目の潮目の変化は、ビジネスにおけるデータ活用の〝民主化〟が進んだことだ。それは、データ分析に役立つ様々なツールが登場して低廉化し、また操作などのユーザービリティも向上したことで、一部の企業の〝専売特許〟と思われていたビジネスにおけるデータ活用が、様々な企業で可能になったことが背景にある。

こうした流れにより、様々な企業でのデータ活用が加速し、今まさに「データビジネスの第二幕」が始まっている。

1・2 データビジネスはどの企業にとっても「他人事」ではない

「データを活用してもっと収益が上がるビジネスはないか」、「データでもっと収益を上げる方法はないか」など、各社は新規事業におけるデータ活用を推進するようになっている。一方で、データビジネスへの取り組みは企業の収益性向上や競争力強化とも無関係でないと言える。

経済産業省の「通商白書２０２２」によると、近年米国や欧州の高収益の企業では、工場や機械設備といった有形資産への投資よりも、ソフトウェアの研究開発や知的資産など無形資産へ

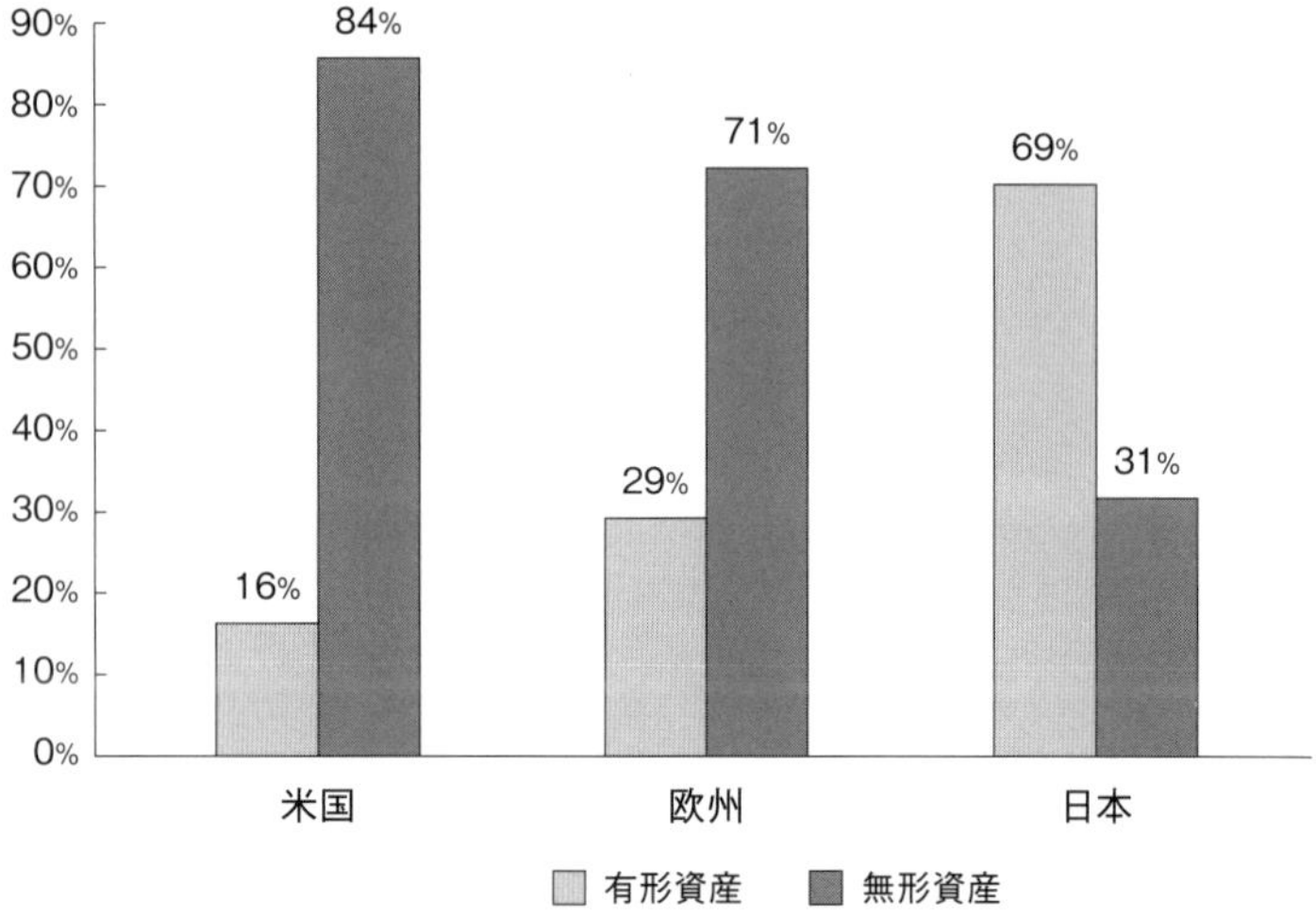

図表1-1　米国、欧州、日本の有形／無形資産の投資割合

の投資の割合の方が高い（有形資産が2〜3割、無形資産が7〜8割）ことが判明している（図表1-1）[1]。

逆に**日本企業は、有形資産への投資の割合が無形資産よりも高い**（有形資産が7割、無形資産が3割）。これが、米国や欧州企業との収益性や成長性の差につながっているとされる。

つまり、企業が競争を優位に進め、企業価値を高めていく上で、無形資産への投資が重要であるとされているわけだ。「はじめに」で述べた通り、多くの産業で市場が成熟化する中、企業は従来の主力事業での成長の限界に直面している。企業は新たな成長を求め、新規事業への投資が必要となるが、データビジネスへの投資は、無形資産への投資でもある。設備や工場などに投資するよりも、データビジネスに投資する方が企業の競争力向上につながると言える。

企業がデータビジネスを真剣に考えるように背中を押されている背景には、「攻め」と「守り」の双方の面があると考える。

「攻め」——ストック型ビジネスで反転攻勢へ

SNSなどによる情報伝達のスピードが高まり、顧客の嗜好も目まぐるしく変わる中で、商品やサービスの新陳代謝は激しく、人気のある商品の平均寿命は短くなっている。そのため、企業は〝バズリ〟に代表されるような一過性の売上だけでなく、末永く企業に持続的な収益をもたらすようなビジネスを志向している。

業種や業界を問わず様々な企業が、商品やサービスを一度提供して終わる**売り切り型ビジネス（フロー型ビジネス）**から、**ストック型ビジネス**への転換を行っている。つまり、リカーリング（従量課金サービス）やサブスクリプション（定額制サービス）に代表される、継続的な価値提供で長期的な収益を得るビジネスモデルへの転換だ。

一方で、これまで売り切り型ビジネスを展開していた企業は、ストック型ビジネスに移行しようとすると次のような課題に直面していた。

- 従来の売り切り型ビジネスとのカニバリ（カニバリゼーション＝従来の事業と新たな事業が競合してしまうこと）が発生する
- 代理店や量販店などを介した販売を行っている場合、利用ユーザーとの直接の接点を持っていない

ただ、近年ではサービスや料金設定のノウハウが蓄積されたことで売り切り型ビジネスとのカ

ニバリが解消され、また、様々な企業が自社の公式アプリなどを活用してユーザーと直接の接点を持てるようになった。

その結果、リカーリングやサブスクリプションで新たに開拓できた、これまでサービスを利用していなかった新規ユーザーからの売上が、カニバリによる既存事業の一時的な売上の落ち込みをカバーしてさらに上回るようになっている。

そのため、**これまでの主力事業が頭打ちになっている多くの企業にとっては、ストック型ビジネスは反転攻勢の「攻め」のチャンスとなっている。**

その一方で、実際のところストック型ビジネスは、データ活用をうまく行わないと、期待するほどの収益を上げられない。それはなぜか。

ストック型ビジネスでは、「支払う料金以上にサービスを使うので元がとれている〝ヘビーユーザー〟」、「支払っている料金に対してトントンになっている〝ミドルユーザー〟」、「支払っている料金ほどサービスを使い切れず、損をしている〝ライトユーザー〟」、「サービスに加入したものの使うのをやめてしまった〝休眠ユーザー〟」など、様々なユーザーがいる。すべてのユーザーに最適な形で料金やサービスを設計することは難しく、ユーザーの離反を招きやすい。

また、リカーリングやサブスクリプションは、ビジネスモデルとして単純なために競合他社に模倣されやすく、ユーザーの離反を防ぐための販促や囲い込みの費用も高くなりがちである。

そのため重要なのは、ユーザーと常に接点を持っているという利点を活かして、サービスの利用状況（もしくは不利用状況）を分析し、サービスを利用する顧客のニーズや課題を見つけることだ。それに基づき、ユーザーの満足度が高まるような新たなサービスをタイムリーに提供していく必要がある。

<table>
<tr><th>業界</th><th>会社名</th><th>サービス名</th></tr>
<tr><td>アパレル</td><td>株式会社AOKI</td><td>suitsbox</td></tr>
<tr><td colspan="3">設定した好みとサイズに合わせたスーツ、シャツ、ネクタイをスタイリストが選定して宅配便で届けるサービス。
→顧客ニーズに応じたデザイン／バリエーションの商品提供ができないといった理由で顧客離反を招き、サービスローンチ半年で撤退。</td></tr>
<tr><td>アパレル</td><td>株式会社ZOZO</td><td>おまかせ定期便</td></tr>
<tr><td colspan="3">「サイズ」や「服の好み」などアンケートに答えると、ZOZOTOWNの取り扱う50万点以上のアイテムから、1〜3カ月ごとに、服や靴など5〜10点が届くサービス。
→好評の声もあったが、「好みに合わない服ばかり」「サイズが合わない」などの不評により、特に既存ZOZO会員を中心に利用率が伸び悩み、約1年で撤退。</td></tr>
<tr><td>化粧品</td><td>株式会社資生堂</td><td>Optune</td></tr>
<tr><td colspan="3">スマホのアプリと連携して、写真を撮影するだけでAIが利用者の肌を解析し、数万通りの配合から一人ひとりに合った美容液を抽出するIoT機器を貸し出すサービス。
→採算が合わない、サービス品質が不完全などの理由から約1年で撤退。</td></tr>
<tr><td>車</td><td>ゼネラル・モーターズ</td><td>ブック・バイ・キャデラック</td></tr>
<tr><td colspan="3">高級車ブランド「キャデラック」で2017年に始めた、定額で複数車種を乗り換えられるサービス。月額1800ドル（約24万円）で年間18回を上限に、多目的スポーツ車（SUV）「XT5」やセダン「CT6」など複数の車種の中から好きなグレードや色の車に乗り換えられる。
→2017年に開始したが、採算が合わず約2年後には一時休止に。</td></tr>
<tr><td>家電</td><td>ダイソン</td><td>Dyson Technology +</td></tr>
<tr><td colspan="3">コードレスクリーナー、ファンヒーター、ヘアードライヤーの3商品を月額定額で利用できるサービス。プランは2種類あり、設定期間3年の「パフォーマンスプラン」では、普及クラスの機種が1100円／月で使用可能。設定期間2年の「アドバンスプラン」では、最上位機種のコードレスクリーナーと空気清浄機能付ファンヒーターが2750円／月、ヘアードライヤーはパフォーマンスプランと同じモデルが1650円／月で利用できる。
→詳細な理由は未公表だが、2021年に撤退。</td></tr>
</table>

図表1-2　サブスクリプション型ビジネスに挑戦したが
思うような成果を上げられずに終了したサービス一覧[2]

つまり、ストック型ビジネスは、次のような構造になっている。

- 利用者のデータを活かしたアップセル（ユーザーにより上位のサービスへ移行してもらう）やクロスセル（ユーザーが現在利用するサービスと組み合わせたサービスを購入してもらう）があって初めて期待した収益が上がる
- データを活かしたアップセル、クロスセルが競合企業へのユーザーの離反も防ぎ、離反対策のためのコストも低減され、利益率が上がる

前述の通り、多くの企業にとってストック型ビジネスは、反転攻勢の「攻め」のチャンスになる。しかし、**ストック型ビジネスは「データを活かしたビジネス」である**という認識を持たず、従来の売り切り型ビジネスの利用形態や支払い方法が変わっただけと捉えていると、「攻め」のチャンスをつぶしてしまい、また失敗に伴う損失も大きい。

実際に、様々な企業がサブスクリプションビジネスに挑戦した結果、「〝モノ〟のサブスクリプションビジネスは難しい」という認識が広まっている。ただ、失敗した企業の多くは、従来の売り切り型ビジネスの課金方法だけ変更し、ユーザーからの情報を取得してクロスセル、アップセルにつなげるような仕組みが欠如している。つまり、「サブスクリプションはデータビジネス」との認識が欠けている、と考えられる。

「守り」――新興プレイヤーに対抗する

多くの業界で今起きているのは、これまで「競合」と認識していた企業とは出自の異なる新興・

異業種プレイヤー（既存業界を破壊するディスラプターとも言われる）が突如として登場し、従来からいる事業者の収益を脅かす、という事態だ。そうしたプレイヤーは、新しい発想とデジタル技術、そしてデータ活用を武器に、既存の業界の秩序やビジネスモデルを破壊している。

「**デジタル・ボルテックス（デジタル化の渦）**」という言葉をご存じだろうか[3]。これは、「Global Center for Digital Business Transformation（ＤＢＴセンター）」が２０１５年に提唱したもので、次のような概念である。

・「デジタル化できるものはすべてデジタル化される」という法則に従って、様々な業界で破壊現象が起きる
・デジタル化の波に襲われた業界に存在する企業は、どんなに抗ってもデジタル化の波に引き寄せられ、渦に飲み込まれていく
・各業界の上位10社のうち、平均して約４社が淘汰される

２０１５年当時では、まずデジタル技術との親和性の高い「テクノロジー」や「メディア・エンターテインメント」、「通信」の順にデジタル化の波に飲まれ、最終的には「一般消費財・製造」や「ヘルスケア」、「公共事業」まで波及すると予測されていた。

近年の傾向を見ると、デジタル化の波は当初の予測通り、デジタル技術と親和性の高い業界から飲み込み始め、今やすべての業界に及んでいる。

様々な業界が飲み込まれる相乗効果で、年々勢いを増す波が巨大化し、資産や設備が巨大な製造業や電力・ガス業界まで急速かつ一気に巻き込んだと言える。

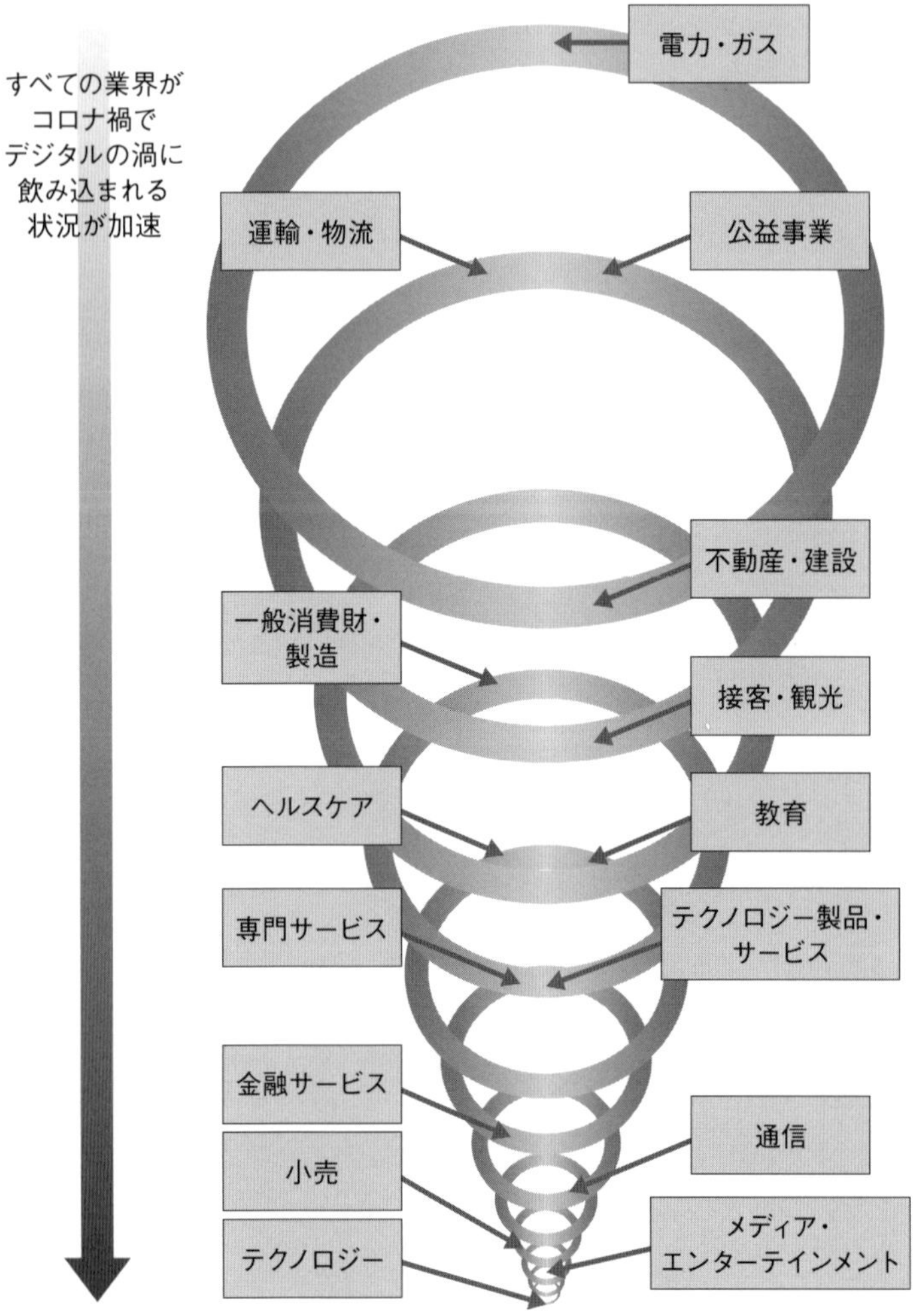

図表1-3　デジタル・ボルテックス

問題は、「各業界の上位10社のうち、平均して約４社が淘汰」という予測である。デジタル化の波に飲み込まれた企業は、業界での地位にかかわらず安泰ではなく、淘汰される可能性がある。そうならないような「守り」のためには、自社の持つデータの価値を引き出し、それを武器としたデータビジネスを開発することが必須だと言える。

1　経済産業省「通商白書2022」https://www.meti.go.jp/report/tsuhaku2022/index.html
2　各種ウェブ報道記事より
3　Global Center for Digital Business Transformation「デジタル　ボルテックス」https://www.cisco.com/c/dam/m/ja_jp/offers/164/never-better/core-networking/digital_vortex.pdf

データは誰のもの？「データ労働者」への収益還元の動き

大手プラットフォーマーは、私たち個人が生み出す膨大なデータを資源に莫大な収益を上げている。

大手プラットフォーマーが兆単位の収益を上げる一方で、その資源となるデータを生み出す個人には収益が還元されていない。このことが、各国で問題として取りざたされている。

例えば米国では、大手プラットフォーマーの様々な無料サービスを通じてデータを提供する個人は、彼らのビジネスに貢献する「データ労働者（Data Worker）」である、という主張が出てきている。

米国ではData Workers Union[4]という団体が2017年に立ち上がった。世界中の「データ労働者」が、自分たちの生み出すデータに対するオーナーシップを取り戻すことを目的に活動している。

また、中国でも巨大ネット企業などに「データ税」を導入することが議論されている。習近平指導部が掲げる所得再分配政策「共同富裕（共に豊かになる）」の推進を背景に、巨大ネット企業の持つデータに課税することで、データを生み出している個人に巨額の収益を還元させるべきだ、という考えが出ている。

ＥＵでは、大手プラットフォーマーへのデジタル課税が検討されているが、国境を超えて展開されるデジタルサービスの消費地ごとの収益を、各国の税当局が実際に捕捉す

column

column

ることは難しいと言われている。消費地ごとに課税することで発生する恐れのある問題（二重課税、課税逃れなど）を回避する方法として、大手プラットフォーマーの所有するデータに対して課税する案も、識者の間では検討されている。

今後デジタル社会のさらなる進展により、データビジネスが企業にとって新たなビジネスモデルの主流になると予想される中で、「データという資源を生み出す労働者（ユーザーなど）への収益還元」は、見落としてはいけない観点と言える。

4　https://dataworkers.org/

第2章　データビジネスの現在地

2・1　日本企業が活用するデータの「種類」と「範囲」

　ここで、日本企業におけるデータ活用の現状に目を向けてみたい。

　総務省の「令和2年 情報通信白書」を見ると、**日本企業が活用するデータの「種類」が増え**（図表2-1）、**データ活用の「範囲」が広がっている**ことがうかがえる[5]。

　まず、日本企業が分析しているデータに着目してみたい。

　これまで日本企業では、主に顧客データや経理データの分析が行われていた。ただ、近年は傾向が変わり、経理データを分析する企業の割合は減り、ＰＯＳ（販売実績）データやｅコマースによる販売記録データ、顧客との応対内容のデータ（電子メール、電話など）を分析する企業の割合が増えている。

　また、ＳＮＳでやり取りされる口コミ情報、消費者の位置情報（ＧＰＳデータ）、ＲＦＩＤや各種センサーから取得できるデータも活用する企業が増えている。さらに、様々な事業者の持つデータが解放される中で、交通量・渋滞情報データや気象データも利用されているほか、画像解

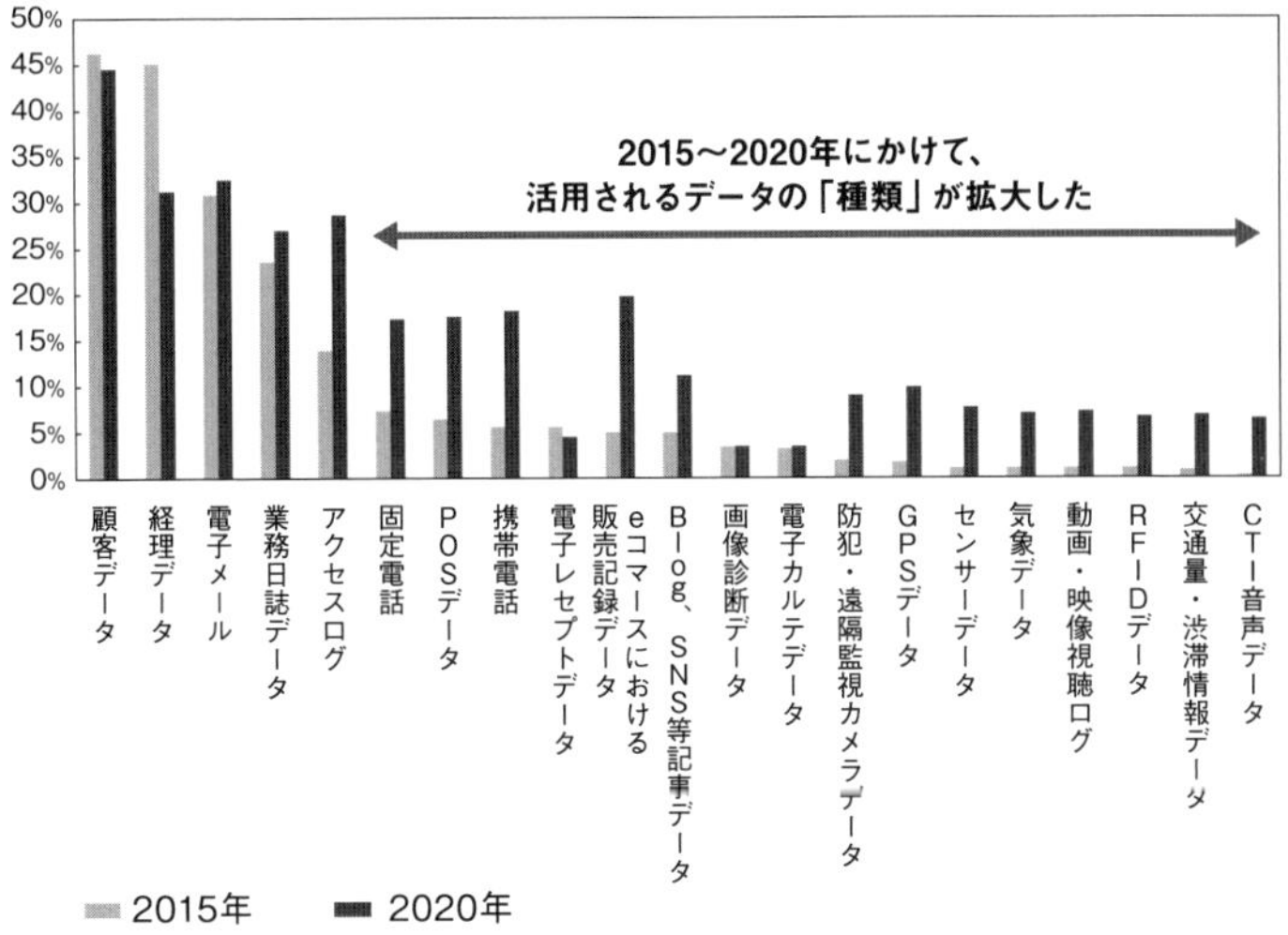

図表2-1　広がりを見せるデータ分析の「種類」
（%は「活用している」と回答した企業の割合）

析技術が向上し利用コストが低廉化する中、防犯・遠隔監視カメラデータまで活用する企業が増えていることが調査から分かる。

このように、各社は様々な種類のデータを分析・活用し始めており、今後も分析するデータの「種類」が飛躍的に増え、活用が進展すると予測される。

次に、データ活用の「範囲」に着目してみよう。

データ活用の範囲を業務領域別に見ると、「経営企画・組織改革」や「製品・サービスの企画、開発」、「マーケティング」といった業務領域では、すでに大企業の5割近くがデータを活用している。

一方で、「生産・製造」、「物流・在庫管理」、「保守・メンテナンス・サポート」などの領域でデータを活用する企業の割合は、大企業でも3割を下回る。

日本企業においてこうした領域は、人

	大企業（n=886）	中小企業（n=1117）
経営企画・組織改革	47.9	27.9
製品・サービスの企画、開発	48.4	21.1
マーケティング	46.7	20.7
生産・製造	25.7	12.3
物流・在庫管理	22.1	9.0
保守・メンテナンス・サポート	24.3	12.6
その他（基礎研究、リスク管理等）	10.4	4.5

一部領域ではすでに5割近い企業がデータを活用

いずれの領域も3割未満に留まる

図表2-2　企業規模×業務領域別のデータ活用を実践する企業の割合
（%は各領域で「活用している」と回答した企業の割合）

を中心とする業務の色合いが強いためと考えられる。だが今後、企業内の業務でデジタル技術の活用（DX＝デジタルトランスフォーメーション）が進むと見られ、それに伴ってデータ活用も自ずと進むだろう。

なお、中小企業に目を向けると、いずれの業務領域でもデータ活用は3割を下回っており、これが中小企業の生産性の伸び悩みにもつながっていると考えられる。

日本企業の収益性向上のためには、日本は全企業数の99・7%を中小企業が占めることを考えると、中小企業によるデータ活用は急務だと言える。

2・2　「データによる業務レベルアップ」から「データマネタイズ」へ

日本企業が活用するデータの「種類」が増え、データ活用の「範囲」が広がる一方で、自社の所有

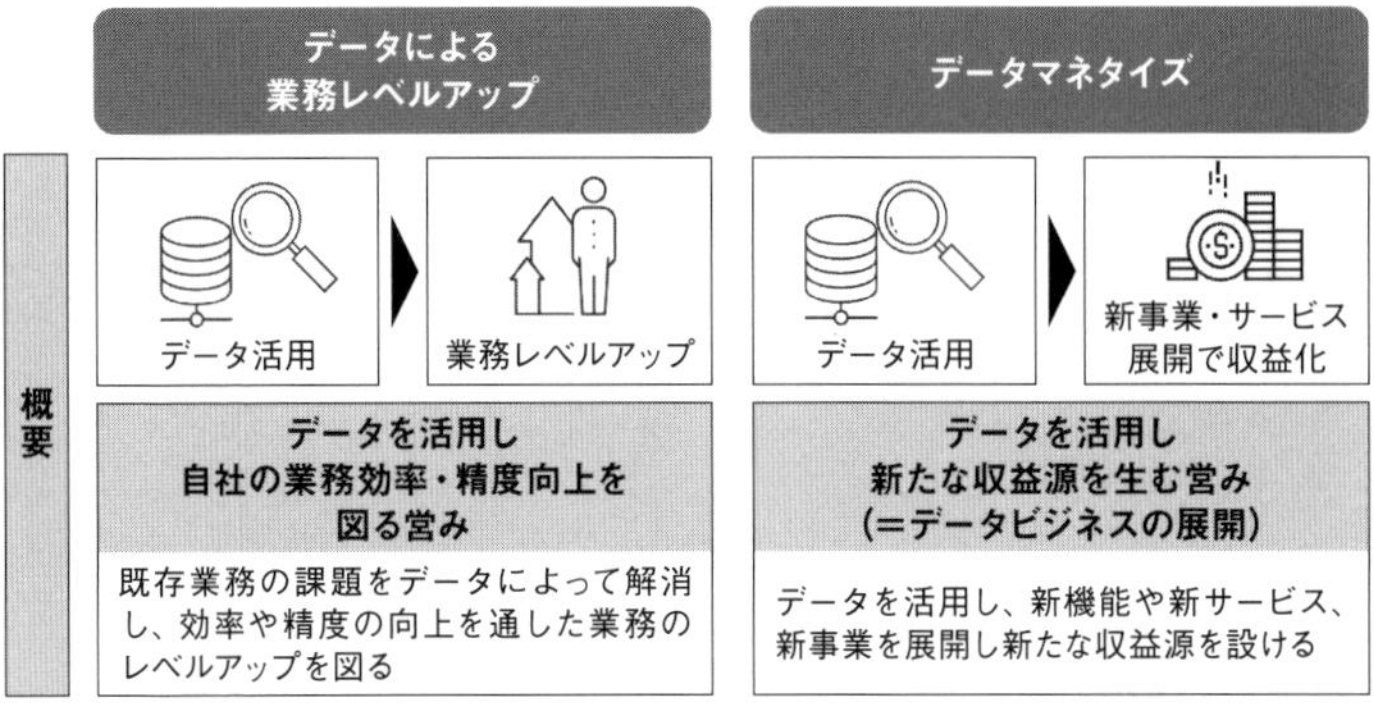

図表2-3　データ活用の2つの分類

するデータから新たな収益を生み出し（カネを稼ぎ）、自社の成長につなげられている企業はどの程度あるだろうか。

「データの活用」と言っても、実際には**「データによる業務レベルアップ」**と、**「データマネタイズ」**の2つに分類されると考える。

データによる業務レベルアップとは、データを活用することで業務上の課題を解消し、効率化や省力化を図り、ミスやエラーを減らすなど業務品質を向上し、それによって現場の生産性向上や人員の削減、無駄なコストの削減につなげることを指す。

これについては、前節で述べたように大手企業ではすでに取り組みが進み、データ活用の成果が表れる段階にあると考えられる。中小企業でも、DXの潮流も受け、今後進展するだろう。

一方、多くの企業では、これまでの主力事業での成長が見込めない中、データによる業務レベルアップだけでは、持続的な成長にはつながらない。収益性が一時的に高まっても、いずれ横ばいになってしまう。

そこでデータ活用のもう1つの分類である「データマネタイズ」が必要になる。

データマネタイズとは、〝データ〟と〝マネタイズ（事業による収益化）〟を組み合わせた言葉だ。企業が所有するデータを活用した新事業や新サービス（＝データビジネス）を立ち上げ、収益につなげることを指す。

データマネタイズは、例えば次のようなものが該当する。

・会計ソフトを提供するソフトウェアベンダーが、それを利用する企業の財務情報などのデータに基づき、事前に融資可否や融資条件、融資可能額などを試算し、金融機関とも連携して貸金業（トランザクションレンディング事業）を展開

・ECサイトを運営する事業者が、出店する事業者に対して、ECサイトでの販売実績や在庫状況などのデータを活用して、事業者の持つ在庫の最適化を行うためのコンサル事業を展開

データマネタイズに関しては、日本より米国の方が企業の取り組みが先行し、調査・研究も進んでいる。高収益の企業とそうでない企業を比べると、次のような違いが調査で判明している[6]。

・データマネタイズに取り組む企業の割合は、高収益な企業の方が高い

・高収益の企業の4割以上が、データを活用した新規事業、つまりデータビジネスに取り組んでいる

・高収益な企業の2割近くは、データマネタイズにより生み出された収益がその企業の業績に20％以上貢献している

多くの企業が新たな成長を模索する中で、企業が目指すべきデータ活用は、既存事業の収益性を向上させる「データによる業務レベルアップ」だけでなく、データを活用して新たな収益を生み出す「データマネタイズ」だと考える。

2・3 アンケート調査で分かったデータビジネスの現状と課題

実際に企業で行われているデータビジネスの検討の実態はどうなのか、EYストラテジー・アンド・コンサルティングが行った調査から見てみたいと思う。

この調査では、上場企業の経営者や役員（343名）、新規事業担当の管理職（66名）の合計409人を対象にアンケート回答を依頼した。データビジネスの実態を把握するために、以下の観点について調査を行った。

(A) 社内に蓄積されたデータを活かした収益向上の取り組み状況
(B) データビジネスに取り組む企業の状況
(C) データビジネスへの取り組みの結果

(A)社内に蓄積されたデータを活かした収益向上の取り組み状況

- **データビジネスを検討済み、検討中、検討予定との回答が7割以上**
- **データビジネスの立ち上げに実際に取り組んでいるとの回答が半数以上**

〈調査結果〉

上場企業における社内に蓄積されたデータを活かした収益向上の取り組み状況を把握するために、アンケート調査では、以下の3点の質問を行った。

①データを活かして収益を上げる取り組み状況
②新規事業・サービス策定の際のデータによる提供価値向上や差別化の検討状況
③データを活かした新規事業／サービスの立ち上げに向けた取り組み状況

①データを活かして収益を上げる取り組み状況

まず、自社に蓄積されたデータの収益化への課題認識や実際の取り組み状況がどの程度のものかを確認するため、「あなたの勤務先では、既存サービス／事業で蓄積されたデータを活かして収益を上げる取り組みについて、議論や検討は実施していますか?」という質問を行った。

結果、一番多数だった回答は「現在議論・検討している(37・9%)」で、「過去議論・検討したことがある(29・1%)」が続いた。また、「今後議論・検討する予定(8・6%)も含めると、7割以上の回答者が「社内に蓄積されたデータから収益を上げる取り組み」を検討中もしくは検討予定であることが分かった。
この結果から、様々な企業において社内に蓄積されたデータの活用として、「収益向上にいかにつなげるか」という問題意識がすでに高まりつつあり、多くの企業でデータビジネスの検討が進んでいることが分かる。

②新規事業・サービス策定の際のデータによる提供価値向上や差別化の検討状況

次に、様々な企業で新規事業や新サービスを策定する際に、データの活用をどの程度考慮しているのかを調査するために、「あなたの勤務先において、新規事業／サービスを策定する際に、データを活かした提供価値向上や差別化要素の構築等の検討は実施していますか？」という質問を行った。

結果、「現在検討している（42・1％）」が一番多く、次に「過去に検討したことがある（19・6％）」、「今後検討する予定（10・3％）」が続き、こちらも①の質問への回答と同様に、7割以上の回答者が検討中もしくは検討予定であることが分かった。

この結果からも、企業が新規事業や新サービスの検討を行う際には、データをいかに競争力につなげるために活用するかを検討に織り込む企業がすでに多数であることが分かる。

③データを活かした新規事業／サービスの立ち上げに向けた取り組み状況

そして、実際にデータビジネスの立ち上げがどの程度行われているかを調査するために、「あなたの勤務先において、データを活かした新規事業／サービスの立ち上げに向けた取り組みは実施していますか？」という質問も行った。

回答	回答率	回答数
現在議論・検討している	37.9%	155
過去議論・検討したことがある	29.1%	119
今後議論・検討する予定	8.6%	35
今後議論・検討する予定はない	9.3%	38
分からない	15.2%	62

図表2-4　Q. あなたの勤務先では、既存サービス／事業で蓄積されたデータを活かして収益を上げる取り組みについて、議論や検討は実施していますか？

回答	回答率	回答数
現在検討している	42.1%	172
過去に検討したことがある	19.6%	80
今後検討する予定	10.3%	42
今後検討する予定はない	8.8%	36
分からない	19.3%	79

図表2-5　Q. あなたの勤務先において、新規事業／サービスを策定する際に、データを活かした提供価値向上や差別化要素の構築等の検討は実施していますか？

回答	回答率	回答数
現在取り組んでいる	35.7%	146
過去に取り組んだことがある	22.2%	91
検討段階でまだ分からない	14.2%	58
取り組む予定はない	10.8%	44
分からない	17.1%	70

図表2-6　Q. あなたの勤務先において、データを活かした新規事業／サービスの立ち上げに向けた取り組みは実施していますか？

結果、「現在取り組んでいる（35・7％）」との回答が一番多く、次いで「過去に取り組んだことがある（22・2％）」が続き、合わせて6割近くに及ぶ。

この結果から、自社のデータを「活用」する段階から「データを活かしたビジネス化」の段階にすでに移行しつつあることが分かった。

Ⓑデータビジネスに取り組む企業の状況

〈調査結果〉

- **回答者の約7割がここ5年以内にデータビジネスへの取り組みを始めた、と回答**
- **回答者の約半数が、部署を横断してデータビジネスに取り組んでいる、と回答**
- **現段階でのデータビジネス進捗状況は、半数の回答者が、サービス立ち上げ前の段階、と回答**

実際にデータビジネスへの取り組みがどんな状況にあるかを把握するために、アンケート調査では、以下の3点の質問を行った。

①データビジネスの取り組み期間
②データビジネスの推進体制
③データビジネスの現段階での進捗状況

①データビジネスの取り組み期間

まず、データビジネスに取り組む企業がどれくらい前から取り組みを行っているかを把握するために「『現在データに関する新規ビジネスに取り組んでいる』とお答えになっている方は、何年前から検討・取り組んでいますか」という質問を行った。

結果は、「5年前から（24・0％）」が回答として一番多く、次いで「2年前から（17・8％）」、「3年前から（14・4％）」、「1年前から（11・6％）」が続き、回答者の7割近くがデータビジネスにここ5年以内に取り組み始めたと回答した。

この結果から、2018年から2022年にかけてデータビジネスの取り組みを開始している企業が多いことが分かる。

②データビジネスの推進体制

次にデータビジネスに取り組んでいる企業は、どのような体制でデータビジネスを取り組んでいるのかを調査するために、「現在取り組んでいるデータに関する新規ビジネスプロジェクトについて、どの程度の組織規模で進めていますか?」という質問を行った。

結果、「部署横断での重要取り組みとして位置づけ、複数既存部署が協働で推進（47・9％）」が一番多く、次に「社長が旗振り役となり推進（24・7％）」となり、一方で「既存部署での主要取り組みとして位置づけ、推進」は、13・0％、「新規事業部門等、専門部署を新設し推進」は7・5％に留まった。

この結果から、特定の部署の取り組みではなく、部署横断で、あるいは社長が旗振り役になって全社的に取り組む場合が多いことが分かる。

回答	回答率	回答数
5年前から	24.0%	35
2年前から	17.8%	26
3年前から	14.4%	21
1年前から	11.6%	17

図表2-7　Q.「現在データに関する新規ビジネスに取り組んでいる」とお答えになっている方は、何年前から検討・取り組んでいますか？

回答	回答率	回答数
部署横断での重要取り組みとして位置づけ、複数既存部署が協働で推進	47.9%	70
社長が旗振り役となり推進	24.7%	36
既存部署での主要取り組みとして位置づけ、推進	13.0%	19
新規事業部門等、専門部署を新設し推進	7.5%	11
既存部署内で専任チームを構築し、推進	6.8%	10

図表2-8　Q.現在取り組んでいるデータに関する新規ビジネスプロジェクトについて、どの程度の組織規模で進めていますか？

回答	回答率	回答数
アイディエーション	11.0%	16
ビジネスモデル構築	30.3%	45
仮説検証	14.4%	21
サービスローンチ～サービス磨き上げ	17.1%	25
スケールアップ～事業化	17.1%	25
新規ビジネスプロジェクトの進捗を把握していない	9.6%	14

図表2-9　Q.現在取り組んでいるデータに関する新規ビジネスプロジェクトについて、どのフェーズまで進んでいますか？

③データビジネスの現段階での進捗状況

最後に、データビジネスに取り組んでいる企業は、現段階でどのような進捗状況にあるのか調査するために、「現在取り組んでいるデータに関する新規ビジネスプロジェクトについて、どのフェーズまで進んでいますか？」という質問を行った。

結果としては、「ビジネスモデル構築（30・3％）」が一番多く、「サービスローンチ～サービス磨き上げ（17・1％）」および「スケールアップ～事業化（17・1％）」が続いた。

この結果から、サービス立ち上げまでの「アイディエーション（アイデア抽出）」、「ビジネスモデル構築」、「仮説検証」の段階にあるとの回答が半数以上を占める一方で、すでにサービス立ち上げや事業化を本格的に進めている段階の取り組みもそれなりに多いことが分かった。

ⓒデータビジネスへの取り組みの結果

〈調査結果〉

- **データビジネスへの取り組みの成果に関しては、約半数の回答者が、「まだ判断ができない」と回答**
- **一方、「目標を達成して成功した」との回答が3割を超え、「失敗した」との回答の割合を上回った**
- **データビジネス推進上で一番課題がある段階として、半数を超える回答者が、「ビジネスモデルの構築」と回答**
- **「ビジネスモデル構築」の段階を乗り越えるか否かがデータビジネスの成否に影響**

実際にデータビジネスに取り組む企業の成果を把握するために、アンケート調査では、以下の2点の質問を行った。

回答	回答率	回答数
まだ判断ができない	53.2%	70
目標を達成して成功した	34.9%	51
目標が達成できず失敗した	11.6%	17

図表2-10　Q. あなたの勤務先で「直近3年間」に実施したデータを用いた新規ビジネスは成功しましたか？

回答	回答率	回答数
アイディエーション	22.7%	30
ビジネスモデル構築	52.3%	69
仮説検証	18.9%	25
サービスローンチ～サービス磨き上げ	12.9%	17
スケールアップ～事業化	9.8%	13
課題があるフェーズは存在しない	11.4%	15
どのフェーズに課題があるかを把握していない	9.6%	14

図表2-11　Q. 現在取り組んでいるデータに関する新規ビジネスプロジェクトについて、どのフェーズに課題があると思っていますか？

回答（43の選択肢から選定された上位5つ）	回答率	回答数
儲かる“腹落ち感”あるビジネスモデルを構築できない	24.3%	27
差別化要素を見いだせない（自社だからできる要素を明確にできない）	17.1%	19
どのような提供価値や課題解消にフォーカスすべきかが分からない	16.2%	18
新規事業開発の体制が整備されていない	15.3%	17
社内（既存事業部等）の新規事業への興味／関心が薄い	14.4%	16

図表2-12　Q. 現在取り組んでいるデータに関する新規ビジネスプロジェクトについて、あてはまるものをすべてお選びください（図表2-10の質問の回答者を対象）

①データビジネスの取り組みの現時点での成果
②データビジネスに取り組む中で発生している課題

①データビジネスの取り組みの現時点での成果

これまでデータビジネスの取り組みの実際や実態を見てきたが、ここではデータビジネスが実際に成功しているのかどうかを調査するため、「あなたの勤務先で『直近3年間』に実施したデータを用いた新規ビジネスは成功しましたか？」という質問を行った。

結果として、「まだ判断ができない」が回答の半数（53・2％）を超えた一方で、「目標を達成して成功した（34・9％）」が「目標が達成できず失敗した（11・6％）」の2倍以上の回答数となった。

この結果から、成否がまだ判断できる状況でない取り組みが多いものの、すでに目標を達成し成功している取り組みもそれなりにあることが分かる。

②データビジネスに取り組む中で発生している課題

次にデータビジネスの取り組みを行うと、企業は実際にどのような課題に直面するのかを調査するため、「現在取り組んでいるデータに関する新規ビジネスプロジェクトについて、どのフェーズに課題があると思っていますか？」という質問を行った。

結果は、回答者の半数以上が「ビジネスモデル構築（52・3％）」となった。

加えて、より具体的にどのような課題に直面するのかを調査するために、43個の想定される課題を選択肢として提示し、「現在取り組んでいるデータに関する新規ビジネスプロジェクトにつ

		データビジネスの成否に関する回答		
		目的を達成・成功	目標が未達成・失敗	判断できない
進捗の回答	アイディエーション	14%	6%	10%
	ビジネスモデル構築	22%	47%	33%
	仮説検証	4%	29%	18%
	サービスローンチ～サービス磨き上げ	20%	12%	17%
	スケールアップ～事業化	37%	0%	8%
	新規ビジネスプロジェクトの進捗を把握していない	4%	6%	14%

図表2-13　Q. 現在取り組んでいるデータに関する新規ビジネスプロジェクトについて、あてはまるものをすべてお選びください。

いて、あてはまるものをすべてお選びください」と依頼した。

結果は、「儲かる〝腹落ち感〟あるビジネスモデルを構築できない（24・3％）」に一番回答が集中し、「差別化要素を見いだせない（自社だからできる要素を明確にできない）（17・1％）」、「どのような提供価値や課題解消にフォーカスすべきかが分からない（16・2％）」が続いた。

この結果から、データビジネスを進める上で、儲かるビジネスモデルの構築や他社との差別化（自社ならではのビジネス策定）、データを活用して解消する課題や顧客への提供価値の特定、という課題に直面することが分かる。

なお、(C)の①の「データビジネスの取り組みの現時点での成果」と(B)の③の「データビジネスの現段階での進捗状況」を合わせてみると、データビジネスの成否と実際の進捗、課題の関係が如実に分かる。

(C)の①の質問で「目標を達成して成功した」と答えた回答者の約半数は、データビジネスの取り組みの進捗状況について「サービスローンチ～サービス磨き上げ」あるいは「スケールアップ～事業化」と回答しており、課題とされる「ビジネスモデル構築」の段階はすでに超えていることが分かった。

一方で、「目標が達成できず失敗した」と答えた回答者の約半数は、「ビジネスモデル構築」に取り組んでいると回答しており、データビジネスの取り組みにおける最大の課題とされる「ビジネスモデル構築」で留まっていることが分かる。

2・4 今求められるデータビジネスの思考法

ここ数年で、データを活用した業務の効率化や高品質化の段階を脱し、社内に蓄積されたデータを活かして新しいサービスや事業としてデータビジネスを立ち上げ、収益向上に取り組む企業が増加していることは、前述のアンケート調査からも分かった。

一方で、個々の取り組みの成否については、まだ判断できない状況にある企業も多く、様々な課題も露わとなった。

様々な業種や業界において先進的にデータビジネスに取り組む企業でも、既存事業に比肩するビジネス規模を創出できている事業者は限定的である。ということは、多くの企業は、「第4の資源」であるデータの価値自体や、その引き出し方をより良く理解する必要があると考えられる。

第2部「データビジネスの思考法」以降では、それぞれの取り組みを成功裏に導くために必要となるデータビジネスそのものに対する理解や、うまくいく進め方を解説していきたい。

5　総務省「令和2年 情報通信白書」
https://www.soumu.go.jp/johotsusintokei/whitepaper/ja/r02/html/nd132110.html

6　McKinsey & Company "Fueling growth through data monetization"
https://www.mckinsey.com/capabilities/quantumblack/our-insights/fueling-growth-through-data-monetization

第 2 部

データビジネスの思考法

第3章　データビジネスには3つの段階がある

3・1　既存事業との距離によって決まる3段階

「はじめに」で触れた通り、一口にデータビジネスと言っても、既存事業との距離に応じて3つの段階に分けられる。

- 第1段階＝既存サービスの新機能・サービス追加
- 第2段階＝データを用いた他事業者サービスのクロスセル
- 第3段階＝データを用いた新規事業の展開

データビジネスは、企業にとって新たな収益を生み出すものになるため、既存の事業やサービスとはある程度距離の離れたものとなる。データビジネスの距離は、

- **〈顧客〉** データビジネスでサービスを提供する相手（顧客）が、既存の顧客なのか、新規の顧客な

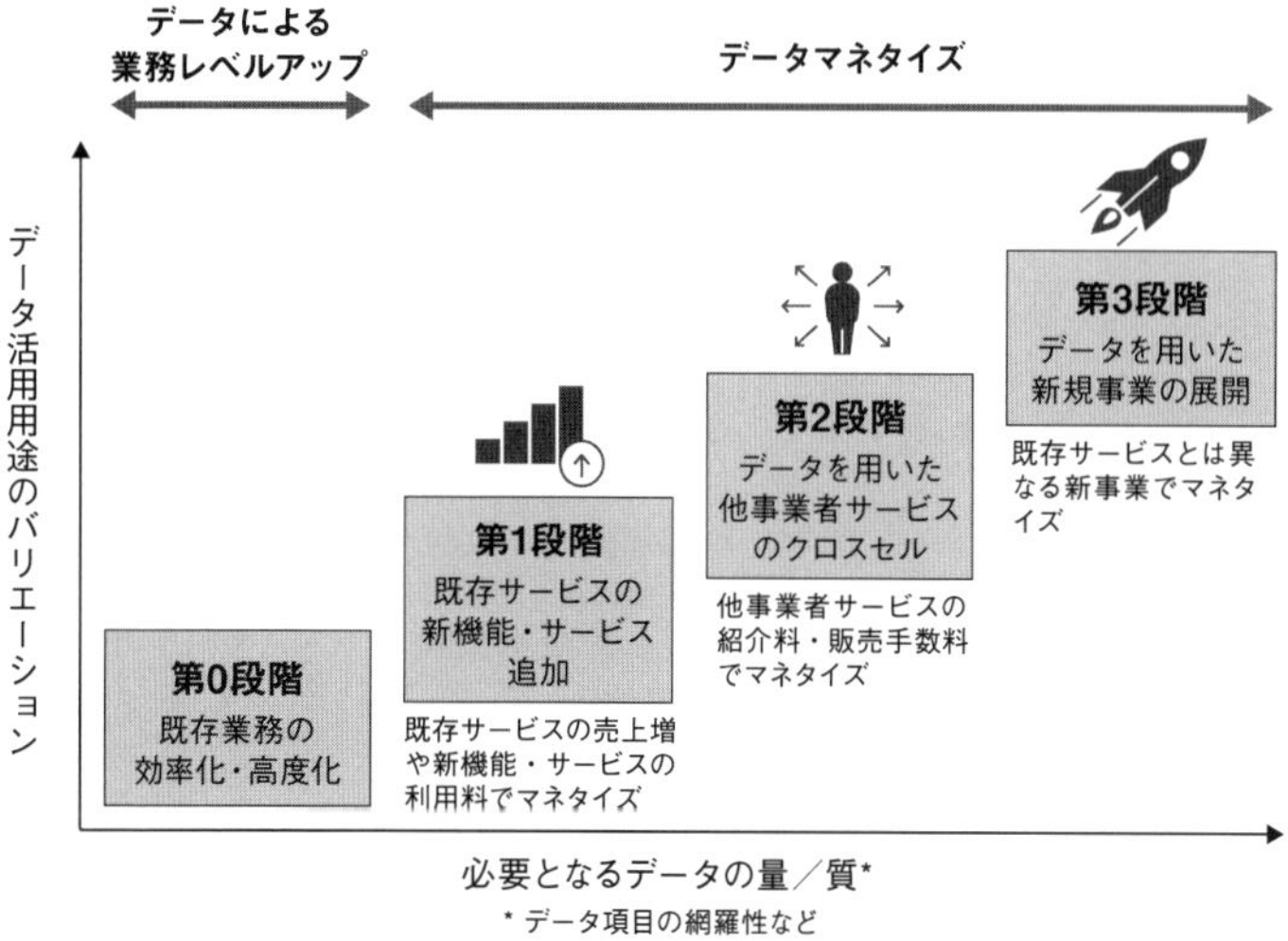

図表3-1　データビジネスの3つの段階

のか

・**〈サービス〉**データビジネスで提供するサービスが、既存サービスの延長なのか、（他社が取り扱うサービスも含め）自社にとって新規のサービスなのか

によって変わり、データビジネスの3つの段階が決まる。

〈第1段階〉
既存サービスの新機能・サービス追加

第1段階は既存サービスに追加するようなデータビジネスを指す。企業はすでに有する顧客との接点や、すでにある販売チャネルや流通網、サポート体制を活かし、データを活用して新たな収益を生み出すことになる。つまり、データビジネスと既存事業との距離は「近い」と言える。

		データビジネスでサービスを提供する相手（顧客）	
		既存	新規
データビジネスで提供するサービス	既存サービスの追加機能	**第1段階** 新機能・サービス追加による顧客開拓・囲い込み	
	（他社含む）新規サービス	**第2段階** データを活かした他社サービスのクロスセル	**第3段階** データを用いた新規事業

図表3-2　データビジネスの顧客／サービスと3つの段階の関係

〈第2段階〉
データを用いた他事業者サービスのクロスセル

第2段階は、サービスを提供する相手（顧客）が〝既存〟顧客であっても、これまでは自社で取り扱っていない〝新規〟サービスを提供するデータビジネスを指す。これまで自社ではリーチできていなかった既存顧客の潜在的なニーズや課題を開拓し、それに合致する他社サービスを提供することになる。つまり、データビジネスと既存事業との距離は「少し遠い」と言える。

〈第3段階〉データを用いた新規事業の展開

第3段階は、提供するサービスが企業にとって〝新規〟で、提供する相手（顧客）も〝新規〟であるデータビジネスを指す。企業は新たなサービスを提供するために、サービス提供体制や販売チャネル、取引先、サポート体制などを一から構築する必要があり、新たな顧客を開拓するために試行錯誤が必要となる。そのため、既存事業との距離は「かなり遠い」。

なお、ここで留意したいのは、**第1段階と第2段階、そして第3段階は、「連続して進化していくような地続きの関係ではない」**ということだ。

仮に第1段階のデータビジネスが成功しても、そこで得られたノウハウが第2段階で必ずしも活かせるわけではなく、第2段階と第3段階でも同様と言える。つまり、第1から第3段階までのデータビジネスには、それぞれ独自のノウハウが求められる。

そのため、本章では3つの段階のデータビジネスの詳細な内容と具体的な事例、および各段階で直面する難しさや課題を解説することで、データビジネスを展開する上で乗り越えるべきハードルを示したい。

3・2 第1段階で収益化するために必要なこと

第1段階のデータビジネスは、次のような流れになる。

- データを活用して、既存サービスを利用する中で発生する顧客の新たな課題を把握
- 顧客の抱える課題を解消する新たな機能（追加オプションなど）や、新たなサービスを、既存サービスに追加する形で提供

第1段階
既存サービスの
新機能・サービス
追加

1 **会計ソフトに、財務データを活用した経営アドバイス機能を追加**
会計ソフトに蓄積される財務データを分析し、ソフト導入ユーザーの資金状況などを把握の上、追加融資を検討した方が良いなど、経営状況に応じたアドバイスを行う機能を追加。

2 **ECサイト運用ツールに、販売データを活用したレコメンデーション機能を追加**
販売実績などのデータを分析し、組み合わせて買われることの多い商品などを特定。
それら組み合わせの一方を購入した顧客にもう一方の商品を勧めるレコメンデーション機能を追加。

3 **名刺管理ツールに、名刺交換データを活用した社内ナレッジ可視化機能を追加**
各従業員が交換した名刺のデータを活用し、それぞれの従業員が持つ人脈やナレッジ（強い業界、業務領域など）を可視化する機能を追加。

図表3-3　第1段階のデータビジネスの例

第1段階のデータビジネスで収益を上げる方法としては、

- 新たな機能やサービスの対価（利用料）を得る
- 新たな機能やサービスを提供することで既存サービスの魅力を高め、顧客層そのものを拡大させたり、解約を防止する

などが考えられる。

既存の顧客接点、販売チャネルや流通網、サポート体制を活かせるので、実現の難易度は比較的低い。先行する米国の企業では、すでに高収益企業の8割近くが第1段階のデータサービスに取り組み、収益化ができているという。

ただ、既存の顧客に対し、あくまで付加的なサービス提供で収益を上げるビジネスとなるため、想定される収益規模

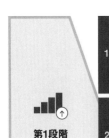

は、第2段階や第3段階のデータビジネスと比較すると、小さくなる場合が多い。

サービスに「お金を出してもらえる」ためには

第1段階のデータビジネスは、既存事業との距離も近く、企業にとっては取り組みやすい。事実、データビジネスを目的にした様々な協業や買収に関する企業のプレスリリースは多く、第一歩目として、第1段階のデータビジネスの展開を謳う企業も多数ある。

一方で、プレスリリースを出した企業のその後を追っていくと、第1段階のデータビジネスで、大きな成果を創出できた企業はそれほど多くない（実際に思うような成果を上げられず、弊社に相談を寄せる企業も多数ある）。

なぜなのか。第1段階のデータビジネスは、サービスとして「それなりの形にする」までは比較的早い。ただ、**サービスとして「それなりの形になる」ことと、「収益化できるサービスになること」の間には、大きな壁がある。**

例えば、自社で所有するデータを活かして、いざ新機能や新サービスを提供しても、顧客からすると、

「対価を支払ってでも使いたいと思うようなメリットを感じない」
「わざわざお金を払う機能やサービスではない」

という反応になってしまうことがある。

「データありき」ではなく「顧客の課題ありき」

データを活用した新機能や新サービスを検討していると、ついつい「データを活用するにはど

うしたら良いのか」、ということに傾注しがちになる。

その結果、データを使って「顧客が抱えるどんな課題や不便さを解決するのか」という観点がおざなりになってしまう。だからこそ、顧客は先のような反応を示すわけだ。**「データ活用ありき」でなく、「顧客が抱える課題や不便なこと」を起点に新機能や新サービスを検討することが大前提**になる。

新しい機能や新サービスが、顧客から見て「本当にお金を払う価値のあるもの」となるためには、次のことが必要になる。

- 顧客が抱える課題や不便さがもたらす不利益を定量化（金額換算）する
- 顧客がどれぐらいの期間や頻度で新機能・新サービスを使えば「元がとれるのか」（支払う金額よりも「得をした」と言えるようになるのか）を検討する

仮に顧客を目の前にして、自らの言葉で「これぐらい使えば、お客さんにとって絶対お得です」と説得できないような新機能・新サービスは、到底受け入れてもらえないはずだ。

現状維持バイアスを乗り越える

データを活用した新機能・新サービスについて、顧客目線で費用対効果を検討した後に待っているハードルは、顧客の「**現状維持バイアス**」だ。現状維持バイアスとは、

- 「新しいものは、たとえ有益であっても、なんとなく受け入れたくない」という心理的傾向

- 「新しいことを始めるのが何か面倒」とマイナス思考になり、これまで文句を言っていた現状や現状のやり方が、「よくよく考えるとこれはこれで良い」と急に良く見えて、現状に留まりたいと考える顧客の心理

などを指す。

結果、新機能や新サービスを、顧客目線で見た費用対効果と併せて説明しても、「今使っている解決の手段を止めて（捨てて）まで乗り換えたいと思わない」という反応になりがちである。顧客の現状維持バイアスを克服するには、顧客の目線に立って「**スイッチングコスト**」を下げることが重要となる。スイッチングコストとは、現在利用している商品やサービスを他社のものに切り替える際に、利用者に発生する負担（コスト）を指す。具体的には、「**金銭的コスト（支払う費用）**」、「**物理的コスト（手間や時間）**」、「**心理的コスト（面倒さや新たに感じるプレッシャー）**」の3つがある。

そのため、顧客が今利用している機能・サービスから乗り換えた時に、

- 「どれぐらい安いのか」（金銭的コスト）
- 「いかに手間や時間がかからないのか」（物理的コスト）
- 「どれほど面倒さがないのか」（心理的コスト）

といった疑問を払拭するような顧客サポートの充実や売り方の工夫が重要となる。つまり、顧客目線に立ち、スイッチングコストの要素を洗い出し、乗り換える経済合理性を訴求する工夫が不

可欠となる。現状維持バイアスとスイッチングコストを克服する方法については、第9章でより詳しく見ていきたい。

3・3 第2段階で収益化するために必要なこと

第2段階のデータビジネスは、既存顧客の抱える新たな課題をデータによって把握し、他社の取り扱いサービスを見繕って顧客に代理販売するようなデータビジネスを指す。

第2段階のデータビジネスで収益を上げる方法としては、

- 他社のサービスをあらかじめ仕入れて、自社サービスとセットで販売する
- バナー広告や販促のメールを自社の顧客に配信し、広告料を得る
- 他事業者に顧客を送客し、販売手数料や紹介料を得る

などが考えられる。

他社が取り扱うサービスも活用し、自社の既存サービスでは対応できない顧客のニーズに応えられるので、第1段階のデータビジネスよりも大きな収益が見込まれる。

一方、馴染みのない他社のサービスも扱うため、既存の事業やサービスとの距離は、第1段階よりも遠くなる。

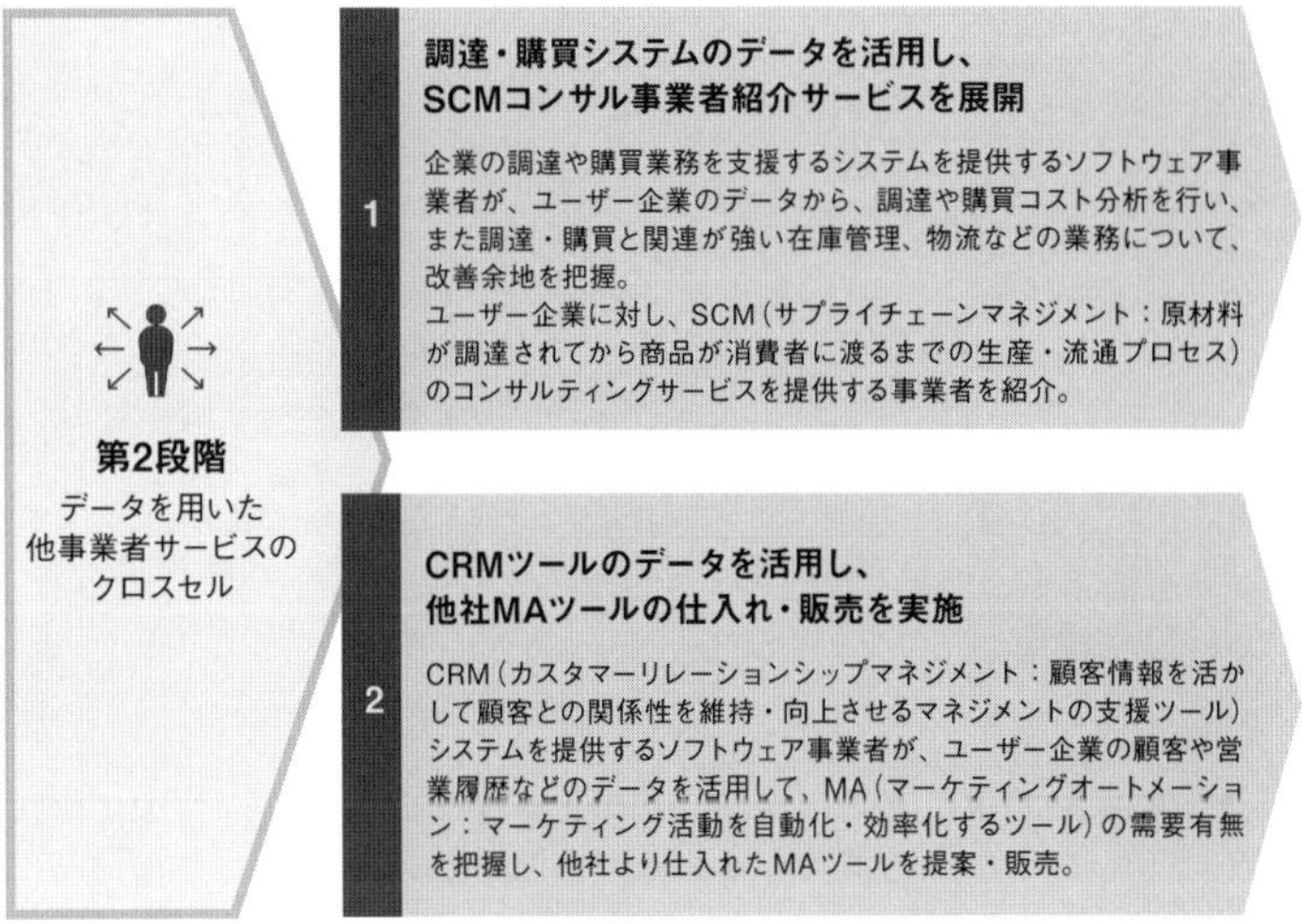
第2段階
データを用いた
他事業者サービスの
クロスセル
1
調達・購買システムのデータを活用し、
SCMコンサル事業者紹介サービスを展開
企業の調達や購買業務を支援するシステムを提供するソフトウェア事業者が、ユーザー企業のデータから、調達や購買コスト分析を行い、また調達・購買と関連が強い在庫管理、物流などの業務について、改善余地を把握。
ユーザー企業に対し、SCM（サプライチェーンマネジメント：原材料が調達されてから商品が消費者に渡るまでの生産・流通プロセス）のコンサルティングサービスを提供する事業者を紹介。
2
CRMツールのデータを活用し、
他社MAツールの仕入れ・販売を実施
CRM（カスタマーリレーションシップマネジメント：顧客情報を活かして顧客との関係性を維持・向上させるマネジメントの支援ツール）システムを提供するソフトウェア事業者が、ユーザー企業の顧客や営業履歴などのデータを活用して、MA（マーケティングオートメーション：マーケティング活動を自動化・効率化するツール）の需要有無を把握し、他社より仕入れたMAツールを提案・販売。

図表3-4　第2段階のデータビジネスの例

「他社にできないこと」をどう実現するか

第1段階と第2段階の主な違いは一見して、データを活用して把握した顧客の課題に対し、自社のサービスを提供するのか、他社のサービスを提供するのか、という点にあるように思える。

しかし、第2段階では、データから顧客の課題を把握する際に、第1段階よりも深い理解が必要になる。

健康管理アプリを例に考えてみよう。

健康管理アプリの利用者は、自分の体重や毎日の食事、運動状況、血圧など、日々の健康状態を記録でき、生活習慣を改めることができる。

このアプリを提供する事業者は、利用者が日々記録するデータを分析し、健康状態や生活習慣に合った生命保険、フィットネスジム、健康食品・サプリな

	健康管理アプリ事業者	生命保険会社、 ヘルスケア事業者
取得・所有するデータ	年齢、性別、体重の増減、 食事内容、運動状況、 睡眠時間、血圧など	年齢、性別、 生活習慣の問診 （喫煙・飲酒・睡眠）
利用者との接点	アプリの利用中は常時	利用者の申請のタイミング （加入時、途中経過）
提案できるサービスの種類	顧客に合った様々なサービス	自社サービスのみ

図表3-5　事業者間での3つの違い

ニーズ	顧客自身が必要としているがその必要性をはっきりと認識できていないものが把握できる	→
タイミング	顧客がサービスを必要と感じ、思わずお金を出したくなるタイミングにリーチすることができる	→
提案内容	顧客のニーズや購買力などに合致し、自社サービスと組み合わせて買いたくなるサービスを提案できる	→

左記3点で、「これまでやっていた広告や販促よりも、効果が高く、売上向上につながる」と認識される
⇒結果、広告料や販売手数料がもらえるようになる

図表3-6　データを活かして発揮すべき効果

どの広告をアプリ上に表示する。そして、広告を見た利用者を各事業者に送客し、紹介料や販売手数料をもらうことで収益を上げられる。つまり、自社で取得したデータを活かして、他社のサービスを提供することで収益を上げる第2段階のデータビジネスということになる。

この場合、送客を受ける生命保険会社やヘルスケア事業者は、アプリ事業者に広告料や販売手数料、紹介料を支払うため、アプリ事業者にとっては、データビジネスで収益を上げる上での広告主という「顧客」となる。

このデータビジネスが成り立つのは、健康管理アプリ事業者と、広告主である生命保険会社やヘルスケア事業者などの他事業者との間で、次の3つの違いがあるからだ。

- 取得・所有するデータの違い
- 利用者との接点の違い
- 利用者に提案できるサービスの種類の違い

健康管理アプリ事業者は、この3つの違いを活かし、これまで生命保険会社やヘルスケア事業者が展開していた広告や販促よりも効果が高いと認識されて初めて収益を得られる。

「マクロな視点」と「ミクロな視点」の仮説を立てる

第2段階のデータビジネスは、従来の広告や販促よりも効果が高くなるように、**3つの観点（ニーズ、タイミング、提案内容）**でデータ活用できるかが収益化の肝となる。そのためには、

・このデータから消費者本人も気づいていないニーズが把握できるのではないか
・広告や販促メールをこういうタイミングで出すと購買につながるのではないか
・こういうサービスを提案すると、ユーザーのニーズに合致し、購買率が上がるのではないか

という仮説を立てて、何度も検証を繰り返しながら、データ活用のノウハウを高めていくことが不可欠となる。

特に、最初の仮説を立てる際に、データだけをただ漫然と眺めて分析してもうまくいかないし、データ分析をしたからといって必ずしも仮説が立てられるわけではない。

そのため、「**マクロな視点**」と「**ミクロな視点**」の2つが必要だ。

・マクロな視点＝顧客の置かれている経営環境や世の中の潮流とその背景、今後の業界トレンドなど
・ミクロな視点＝データを分析することで読みとれる顧客の消費性向や購買行動の傾向、購買の意思決定の要因など

また、仮説の検証にあたっては、「パートナー企業の協力」が重要となる。データから導き出された「ニーズ」「タイミング」「提案内容」の仮説が、実際に他事業者の売上向上につながるのか、特にこれまでの広告や販促よりも効果が高いのかを検証する上でも、サービス提供で連携するパートナー企業の協力なくして検証は難しい。

なお、第2段階では、データビジネスの設計を誤ると、他社からのサービス提供の協力を得られなかったり、中抜きされたりするリスクもある。そのため、サービスを提供する事業者との協

力関係の構築、双方にとってウィン・ウィン（取引をする双方どちらにも利益がある状態）となる座組の構築が不可欠となる。

3・4 第3段階で収益化するために必要なこと

第3段階の「データを用いた新規事業の展開」は、次のような方法で収益化を図る取り組みである。

- データを活用し、既存事業とは異なる新たな事業を展開
- データを活かした手法で、すでに存在する事業者よりも優位なサービスを実現し、異業種に新規参入

新たな事業の立ち上げとなるため、第1段階、第2段階と比較すると難易度は高い一方で、見込める収益規模は大きい傾向にある。

第3段階のデータビジネスで収益を上げる方法としては、新規の事業として新たな顧客を獲得し収益を上げる、または、既存の事業の顧客を新たな事業に移行させて収益を上げる、などが考えられる。

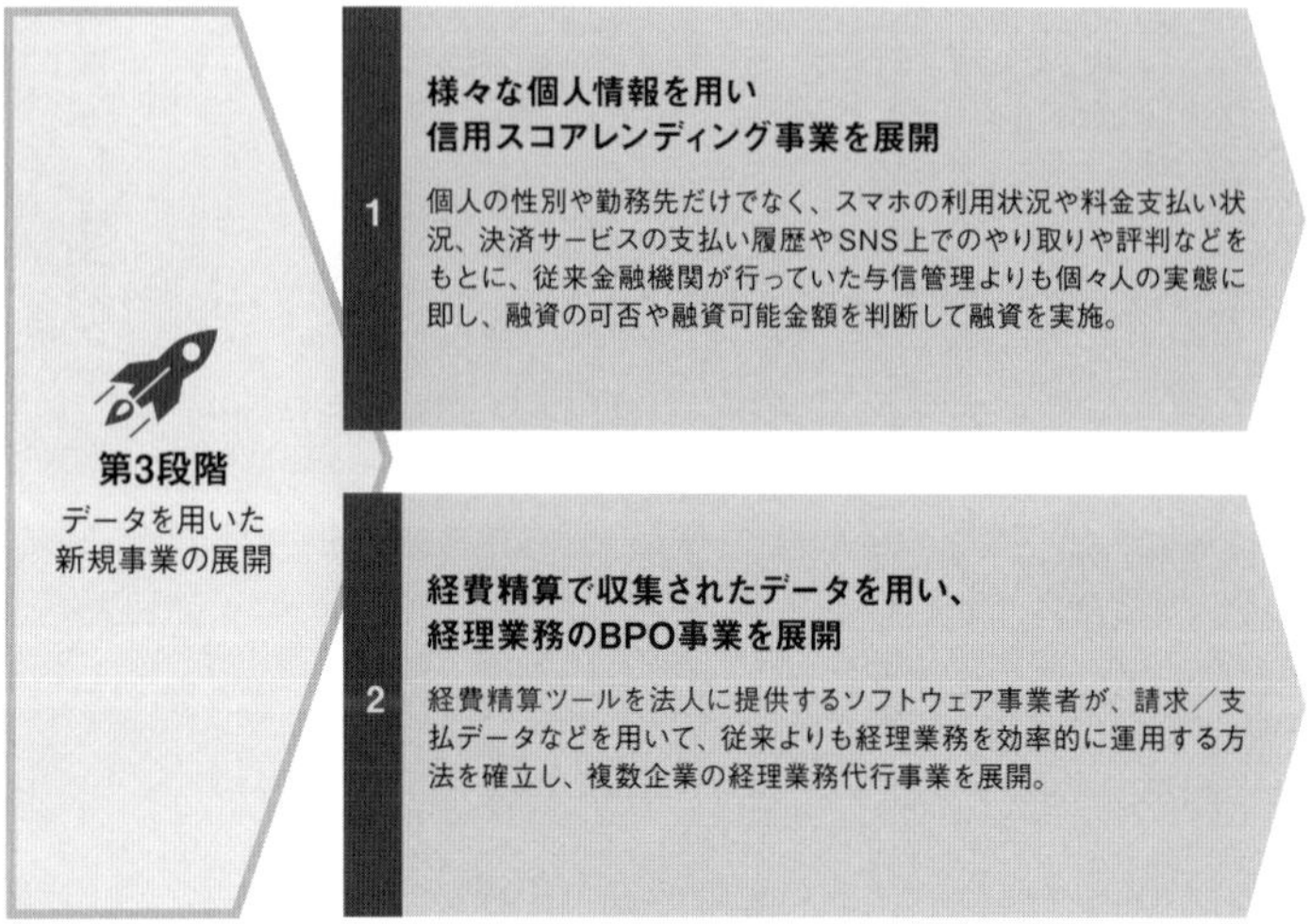
第3段階
データを用いた
新規事業の展開
1
様々な個人情報を用い
信用スコアレンディング事業を展開
個人の性別や勤務先だけでなく、スマホの利用状況や料金支払い状況、決済サービスの支払い履歴やSNS上でのやり取りや評判などをもとに、従来金融機関が行っていた与信管理よりも個々人の実態に即し、融資の可否や融資可能金額を判断して融資を実施。
2
経費精算で収集されたデータを用い、
経理業務のBPO事業を展開
経費精算ツールを法人に提供するソフトウェア事業者が、請求／支払データなどを用いて、従来よりも経理業務を効率的に運用する方法を確立し、複数企業の経理業務代行事業を展開。

図表3-7　第3段階のデータビジネスの例

「大きな先行投資」と「不確実性が高いリターン」という2つの壁

第3段階のデータビジネスは、「大きな先行投資」と「不確実性が高いリターン（投資回収）」という2つの観点に注目する必要がある。

まず第3段階のデータビジネスは、なぜ大規模な先行投資が伴うのか。理由は2つある。

- 既存事業／サービスで収集したデータだけでは、新規事業の立ち上げには十分でないケースが多く、投資による新たなデータの収集や追加／補強が必要である
- 自社でもともと所有する有形・無形の資産（設備や知的資産、人材）や、ケイパビリティ（企業が持つ組織的な能力）ではデータビジネスの実現には足

企業名	創立年	所在国	黒字経営実現できた年	黒字化までに要した年数
LINE株式会社	2000	日本	2016	16
Airbnb Global Services Ltd.	2008	米国	2022	14
Uber Technologies, Inc.	2009	米国	2021	12
Lyft, Inc.	2012	米国	2021	9
Amazon.com, Inc.	1994	米国	2001	7
Meta Platforms, Inc.（Facebook）	2004	米国	2009	5
Alphabet Inc.（Google）	1998	米国	2001	3
Grab Holdings Ltd.	2012	シンガポール	※現在も赤字	※現在も赤字

図表3-8　第3段階の事例における、売上規模と黒字化までに要した期間[1]

りない場合が多く、データ収集以外にも、他社との提携や共同事業体の設立、M&Aなどが必要となる

例えば、無料サービスを提供して既存事業では取得できていないデータを取得したり、自社の新規サービスを販売してもらえるパートナー企業を開拓するため加盟店を増やしたりするといった、先行投資が必要になる。

また、投資に対するリターン（回収）の観点では、新規性が高いビジネスとなるため試行錯誤が必要で、収益が出せるという確実性が低い。

というのも、第3段階のデータビジネスは、データだけではなく販路の開拓や様々な事業者との取引関係の構築が必要になり、加えて様々な事業者との共存共栄になるようなエコシステムの構築ができないと、持続性の高いビジネスモデル

になりづらい。

そのため、既存事業に代わる新規の収益の柱になりうるものの、大きな先行投資が必要で不確実性が高い、という特性を踏まえ、どうデータビジネスを立ち上げ収益化するのかが重要となる。

多くの企業で既存事業が頭打ちになり、新たな成長を模索する上で必要とするのは、この第3段階の「データを用いた新規事業の展開」であると考える。

そのため次章からは、第3段階のデータビジネスの実践をイメージしやすくするために、データビジネスを検討する上での3つのステップごとに、成功に必要な思考法を解説していきたい。

1 各種ウェブ報道記事より

第4章　第3段階のデータビジネスを成功させる3つの思考法

4・1　データビジネスの3つのステップ

データを用いた新規事業の展開という第3段階のデータビジネスを成功させるためには、主に3つのステップで進める必要がある。

①データビジネスのアイデアをつくる（広げる）
②データビジネスを事業化する（形にする）
③事業として儲けを出す（マネタイズする）

データビジネスの成功のためには、3つのステップで直面する課題を克服する必要がある。それぞれの課題をどう克服するかご理解頂けるように、第3部からステップごとに、次の①②③の順番で説明をしている。

	ステップ	直面する課題
1	データビジネスのアイデアをつくる（広げる）	社内で保有するデータを棚卸しし、データビジネスにつながるデータの使い道についてアイデア出しする際に生じる課題
2	データビジネスを事業化する（形にする）	自社データを活用したビジネスのアイデアを、実際に事業として収益の上がる（儲かる）ビジネスにする際の課題
3	事業として儲けを出す（マネタイズする）	実際にデータビジネスを立ち上げ、新たな収益の柱となるように、持続的かつ継続的に収益を生むようにする際の課題

図表4-1　3つのステップと直面する課題

①直面する課題はどんなものなのか（課題に直面する具体的なシチュエーション）
著者陣がデータビジネスをご支援する中で、実際に出くわした課題を実例に基づき紹介し、可能な限り具体性ある説明をしている

②なぜそのような課題に直面するのか（課題の背景にあるデータビジネスのクセ）
知らないと課題にはまるだけでなく、検討が行き詰まってしまう「データビジネスのクセ」を、可能な限り構造的に理解できるように説明している

③どうやって課題を克服したら良いか（必要となるデータビジネスの思考法）
データビジネスで実践すべき思考法を世の中の実例を用いながら解説している

第3部以降は可能な限り、各ステップを順番通りにご覧頂き、実際のデータビジネス推進の現場で起きていることや、データビジネス成功までのアプローチのイメージをつかんで頂きたい。

また、すでに自社でデータビジネスの検討を行っ

ている読者は、現状の検討状況にあてはまるステップからご覧頂き、現在同様の課題に陥っていないかなどの観点から、既存の取り組みの点検に役立てて頂ければ幸いである。

自社が所有するデータを「外販」すべきか

「これだけデータがたまっているのであれば、まずは自社データの外販（他社に販売すること）で収益化することから始めてみたらどうか」

データビジネスについて社内で議論したことがある場合、このような意見が出たことはないだろうか。実際、弊社のクライアントでも、まずデータビジネスの第一歩として、データの外販を検討する例はあった。

また、DX化の推進を指南する一部の書籍では、企業がDXを進めるメリットとして、社内にデジタルデータが蓄積され、それらの外販により収益を上げられる（収益機会を増やせる）ことが謳われていたりする。

すでに「データ流通事業」、「オープンデータプラットフォーム」、「データ市場」、「情報銀行」など、保有するデータを外部に提供したり販売したりする取り組みが、官民、業種／業界を問わず様々なプレイヤーにより展開されている。

なかには一定の売上規模を創出している事業者も見受けられるため、「我が社も、まずは自社が所有するデータの外販でデータビジネスを」と考えるのは、自然な流れではあるかもしれない。自社で多量のデータが蓄積されている場合には、なおさらだろう。

確かに、自社データの外販は、データで手堅く収益を得る手段と言える。一方で、活用の仕方によっては様々な収益をもたらす可能性のあるデータを他社に販売してしまうため、データの持つ潜在性を活かしきれていないとも言える。そのため、大きな収益を

column

事業者	概要
金融機関	法人顧客や自治体などを対象に、自行で保有するデータ（年収データ、支出・消費データ、ATM利用状況など）とオープンデータ（国勢調査や住宅・土地統計調査など）や外部データを組み合わせて、統計データを販売
気象情報会社	製造業や小売業向けに商品の需要予測やデータ分析に活用できる気象データセットとして、天気や気温、降水量などのデータを１キロメートルの区画ごとに販売
電力会社	電力の消費量のデータを集め、在宅の有無や人の流れ、工場の稼働状況などをリアルタイムで取得し、データを業務効率化などに活かしたい企業に提供

図表4-2　データを外販する事業者の例

外販すべきでないデータ		外販すべきサービス
気象データ （気温、降水・降雪量、降水確率など）	→	特定の地域エリアや曜日・時間帯の来店客数予測サービス
個人宅における電力消費の曜日・時間単位での増減	→	留守宅を把握し、不在宅への再配達を削減できる配達ルート分析サービス
位置情報、人流データ	→	小売店舗の接客スタッフの要員配置計画・シフト管理サービス

図表4-3　外販すべきでないデータと外販すべきサービス例

column

上げるビジネスになりうるかというと、必ずしもそうではない。

また、データの外販はやり方を間違えると大きなリスクにもなる。過去に交通系事業者がICカード乗車券の利用データの外販を試み、専門家や関係省庁、利用者から大きな批判を浴びて事業を中止したことは記憶に新しい。

そもそもデータは、その用途が明確になって初めて価値のあるものになる。そのため、何に活用できるか分からないようなデータは、売り手も買い手も正当な対価が分からないため、売買が成立しづらいという問題もある。

そのため、自社データの外販は、「データそのもの」ではなく、「データを活用することで解決するようなサービス」を販売することで、対価が明確になり販売可能になると考える。

第3部

ステップ①

データビジネスのアイデアをつくるための思考法

第5章　社内にあるデータを棚卸して、価値を再定義する

製造機器を製造・販売するA社では、社長の号令のもと組織横断で人が集められ、新規事業部門として、社内のあらゆるデータを活かしたデータビジネスを検討せよ、という指示が下った。社内のデータとは、顧客に提供する製造機器の稼働状況や顧客の利用状況、販売先となる顧客の属性や、製造機器の利用用途などだ。

新規事業部門では、社長の指示を受けてまずは営業部門、生産部門、保守部門、顧客サポート部門などがそれぞれ持つデータを一斉に棚卸することにした。

当初、各部門からは「何に使うのか分からないと、データを特定しようがない」など、抵抗があった。だが社長の指示であることと、A社としてもデータを活用した新規ビジネスを打ち出していかないと、この先のビジネスが厳しいということを粘り強く説明し、「各部門にあるデータはとにかく出してくれ」と新規事業部門からお願いをした。

その甲斐あって、社内にかなりの量のデータがあることが分かった。ある程度、棚卸しができた段階で、新規事業部門内では、「社内のこれらのデータが一体何に使えるのか」という話になりディスカッションしたが、アイデアはどれも思いつきの域を出ず、また、「そもそも社長がどんなデータビジネスをしたいのか、という点が明確でない」といった議論にも発展してしまっていた。これは、「自由な発想で新たなデータビジネスを検討したい」と考えていた社長が望んだ

事態ではない。

その様子を見ていた他の部門は、自分たちが苦労して棚卸しをしたデータが結局、有効な使い道も見いだせないままとなり、データビジネスの検討が遅々として進まない状況を目の当たりにして、「結局、棚卸しのし損だった」と白けきっていた。

さらに、社長からは思いつきのアイデアしか出せないと呆れられ、新規事業部門は明確な方向性を示さない社長に不満を抱え、結果、A社のデータビジネス検討は頓挫してしまった——。

5・1 保有データはある、でもどんな価値があるのか分からない

多くの企業では、既存の事業やサービスから得られた顧客情報や、サービスの提供で発生するデータが、それ相応に蓄積されているはずだ。そのため、「社内に蓄積されたデータには、きっと何らかの価値があるはずだ」と思いながら、実際にはどの程度価値があるのか半信半疑であったりしないだろうか。

データビジネスの検討を開始した際にまずは、社内に眠るデータを棚卸しした上で、自社で保有するデータ、または自社が取得できるデータにどの程度の価値があり、どのような使い道があるかを検討する。つまり、次の2点が必要になる。

初期段階で必要な検討	答えるべき問い	求められること
自社で所有するデータの価値の再定義	社内に蓄積されたデータを分析すると、どんなことが分かるのか？	**データから得られるインサイト**の抽出
自社で所有するデータの使い道の発見	自社で所有するデータを「誰の」「どのような課題」の解決に活かせるのか？	インサイトを活かした課題解決策の検討

図表5-1　初期段階で必要な検討と問い

データ分析で分かること	→	データの持つインサイト
売上状況（多い、少ない） 売上の推移・傾向（いつ売れる） 売れ筋の商品（何が売れる）	→	地域の生活者の支出傾向 地域住民の生活様式 地域住民の趣味・嗜好

図表5-2　データ分析で分かることとインサイトの関係

- データの価値の再定義
- データの使い道の発見

この2つは、その後の検討において、データビジネスの成否と規模を決める重要な要素となる。

まず、「データの価値の再定義」は、「自社で所有するデータを分析することで、新たに分かるのはどんなことなのか」を明確にし、データからインサイト（洞察）を抽出する必要がある。

例えば、小売・流通業界のある企業のPOSデータなら、データを分析すれば分かる「売上状況」や「売上の推移・傾向」、「売れ筋商品」などの情報を活かし、そこから**「さらに踏み込んで推察できること」がインサイト**となる。つまり、買い物をする世帯の支出傾向や生活様式、さらには地域住民の趣味・嗜好などである。

また、「データの使い道の発見」につい

ては、データインサイトを活かして、いかに課題解決などに活かせるか、ひいては顧客にどのような形でサービスとして提供できるかを検討することであり、こちらについては詳細を第7章（データの使い道を検討する）で後述したい。

なお、注意したいのは「データの価値」と「データの使い道」を混同しがちな点だ。繰り返しになるが、価値の再定義とはインサイトの抽出を指す。あくまで「どんなことが分かるのか」をしっかり考え、「その分かることをどう活かすのか（使い道）」は、別に考えるべきだ。この2つを混同すると、使い道を意識しすぎて、すぐに思いつきそうなアイデアしか出てこない。次節では、データの価値を再定義する上で、データからインサイトを抽出する方法について言及したい。

なお、「データの価値の再定義」はデータビジネス検討の第一歩目であるが、データにどのような価値を見いだせるかにより、データビジネスの方向性が大きく左右されるため、徹底的に行う必要がある。

5・2 データの新たなインサイトを体系的に抽出する

では、実際にデータからインサイトをどのように抽出するのか。

社内にあるデータを持ち寄り、何人かでブレインストーミングし、手元にあるデータからどのようなことが推察できるかを抽出することは有効である。ただ、時間がかかる割に思いつきの域を出なかったり、有効な使い道につながらなかったりすることも多い。

そのため、ブレインストーミングを行う前に、データが価値を発揮する「単位」と「タイミング」の2つの観点で整理することが有効と考える。

まず、データが価値を発揮する「単位」は、データをどのような単位で分析するとインサイトを得られるのか、という観点になる。単位としては、大きく分けて次の3つがある。

①個のデータ＝個々のデータを分析すると分かること
②集合したデータ＝まとまりあるデータとして分析すると分かること
③グループ化したデータ＝データを特徴ごとに類型化することで分かること

一方、データが価値を発揮する「タイミング」は、データをどのようなタイミングで分析するとインサイトが抽出されるのか、という観点となる。タイミングには大きく分けて次の3つがある。

①瞬間のデータ＝データが発生した瞬間で分かること
②定点のデータ＝定期的にデータを分析して分かること
③推移のデータ＝データが蓄積され時系列となって分かること

このように、データのインサイトを抽出するためには、まず「単位」と「タイミング」の観点から社内にあるデータを整理する。そして、整理したデータを次の3つの方法で分析し、そこからどんなことが示唆されるのかを抽出する。

		単位		
		個	集合	グループ
タイミング	瞬間	今来店したかどうか、今買ったかどうか	タイムセールでどんなものが売れたか	同じセールをして買った人、買わなかった人がいたのか否か
	定点	何を買ったか、いつ買ったか	毎週○曜日に何が売れるのか	毎週○曜日に買い物に来る人たちの特徴は？
	推移	ある買い物客の購買性向は？	ある商品が売れる時と売れない時の違いは？	単身世帯、家族世帯で買う商品、買う時期の違いは？

図表5-3　POSデータにおけるインサイト抽出の例

①比較する
②分解して内訳を見る
③通常では考えられない傾向を探す

例えば、POSデータで考えると、図表5-3のようになる。

ここでポイントになるのは、「③通常では考えられない傾向を探す」である。「単位」と「タイミング」で棚卸ししたデータを「①比較」し、さらに「②内訳を分析」した際に、**通常では考えられない、つまり想定外の傾向を見つけられるかどうか**がポイントとなる。ここで言う「想定外」とは、「セールにしても売れない」、「他の顧客が買うのに買わない」などである。

想定外の傾向を見つける上では、仮説を立てる必要がある。ただ、データから読みとれる傾向を単純集計などで簡単に把握して仮説を立てるなど、仮説にはあまり時間をかけすぎないよう注意が必要だ。

また、先に言及した「データの使い道の発見」と混同しないようにも留意が必要だ。「この商品をよりよく売るには」、「有効な販促方法を導き出すためには」など、ついつい使い道を意識して検討しがちだ。ここではあくまで「何が分かるのか」に集中して、できるだけ多く「分かること」を発散させるような検討をしなくてはいけない。

ここまで行った上で、ブレインストーミングでインサイトを抽出することで、データの持つ価値の再定義が可能となる。

本章のまとめ

- データビジネス検討の初期段階では、社内にあるデータを棚卸しした上で、「データの価値の再定義」、つまりデータから得られるインサイトの検討が必要となる。
- データのインサイトの抽出は、「単位」と「タイミング」で整理をして、データから分かることをブレインストーミングすることが有効である。
- なお、データの価値を使い道と混同せずに、データから分かることに集中して洗い出すことが重要となる。

第6章　データを組み合わせてインサイトを強くする

一般家庭に電力を提供するB社は、様々な地域の電力消費データから、データビジネスの立ち上げの検討を始めた。

B社が電力を提供する一般世帯のデータを地域別、世帯の特性別、時間別などで分けてインサイトを抽出し、電力消費データの持つ価値を再定義するところまでは、ある程度できてきた。

電力消費データを通して、電力の使用状況だけでなく様々な世帯の生活パターンなどが分かり、多目的なデータの利用が可能になるのではないかと考えた。

一方で、不安もあった。確かに様々なインサイトを得られることが分かったが、あくまで「この地域の世帯の生活パターンはこのようなものかもしれない」という生活パターンを知る上でのインプットの1つにすぎなかった。そのため、〝インサイトとしては弱い〟ことが大きな不安だった。

事実、サンプル的にいくつかの世帯を抽出し、生活パターンを把握し、電力消費データと突き合わせてみたところ、いくつかの世帯では、電力消費データが示す生活パターンと実態が異なっていたのだ。

B社は、これから「データの使い道の発見」に検討を移行させたかったが、この不安がありなかなか先に進めないでいた。「自社データだけでのデータビジネスには、どうも限界がある」――。

6・1 「今あるデータ」は目的を持って集められたわけではない

「データは宝の山、宝の持ち腐れにならぬよう、価値を見いだすべき」と考え、自社で所有するデータの価値を再定義してインサイトを検討した結果、「データに価値があることは分かったが、自社のデータだけでは、ビジネスを展開するほどの使い道がなかなかない」という課題に直面することが多い。

既存の事業やサービスを長年提供していて、多量のデータが蓄積されていればいるほど、この傾向はよく見受けられる。

なぜこのような課題に直面するのか。

そもそも「今あるデータ」がどのように集められたか思い出して頂きたい。大半の場合、既存の事業やサービスを通じて〝集まった〟データであり、データを活かした新事業や新サービスのために集めたデータではないはずだ。

たいていの場合、それらしいアイデアは浮かぶものの、いざ実現しようと分析すると足りないデータが出てくる、他社が所有するデータを活用しても同様のサービスができてしまう、そもそもアイデアが浮かばない、といった事態に直面する場合が多い。

実際、**データビジネスの成功例を見ると、従来の事業で集まったデータを活かしたビジネスの例は意外と少なく、展開したいビジネスがあらかじめあった上で、必要となるデータを取得している場合が多い**のだ。

つまり、データビジネスを展開する際には、データ分析を通して解像度高く現実を理解するこ

活用例	必要なデータ（掛け合わせデータ含む）	概要	サービス提供企業例
関連製品の提案（クロスセル・アップセル）	• 顧客データ（他顧客の購入履歴） • 商品データ	顧客の購入履歴に応じ、他の顧客の購買実績などから興味を持ちそうな商品を提案	インテック、インテージ、True Data、ダンハンビー・三井物産カスタマーサイエンス
バンドルすべき商品の特定	• 顧客データ（他顧客の購入履歴） • 商品データ • 財務データ（商品価格・マージン）	人気商品や動きの遅い商品、高マージンと低マージンの商品など、財務データなども活用しながらバンドル販売の最適な組み合わせを決定	
タイムリーな提案	• 顧客データ（購入履歴） • 位置データ（ビーコン・GPS）	購入実績から在庫補充のタイミングを予測し、プロモーションを通知したり、特定の時間・場所などでクーポンや値下げタイミングを提示	
カスタマーセグメンテーションによる顧客ターゲティング	• 顧客データ（属性情報） • 購入履歴（RFM分析）	購買履歴（例えば頻度、金額、購入品目）などをクラスター分析し、購買行動や嗜好に基づくセグメンテーションを明確化	
店舗レイアウトの改善	• 顧客購入履歴 • 店内行動データ • 棚動画データなど	POSで把握可能な購買実績に対し、顧客の店内行動を分析し、最適なレイアウト・商品配置を明確化	DNP、ABEJA、TRIAL
商品開発へのフィードバック	• 顧客購入履歴 • 顧客行動 • 棚動画データ、視線データなど	顧客が商品を手にとった際の行動、顧客の購買実績と視線データの分析により、商品パッケージの改善などへのフィードバック	DNP、b8ta、ALBERT、日経POSなど
最適な受注数・在庫数の特定（需要予測）	• 受発注データ・在庫データ • 販売履歴データ • 天候・イベントなど	過去の販売実績、天候、イベントなど各種データより需要を予測し、最適な受発注数・在庫数を特定する	ALBERT、NEC、日立システムズ、BIPROGY、日本気象協会など
オルタナティブデータ提供	• POSデータ	速報性の高いPOSデータを活用し、企業のKPI・業績予測、投資判断などに活用	日経POS、ナウキャスト、True Data、インテージなど

図表6-1　POSデータのユースケース

とがポイントとなる。ところが、自社で取得可能なデータの分析のみでは、必要となるインサイトの一断面・側面しか捉えきれず、データビジネスを展開できるほど解像度の高いインサイトを導き出すには、他のデータでインサイトを強くする必要がある。

例えば、ＰＯＳデータのインサイトとして、需要の予測に活かせることが分かったとする。ただ、ＰＯＳデータでは「何が売れたのか」という実績しか把握できない。「なぜ売れたのか」という要因にあたるデータが捕捉できない限り、需要予測は困難である。

事実、ＰＯＳデータのユースケースを見ると、ほとんどの場合で他データとの掛け合わせが行われている。

自社で保有するデータのインサイトを活かしてデータビジネスを展開していくには、どんなに多量のデータをすでに保有していたとしても、自社データのインサイトをより強固にするような他社データとの組み合わせは重要となる。

6・2 「今あるデータで何ができるか」という発想から離れる

ここでお伝えしたいのは、「今保有しているデータは一度脇に置き、展開したいデータビジネスのために、新しくデータを集めましょう」といったことではない。むしろ、データのインサイトを検討する際には、「今あるデータで何ができるか」という発想から離れ、「今あるデータと他のデータを組み合わせて何ができるか」へ発想をシフトすることだ。

では、具体的にどのような観点に沿って、組み合わせるデータを選定するべきか。

昨今のオープンデータ化の潮流もあり、現在は様々なデータを外部から調達できるようになっている。そうしたデータとの組み合わせをつぶさに検討する、といったやり方では、かなりの周り道になるだろう。

そのため、「有望な自社データ×他社データ」の掛け合わせのあたりをつけるための観点とアプローチが重要となる。

例えば、POSデータのインサイトで言うと、先の例では、「POSデータのみでは需要予測は困難」という課題に直面したが、他データとの掛け合わせを念頭に置いた発想へと転換し、「天候データと組み合わせれば、需要予測が可能でないか」などの発想に立ち、掛け合わせデータの候補を洗い出す。

またPOSデータを活用して、購入者がどのような健康状態かを把握したいと思った場合、「年齢、性別、身長、体重などの身体データと掛け合わせれば、健康状態の把握が可能でないか」といった発想に立ち、掛け合わせデータの候補を洗い出す。

このように、自社データで把握できる事柄に対して、どのようなデータを掛け合わせることでインサイトの解像度を高められるか、という観点で掛け合わせデータの候補を洗い出す。

肝要なのは、今保有しているデータを他のデータと掛け合わせてどのようなインサイトを導出できるかの観点に立ち、視野を広げた検討を行うことだ。

本章のまとめ

- 自社で保有するデータの価値（インサイト）の導出において、「今保有しているデータ」にのみ対象を絞って検討されがちであるが、「他データとの掛け合わせ」を念頭に、どのようなインサイトを導出できるかを検討する必要がある。
- インサイトを導出する際は、自社保有データを中心に「どんなデータと掛け合わせれば、よりインサイトの解像度が高まるか」という観点で進めるアプローチが有用である。

第7章　データの使い道を検討する

運送事業者であるC社は、運送車両から取得できる様々なデータの可能性を探るために、これまでどんなデータがどの程度社内に蓄積されているのか棚卸しを行い、どのようなインサイトがあるのか、検討を行った。

自社のデータには、運送車両の走行データやルート、集荷、配送の予定と実際の時間との差異、ドライブレコーダーなどの運転席からの動画・画像データなどがあった。それらにより、主要な幹線道路の曜日・時間帯の渋滞の傾向、天気や他の要因と渋滞との相関、またドライバーが安全に運転できる条件などのインサイトがあることが分かった。

もちろん、自社のデータから得られるインサイトでは、インサイトとして弱い。道路情報や気象情報、また周辺の施設情報、人の流れなどの他事業者が持つ情報と掛け合わせることで、より一層インサイトを強固にできそうだ、ということまで検討できた。

ここからは、こうしたインサイトの使い道、つまりデータの使い道の検討に入る。だが、社内の新規事業部門が議論の叩き台をつくり、経営層も交えた議論を何回か行ったものの、「渋滞の回避」や「ドライバーの疲労度合いの把握」など、これまで運送業を営む中で課題と思っていたことの解決にしかデータは活かせないのではないか、という結論に毎回至ってしまう。そのため、以前から認識している課題を解決するのであれば、わざわざデータを使わなくとも解決の手段は他にもあるのではないか、と会議に参加した誰もが思っていた。

もちろん、会議を重ねるうちに、今まで思いつかなかったような斬新なデータの使い方も提案された。ただ、斬新ではあるが実現性がどうも低そうで、何よりもそんなデータの使い道に誰がお金を払うのか、全く不明であった。

C社はそれでも粘り強くその後も何回かの検討を重ねたが、結局、有効なデータの使い道が見つからないまま、データビジネスの検討は雲散霧消してしまった——。

7・1 やってみるとなかなか見つからない「データの使い道」

ここまでの章で、社内にあるデータの価値を再定義し、インサイトを抽出し、足りないデータについては他社のデータを組み合わせることも検討した。ここからいよいよ、抽出されたデータのインサイトを活かした「データの使い道の発見」に入る。

これをどのように行うかで、データビジネスの規模が大きく変わってくる。例えば、店頭でのPOSデータのインサイトを活かした使い道として、

- POSデータから示唆される売れ筋商品の傾向を活かして、メーカー向けの市場調査支援サービスに使う
- 購入者の属性情報と結びつけ、個々人の購買データから推察される健康情報を活用できるような

サービス（健康増進保険など）に使うなどが考えられる。両者とも、データのインサイトを活かしたPOSデータの使い道ではあるが、狙う市場が大きく異なるため、創出できる売上規模はもちろん異なる。データの使い道次第で、データビジネスのポテンシャル（売上を上げる余地）を決めることになるため、「データの使い道の発見」は非常に重要なステップとなる。

データの使い道とは、端的に言うと「データを『誰の』『どのような』課題の解決に活かせるのか」を明確にすることである。

ここまで検討してきたデータのインサイトを活かし、どのような課題解決に活かせるか、ブレインストーミングを実施すると様々なアイデアは出てくる。ただ、「必要なアイデア出し」は行うべきだが、「無駄なアイデア出し」は極力避けたい。ではどうすれば良いのか。

7・2 データで解決できる課題には一定のパターンがある

実は、データで解決できる課題や充足できるニーズは、一定のパターンに限定される。「無駄なアイデア出し」を極力避け、「必要なアイデア出し」を行うためには、このパターンを押さえることがポイントになる。

こうしたパターンを踏まえず、広く課題やニーズを一から洗い出してアイデア出しをすると、どうしてもデータを使う必要性の薄いようなアイデアが数多く出てきてしまう。それに対し、**データが解消しやすい課題、充足しやすいニーズのパターンに沿って、課題／ニーズを絞り込めば、無駄の少ない「必要なアイデア出し」が行える。**

では、データが解消しやすい課題、充足しやすいニーズとはどのようなものか。大きく分けて5つのパターンがある。

①情報の非対称性の解消
②合理的でない・根拠ない手段により発生する無駄の削減
③既存手段よりもデータを活用した手段によるコスパの改善
④きめ細やかな個別対応の実現による最適化
⑤データに基づきアクションの頻度を高めることによる機会損失の削減

パターン①「情報の非対称性の解消」

「情報の非対称性」とは、市場で経済的な取引を行うにあたって、一部の者に情報が偏在することで発生する課題である。例えば売り手は、他社の同様の商品と比べて、どこが劣っていてどこが勝っているのかよく分かっている「情報優位者」であるのに対し、買い手はそのような情報を知らず、売り手に言われるがまま商品を購入してしまう場合は「情報劣位者」となる。もちろん、買い手が情報優位者、売り手が情報劣位者になるケースもある。

情報の非対称性の課題は、需要者と供給者の双方のデータを押さえるような仲介者の立ち位置

		概要
データが活かせる主な5つのパターン	情報の非対称性の解消	仲介業者の過度な利幅の確保など、バリューチェーンにおける需要ー供給間の情報の非対称性がデータにより解消される
	合理的でない・根拠ない手段により発生する無駄の削減	データが少なかったアナログの時代の判断方法（勘や経験に頼った業務判断など）が未だ残る業務・業界にデータを活用し合理的にする
	既存手段よりもデータを活用した手段によるコスパの改善	データを活かし、これまで人手の多くかかっていた業務などの効率化や高頻度化、業務品質の均質化を図る
	きめ細かな個別対応の実現による最適化	供給者の事情により、大ぐくりな単位でしか提供できなかったサービスなどを、より個に合わせて、きめ細かにカスタマイズして提供
	データに基づきアクションの頻度を高めることによる機会損失の削減	これまで定期的な頻度でしか行われなかった判断やアクションを、データを活用することでよりタイムリーに頻度高く実施し、機会損失を削減

図表7-1　データの活用余地が高い主な5つのパターン

をとり、両者をデータによってマッチングすることで解消できる。

パターン②「無駄の削減」

「合理的でない・根拠ない手段により発生する無駄」とは、現状のサービス提供者の業務のやり方が属人的な勘や経験に頼っている場合に発生している無駄を指す。

例えば、小売の店舗において店先に並べる商品の仕入れ・発注を行う業務を想定した場合、発注担当者が自身の勘と経験に頼ることで発生する無駄を、データを活用して削減することが考えられる。

また、図表7-3のように仕入れ・発注の「事前」「実施中」「事後」のそれぞれの段階で無駄は生じており、データを活用すればもっと精度が高くなり、無駄も削減できるようになる。

こうした課題は、データを蓄積し、現状の業務運用や判断基準などを見える化すること

ケース	売り手	買い手
中古車販売の場合	中古車販売業者（**情報優位者**） 「このクルマは、見た目はきれいだがこれまでメンテナンスもされていなかったので故障しやすい」	中古車購入希望者（**情報劣位者**） 「このクルマは見た目もきれいでカッコ良く、調子も悪くなさそう。しかもお手頃な値段である」
生命保険販売の場合	生命保険会社（**情報劣位者**） 「この被保険者は、年齢もまだ若く、昨年の健康診断でも特に問題が指摘されていない」	保険加入希望者（**情報優位者**） 「毎日タバコを吸い、お酒も毎晩飲んでいる。昨年は健康診断前に数日、酒・タバコを控えた」

図表7-2　情報の非対称性が発生している例

で解消を図れる。

ここで注意頂きたいのは、データを活用して精度が上がっても、そのレベルの精度が必要とされていなければ意味がない。そのため、具体的な無駄を特定してその削減ができるような検討が必要だ。

パターン③「コスパ改善」

「既存手段よりもデータを活用した手段によるコスパの改善」とは、現状の業務のやり方、もしくはサービス提供の方法に対し、データを活用することにより、「同じパフォーマンスでコストを下げる」、ないしは、「同じコストでパフォーマンスを上げる」ことである。

1つ目の「同じパフォーマンスでコストを下げる」とは、業務やサービス提供において、一定のパフォーマンス（品質の高さ、量の多さ、迅速さなど）を担保するために費やされているコスト（労働力、手続きなど）を削減することを指す。

2つ目の「同じコストでパフォーマンスを上げる」とは、投下されるコストを一定にしながら、パ

無駄の種類	無駄の例
事前の無駄	• これまでの売れ行きを集計する手間 • 天気に左右される場合、天気予報をチェックする手間
実施中の無駄	• 商品ごとに勘を働かせて考える時間 • 前回の発注のことを思い出しながら発注する手間
事後の無駄	• 予想が外れた時の売れ残り（無駄な在庫） • 品切れを起こした時の販売機会の損失

図表7-3　データで解消しうる無駄の種類

フォーマンスを上げることを指す。

ここで注意頂きたいのは、データを使って「同じコストでパフォーマンスを上げる」ことを顧客に提案した際に、「今のパフォーマンスで十分であり、これ以上は上げる必要ない」との反応も予想しておくことだ。

だからこそ、提案相手である顧客を取り巻く環境の変化を予想し、将来的にはより高いパフォーマンスが求められるようになる、あるいは今のコストが維持できなくなる、といった変化を前提にして提案すると良いだろう。

パターン④「個別対応による最適化」

「きめ細かな個別対応の実現による最適化」とは、サービス提供企業の事情により、いくつかのパターン（プラン）でしか提供できなかったサービスなどを、顧客の情報やニーズをデータで事前に把握できるようになることで、きめ細かにカスタマイズして提供することを指す。

例えば、トレーニングジムを例にすると、ジムに

コスパの改善の仕方	コスパ改善の余地（コスパ上の課題）の例
同じパフォーマンスでコストを下げる	＜例：金融機関の個人向けローンの与信審査＞ 同じパフォーマンス：借り入れ希望者に貸し付けた融資の未回収リスクを一定のレベルに維持する コストを下げる：様々な借り入れ希望者の情報（勤め先や勤続年数、現在の年収、家族構成、他の金融機関での借り入れ、返済履歴など）が書かれた手書き申請書のチェックを二重三重に行い、審査するための人件費を削減する
同じコストでパフォーマンスを上げる	＜例：繁忙期と閑散期の差が大きいコールセンター＞ 同じコスト：月にかけられる人件費（電話の受付担当者の稼働量）は変えない パフォーマンスを上げる：繁忙期は受電数（呼数）の総数は増やし（あふれ呼はなくし）、閑散期は少ない受電数に合わせて受付担当者も配置し、月間で費やす人件費を一定にする

図表7-4　データによるコストパフォーマンスの改善の仕方

通い始めたい顧客には、「ダイエットをしたい」、「体力をつけたい」、「もっと筋肉をつけたい」など様々な動機がある。また、鍛えたい（痩せたい）身体の部位も異なるため、使用したいトレーニング器具も異なる。さらに、実際にジムに通い始めてから週何回、どの程度の期間通い続けられるかは、顧客の仕事やライフスタイルによって、人それぞれだろう。

　そのような顧客に対して、ジムが用意する会員向けプランは、通える曜日や時間帯で分ける「デイタイム会員・ナイト会員」や、ウェアやタオルといったレンタル品もセットで使えるかどうかで分ける「レギュラー会員・マスター会員」などである。

　こうしたプランは、必ずしもすべての顧客のニーズに合うわけではなく、顧客によっては「帯に短したすきに長し」というプランとなっている。結果、「月額会費ほど利用しきれていない」などの不満が発生し、退会する顧客もそれなりに出てきてしまう。ただ、ジムは、限られたスタッフで顧客対応する必要があるため、様々なプランを用意したところで、個別の顧客対応は難しい。このような課題に対

きめ細かなサービスの方向性	きめ細かなサービスを提供することのメリット
従来の提供サービスを細分化する	• これまで把握できなかったユーザーの属性や趣味嗜好などをデータで細かく分析し、そのユーザーに合った細分化されたメニューを用意することで、サービスの満足度を上げる（加入を増やす、解約率を下げる） • サービス利用後のユーザーの利用状況から新たなニーズを把握し、より顧客に合ったサービスメニューやオプションメニューを提案し、顧客単価を上げる
サービス利用の敷居を下げる	• これまでサービスの対象にならなかったユーザー（利用頻度が低い、支払いの余力に不安がある、設定した価格以上に使用してしまうなど）に対し、データに基づいたサービスを提供することで、新たな顧客層を増やす

図表7-5　データにより実現できるきめ細かなサービスの方向性

し、データを活用して様々な顧客に合ったサービスプランを用意することで、退会率を下げるなどして解消を目指す。

なお、「きめ細かな個別対応」をデータ活用で実現する場合、「**従来の提供サービスを細分化して提供できるようにする**」ケースと、「**従来はサービスの対象にならなかったユーザーにもサービス利用の敷居を下げる**」という主に2つのケースが考えられる。

データに基づいたきめ細かな個別対応の実現を提案する際の留意点は、個別対応は実現できても、オペレーションとして個別に対応できない、という課題があることだ。そのため、単にサービスの細分化などを提案するだけでなく、顧客に個別対応できるオペレーションまで提案できることが必要とされる場合も多いことに留意したい。

パターン⑤「機会損失の削減」

「データに基づきアクションの頻度を高めることによる機会損失の削減」とは、これまで定期的に、あ

機会損失の種類	機会損失の削減の例
本来得るべきだった収益の損失	• これまで見逃していた最適な収益化のタイミングをデータによって見つけ、これまで以上に高頻度に実施することで収益機会を逃さない • これまである一定の収益までしか見込めなかった顧客層に対して、データに基づいて分析することで、新たな収益の見込みを導き出す
本来は不要だったコストの発生（コスト最適化の機会の損失）	• データに基づいて、これまで以上に高頻度で業務やサービスを提供することで、これまでの頻度では防ぎきれなかったコスト発生の可能性を最小限にする • これまで障害やクレームなどが発生してから後追いで対応していた業務を、データによる予測に基づく対応に変え、不要なコストの発生を防ぐ

図表7-6　データで解消しうる機会損失の種類

るいは何かのイベント時にしか行われなかった判断やアクションを、データを活用することで、本当に必要なタイミングで実施することで機会損失を減らし、アクションにかかるコストを最適化することを指す。

例えば、近年問題となっている老朽した公共インフラの点検や補修が分かりやすい。高度成長期に造られた公共インフラ（橋梁、トンネル、道路、橋、上下水道、ダム、河川など）は、これまで作業員が定期点検でしかチェックできていなかった。一方で、建設から半世紀が過ぎ老朽化するインフラも増えていく中、これらの保全には膨大なコストがかかると想定されている。不具合が生じる前に、修繕やメンテナンスを行う「予防保全」が維持管理費や更新費の抑制にもつながるため、監視カメラやセンサーなどのデータを用いたインフラの管理／把握から予防保全までが求められている。

なお、機会損失と言う時、「**本来得るべきだった収益の損失**」と「**本来は不要だったコストの発生（コスト最適化の機会の損失）**」の2つが考えられるだろう。

データに基づく機会損失の削減を提案する際は当然、機会損失がどれぐらいかを分析し算出しなくてはならない。そのためには、どこでどんな機会損失が発生しているのか、という仮説を立て、現状のデータを顧客からもらうなどして把握することが重要だ。

7・3　5つのパターンを実際の課題にあてはめる

ここまでデータによる課題解決の5つのパターンを説明してきたが、この5つを今度は実際の課題にあてはめて、データの使い道を見つけていく。

ただ、ここで注意したいのは、近視眼的であったり、視野が狭かったり、既成概念にとらわれていたりすると、考えられるデータの使い道は結局、単なる思いつきと変わらない場合があることだ。

そこで、5つのパターンを次の4つのレベルの課題にあてはめて考えると検討の幅が広がる。

- 個人レベルの課題＝既存のユーザーや消費者の課題、あるいはまだ利用者になっていない潜在的な顧客が抱える課題
- 企業レベルの課題＝データビジネスの提案先となる顧客企業やその取引先など、企業の抱える課題
- 業界レベルの課題＝データビジネスの提供先となる顧客企業が属する業界だけでなく、周辺の業界

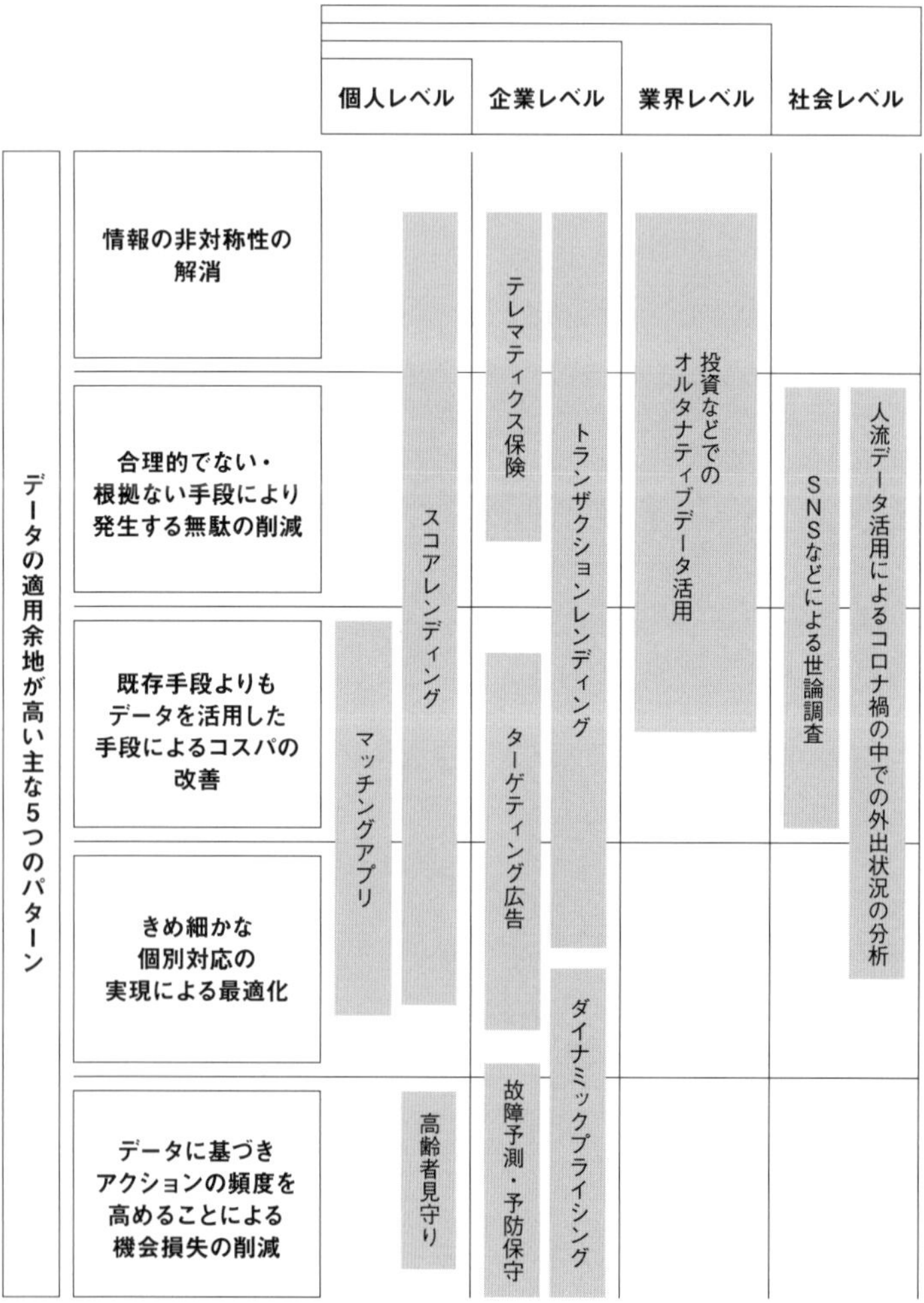

図表7-7　5つの課題解消のパターンと4つのレベル別データビジネスの例

も含めた課題

・社会レベルの課題＝社会システムの欠陥や矛盾から社会で発生し、未だに解決に至っていない課題

個人の課題から着目し、上のレベルへと広げていきデータの使い道を探すことが肝要である。もし、データの使い道が業界レベルや社会レベルの課題解決になる場合には、その便益は一企業の範囲に留まらない。データビジネスの提供先は複数の企業や自治体なども含めた広範囲に及び、スケールの大きなビジネスになるだろう。

図表7-7には、5つの課題解決のパターンと4つのレベルの課題を組み合わせたデータビジネスの例を示したので、参考にしてほしい。

本章のまとめ

・自社の所有するデータの価値（インサイト）の再定義ができたら、いよいよ「データの使い道の発見」を行うが、それは端的に言うと、「データを『誰の』『どのような』課題の解決に活かせるのか」を明確にすることである。

・「データの使い道の発見」で単なる思いつきを避け、また無駄なアイデア出しによる遠回りを避けるためには、「データが解決できる課題には5つのパターンがあること」と「解決する課題には4つのレベルがあること」の2点を意識することが重要である。

・つまり、自社のデータから分かるインサイトが、5つのパターンのどれにあてはまり、ま

た4つのレベルのうちどのレベルの課題を解決するのかを検討することで、自社のデータビジネスの方向性が見えてくる。

column

アイデア出しは「多産多死」を前提に

データの使い道を発見する上では、無駄なアイデア出しを回避したいがその一方で、起点となる課題が少なくなり、結果として、アイディエーション段階で十分な量のアイデアが創出されない事態も避けたい。

データビジネスは実現の不確実性が高いため、特定のアイデアの検討にのみ注力する〝一球入魂型〟のアプローチでなく、多数のアイデアを出し、同時並行で試行錯誤を行い、結果として少数のアイデアの成功を目指す「多産多死」アプローチを前提として進めることが求められる。

アイデア出し段階で十分な数のアイデアを生み出せていないまま、特定のアイデアの検討を進めた場合、結果として事業化の見込みが薄いと判断された際に、「今のアイデアを取りやめても、新たに取り組むアイデアがない」、「今さらまたアイデア出しまで立ち戻れない」などの状況に陥りがちだ。中断／取りやめの判断ができず、ずるずると検討を続けてしまうケースも散見される。

データの使い道の発見段階でのアイデア出しは、「質」もさることながら「量」が重要である。

また、データはその取得元とは異なる領域でも活かせる場合が多く、特定の業種／業界の事業者向けのサービスで収集されたデータでも、それ以外の事業者の課題解消に活かしたりできる。

column

そのため、アイデア出しの「質」だけでなく「量」も追求する上で、5つの課題解消パターンに基づき、個人レベルから企業レベル、さらには業界レベル、最終的には社会レベルにまで課題の対象の幅を広げることが肝要になるのである。

第４部

ステップ②

データビジネスを事業化するための思考法

第8章　ビジネスモデルを策定する

ＩｏＴデバイスを製造するＤ社は、業界内でシェアトップの地位を築いていたが、近年はシェア2位の競合が低価格戦略で急激にシェアを伸ばしつつあることに加え、ＩｏＴデバイス市場も成熟期から衰退期に差し掛かっていることから、「デバイスで収集したデータを活かすデータビジネスの展開」を基本方針に新規事業開発の取り組みを推進していた。

主要事業部から人員を集め組成された新規事業開発チームを中心に、まずは取り扱っているデバイスからとれるデータの項目などを棚卸しし、様々なデバイスから取得できるデータをそれぞれ掛け合わせることで、把握できる事項の整理が進められた。

各データの整理結果をもとに、新規事業開発チーム内で数週間かけてアイディエーションを実施し、合計100件にも及ぶアイデアリストが作成された。

その後、具体的なサービス化の検討に向けて有望なアイデアの絞り込みを複数回実施し、「ウェアラブル＋空間センサーによる居住者の心身状態の可視化」というアイデアをまず検討してみることになった。

新規事業開発チームでは、このアイデアを活かしたビジネスモデルの策定が始まった。チーム内での討議を経て、居住者の心身状態の可視化による診断・スコアリングサービスや健康増進支援サービスなどのビジネスモデル案を検討した。

検討期間は十分に設け、いずれのビジネスモデル案も、検討に検討を重ねて出したものではあった。が、どれも、新規事業開発チームメンバーに「大きなビジネスになる予感」を感じさせるものではなかった。

「アイデアは良いんだけど……。このモデルだと次の収益の柱にはなりそうにないね」。報告を受けた役員の発言に、新規事業開発チームメンバーは小さくうなずくしかなかった。

こうして、D社のデータビジネス開発検討は暗礁に乗り上げることになった——。

8・1 「ビジネスモデルの策定」が最難関

「ステップ①データビジネスのアイデアをつくるための思考法」を取り上げた第3部では、自社データの価値（インサイト）を他社データとも掛け合わせることを前提に特定し、どんな課題を解消できるのか、というデータの使い道を検討した。

ただ、ステップ①の検討を通じて導き出されるアイデアは「課題解消に活きるデータの使い道」にすぎず、顧客から対価が発生するようなデータビジネスにはなっていない。そのため、導き出したアイデアを核に、「顧客の抱える課題をどのように解決し、何の費用からマネタイズを図るか」を明らかにする必要がある。そして、顧客が「お金を払ってでも使いたい」と思う「解決策（サービス）」をつくることが本章のテーマでもある「ビジネスモデルの策定」である。

ビジネスモデルの策定は、データビジネスの一連のプロセスの中でも特に多くの事業者から課題が寄せられる部分である。

実際、本書の第1部で紹介したデータビジネスに関するアンケートにおいても、データビジネスを検討する一連のプロセスで生じる課題について尋ねたところ、回答の約24%が「ビジネスモデルの策定」にまつわるものだった（回答集中率は全課題中トップ）。

また、過去にデータビジネス策定の支援を提供したクライアントにおいても、特に多く発生していた課題が、「アイデアはあるが、ビジネスモデルが見えない」ことだった。

そのため、まず、「ビジネスモデルを策定する上でのポイント」とその理由や構造の解説から始めたい。

8・2　ビジネスモデルに必要な5つのこと

改めて、「ビジネスモデル」とは何か。

「ビジネスモデルの構築」と聞くと、肩に力の入ってしまう読者がいるかもしれない。また、ビジネスモデルには様々な定義があり、説明する人によって「これはビジネスモデルであるが、あれはビジネスモデルではない」など、意見が異なることも多く、ビジネスモデルの策定を難しくしている要因の1つだ。

本書では、データビジネスの具体的な実践法を示すことを目指しているため、ビジネスモデルについてはできるだけシンプルに分かりやすく解説していきたい。そこで、「ビジネスモデル策

ビジネスモデル策定で決めること	決めるべき内容	検討の仕方
① 誰に（の）	サービスの利用者は誰か？	現行の課題解決の手段を明確にする
② どんな課題を	解消すべき課題は何か？	
③ どうやって	どうサービスを提供し、課題を解決するのか？	
④ 誰がお金を払うのか	誰が費用を負担するのか？	4パターンのビジネスモデルから選ぶ
⑤ お金とサービスの流れ	サービスとお金はどのような流れになるのか？（①と④が異なる場合は特に）	

図表8-1　ビジネスモデル策定の要素と検討の仕方

定で決めること」を図表8－1の通り5点に絞った。また、その5点の検討をより簡単に進められるように、そのポイントをまとめた。

誰に、どんな課題を、どうやって

まず、ビジネスモデル策定で決める5点のうち、「①誰に（の）＝サービスの利用者は誰か？」、「②どんな課題を＝解消すべき課題は何か？」、「③どうやって＝どうサービスを提供し、課題を解決するのか？」をどう検討するか見ていきたい。

この①～③は、前章までに「データの使い道」として検討してきた内容であるが、ビジネスモデル策定の上で重要なポイントは、現在課題に対してとられている解決方法を明確にすることである。

というのも、**どんなに革新的なアイデアでも、「今支払っているお金の用途」以外の、新たな用途への支出を企業や消費者に促すことはかなりハードルが高い**からだ。

そのため、現在の解決策や手段を明確にすることで、

	新サービス		代替されたもの
成功事例	ＱＲ決済	→	現金、クレジットカード、デビットカード
	スマートフォン	→	ガラパゴス携帯、時計、音楽プレイヤー、ゲーム機、デジタルカメラ、自動車、飲み会
	フリマアプリ	→	ネットオークション、店舗での買い物、不用品回収、中古品買取
失敗事例	立ち乗り二輪車	→	電車、自動車、自転車、徒歩などの移動手段のいずれの代替ともならず、定着化せず
	メガネ型ウェアラブルデバイス	→	スマホやＰＣの代替として期待が寄せられたが、代替するには不十分だった

図表8-2　市場形成に成功／失敗した新サービスと“代替サービス”の有無

- データビジネスのアイデアが何の役に立つサービスになりうるか
- 今、課題解決のために、何らかの費用が実際に発生している課題なのか
- 新たなサービスを提供したら、今支払われている費用を振り向けてもらうことは可能か

が見えてくる。

実際、**新市場を切り拓いたとされる革新的なサービスは、ゼロから新たな支出を促したものではなく、すでにお金が支払われていたものの代替として、新たなサービス市場を形成したケースが大半**である。

また、登場当初は革新的ともてはやされたがその後、市場を形成することも、定着することもなく撤退や規模縮小へと至ったサービスは、代替する既存市場（あるいは手段）が不明瞭なものが多い。

これらは、「現在の解決策／解決手段にお金が発生していない」、もしくは、「現在の解決策／解決手段に勝ることができない」ことにより、普及・定着

しなかったものも多い（図表8-2）。

なお、スマートフォンのように、その登場により代替された現状の解決策や手段が複数にまたがる場合もあり、より幅広い視野で現状の解決策や手段を探すことが重要である。

反対に、**「既存の手段」が特にない場合、その課題は顧客にとってお金を出してまで解決するほどではない可能性が高い**。結果、経済合理性を顧客が見いだせず、サービスとして成立しづらい。

ただ、「課題解決の既存手段がないアイデアは棄却すべき」と言いたいわけではない。むしろ、**代替できる既存の手段がない場合は、より踏み込んだ形へアイデアを具体化（サービス化）すべき**、ということである。既存手段が不明瞭なアイデアは、実際に費用が発生している課題に着目しなおして、現在の解決策の代替策に仕立てる必要がある。

では、本章冒頭のケースで述べた「居住者の体調の可視化ツール」を例に見てみよう。

これまで本人にしか分からなかった体調が本人以外にも分かるようになれば、確かに革新的であり、便利な機能かもしれない。

ただ、居住者の体調を把握するための現在の解決策や手段に目を向けると、同居人が声をかけて体調を確認する程度のことであり、実質的に費用は発生していないと言える。だからこそ、体調の可視化ツールは「儲かる感じがしない」のである。

ところが、本人が日々の体調管理を疎かにし、体調に異変が起きて入院が必要になった場合には、入院費が発生し、仕事をしている人なら治療期間中の収入の損失が発生する。つまり、同居人が声をかけて体調を確認することには費用は発生していないが、体調管理を疎かにすることで発生する費用はある。また、万が一の時の入院に備えて生命保険費用を払っている人もいるだろう。

そのような費用に着目し、次のようなビジネスモデルにすることで、現状の解決策や手段の代替となることを狙う。

①誰に＝本人および家族に

②どんな課題を＝体調の変化、体調悪化の予兆検知を行うことで、万が一の時の入院費・治療費や保険料を削減

③どうやって＝これまで難しかった体調の異変の予兆を検知

このように、「代替となる既存手段」に着目したビジネスモデルを策定することで、誰の、何の課題を、どのように解決し、そして何の費用からマネタイズを図るかが明確になり、腹落ち感のあるビジネスモデルを構築できる。

そのため、ビジネスモデル策定で決めることの①〜③を検討した際には、「実際に今、費用が発生している解決策／手段は何なのか」を明確にしておくことが大切だ。

データビジネスのビジネスモデルは4パターンに絞られる

「①誰に（の）②どんな課題を③どうやって」を決定する上で、現状の解決策や手段に目をつけ、既存のお金の流れをこちらに向ける形で収益を上げることを検討した。次に決めなくてはいけないのは、「④誰がお金を払うのか」、「⑤お金とサービスの流れ」の2点となる。

実はデータビジネスにおいては、④と⑤は4つのパターンに絞られる（図表8-3）。

そのため、④と⑤を検討する上では、この4パターンのどれにあてはめるのか、という観点で検討していくことが実践的と考える。

ビジネスモデルのパターン	概要
マッチング型	現状、中間事業者や仲介事業者が存在する市場で、データを活かして需要側と供給側を直接結びつけ中抜きを図り、供給者か需要者、またはその双方からお金を得る
販促・広告型	消費者の持つスマホ上のアプリのダウンロードユーザーを増やし、データによる精緻な分析を武器に広告や販促をアプリに流し、広告主からお金をもらう
BPO型	データの分析力を活かして業務を請け負う（業務受託）を行い、委託元から支払われる業務委託費でお金を得る
サービサー型	データ活用して審査や診断、その結果に応じたサービスの個別カスタマイズ対応の正確性／効率性を武器に、既存事業から顧客を奪い取りお金を得る

図表8-3　データビジネスの4つのビジネスモデルパターン

潜在的コストを収益に変える「マッチング型」

1つ目のマッチング型は、中間事業者や仲介事業者がいるような市場に対して、データを活かし、需要側と供給側を直接結びつける（中抜きを図る）サービスを提供することで収益化を図る。

また、これまで需給双方の数が膨大であり、仲介を図る事業者が存在しなかった領域に対し、データを武器に仲介事業者としての参入を図る場合もある。

どこから収益を得るのかというと、これまで需要側（消費者）および供給側（企業）が取引相手としてお互いを探すために発生していたコストが収益元となる。

なお、大手プラットフォーマーを中心としたマッチングサービスの台頭により、これまでつながっていなかった企業と消費者がつながるようになった。大手プラットフォーマーが莫大な収益を上げるのは、顕在化しているコスト（消費者だったらインターネットを検索したりする手間、企業だったらマーケティング費用）だけでなく、潜在的なコスト

（消費者であれば粗悪品を購入してしまうことによる損失、企業であれば未払い客を減らすための費用）の掘り起こしに成功したからであり、マッチング型を適用する場合には、実際に発生しない潜在的なコストへの着目が必要である。

ユーザーの量と質がポイントとなる「販促・広告型」

2つ目の販促・広告型は、データを活用して広告や販促を消費者の持つスマホなどに配信し、広告主から対価を得るモデルである。

この場合、サービスを利用する人（例：消費者）と、対価を払う人（例：広告主）が異なる。そのため、対価を払う広告主がお金を出したくなるような「魅力ある媒体面」を押さえることが重要だ。具体的には、媒体面となる消費者のスマホ上のアプリを押さえる（ダウンロードさせる）ための投資を大規模かつ継続的に実施することが最大のポイントとなる。

コスト削減が勝負の「BPO型」

3つ目のBPO（ビジネスプロセスアウトソーシング）型は、データの分析力を活かして業務代行を提供するというモデルだ。

BPOは、顧客企業の業務プロセスを一括して請け負うアウトソーシングであるが、安価な人件費で単純業務を請け負うようなものとは異なり、所有するデータとその分析能力を活用して委託企業のコスト削減に寄与する、といったものだ。

これまでBPOを事業として営んでいなかった企業は、アウトソーシングサービスの提供拠点や必要となる設備、安価な人材の確保などが障害となり、BPOを事業として展開することが難

ビジネスモデルのパターン	④誰がお金を払うのか	⑤お金とサービスの流れ
マッチング型	体調を把握でき、何らかの商品（保険やサプリなど）を提供できる事業者がお金を払う	居住者の日々の体調データを分析し、その人に合った商品を持つ事業者にデータを提供し、事業者からお金をもらう
販促・広告型	体調管理アプリなどに広告を配信したい広告主からお金をもらう	体調可視化ツールの利用者が何名いて、どんな属性であるかを広告主に説明し、広告主から広告料をもらう
BPO型	保険会社から保険加入者の体調把握の業務委託を請ける	体調可視化ツールはユーザーに提供し、体調を把握したい企業から業務委託料をもらう
サービサー型	直接ユーザーからお金をもらう	取得できる体調データに基づき、保険や健康増進のサービスを開発し、ユーザーに販売しお金をもらう

図表8-4 「居住者の体調の可視化ツール」を用いた検討の例示

しかった。ただ、独自のデータを所有し、データを活用したコスト削減を顧客企業に提供できれば、BPO事業を展開していくことも可能になるのだ。

ポイントは、当然のことながら「データ活用でいかに業務コストを下げられるか」であり、BPO型モデルで収益向上を目指す場合は、データ分析能力をいかにコスト削減能力に転換できるかが重要となる。

アナログな業務に目をつける「サービサー型」

4つ目のサービサー型は、データを活用することですでに存在する事業者とは異なるビジネスモデルや市場開拓のアプローチで、既存市場に参入する方法をとるビジネスである。理解しやすい例が、「トランザクションレンディング」である。

これは、顧客企業に融資をする金融機関が、従来のように財務情報をもとに融資条件を設定するのではなく、非金融事業者が日々の取引データ（売掛、在庫のデータなど）を分析して融資条件を設定し、少額・短期間の融資を提供する、というものである。

サービサー型のポイントは、参入する市場の見極めである。データを武器に既存市場への参入を図るサービサー型の強みは、デジタル技術の活用が進んでおらず、旧態依然とした科学的・合理的でない対応が主流の領域に参入する場面で最も活きる。だからこそ、参入市場の選定に際しては、アナログなやり方が未だ残る業種や業界を探るべきである。

4つのパターンを踏まえて、再び「居住者の体調の可視化ツール」の例で④と⑤を検討すると、図表8-4のようになる。

本章のまとめ

- データビジネスの最大の難関となるビジネスモデル策定については、5つのポイント（①誰に②何を③どうやって④誰がお金を払うのか⑤サービスは誰に提供され、お金は誰から誰にどう流れるのか）をきちんと押さえる必要がある。
- ①～③の重要なポイントは、現在課題に対してとられている解決方法を明確にすることであり、そうすることで、「データビジネスのアイデアが何の代替となるのか」、「何らかの費用が実際に発生している課題なのか」、「新たなサービスを提供したら今支払われている費用を振り向けてもらうことは可能か」を明確化できる。
- また、④⑤については、4つのパターン（マッチング型、販促・広告型、BPO型、サービサー型）を適用することでビジネスモデルを効果的に形づくることができる。

column

ネットワーク効果を最大限に引き出す「両面市場」を狙え

データビジネスでは、「**両面市場**」を築くことが重要となる。

両面市場とは、異なる2つの利用者（消費者と広告主など）が仲介者を介して取引する市場を指す。例えば、大手プラットフォーマーは市場の仲介者として、需要者と供給者の間で価格やサービスのマッチングを行い、両者の利益を最適化しながら、巨額の収益を得ている。

両面市場を築く上で重要となるのは、双方の利用者（裏表）にとって利便性が高いことだ。例えば、消費者はより多くの店舗で使えるキャッシュレス決済を選びたがり、店舗はより多くの消費者が利用するキャッシュレス決済を選びたがる。

双方の利用者にとって利便性を高めるためには、仲介者が用意する市場が、需要者と供給者の双方が十分に集まっているような一定の規模でなくてはならない。そのため、大手プラットフォーマーは、利用は無料にして消費者を多く集め、実際に消費者と広告主でマッチングが成立したら報酬をもらう、というフリーミアム型のビジネスモデルをとる。

また両面市場では、仲介者にとって、**需要者と供給者とのマッチングで得られる収益よりも、それ以外の部分での収益の方が大きい**ことが様々な研究から解明されている。

なぜかというと、「**ネットワーク効果**」が働いているからだ。ネットワーク効果とは、商品やサービスの価値が、その利用者の数に応じて変動する現象で、利用者が増えれば

プラットフォーマー	利用者（表）	⇔	利用者（裏）
検索エンジン	消費者	⇔	広告主
SNS	ユーザー	⇔	広告主
ECサイト	消費者	⇔	出店者

図表8-5　両面市場の例

増えるほど、商品やサービスを利用する価値が上がり、逆に利用者が減れば、商品やサービスを利用する価値が下がる、という状態を指す。

両面市場は、このネットワーク効果が働きやすく、主に次の2つのネットワーク効果が働くと言われている。

- 需要が新たな需要を呼び、供給が新たな供給を呼ぶネットワーク効果（同方向のネットワーク効果）
- 需要の増加が供給側にとって魅力となり供給が増加し、同様に供給の増加が需要側にとって魅力となり需要が拡大するネットワーク効果（双方向のネットワーク効果）

大手プラットフォーマーの急速かつ巨大な両面市場の拡大を支えたのは、このネットワーク効果だと言われている。例えば、ECの大手プラットフォーマーは、次のようなネットワーク効果を活かしてビジネスの好循環をもたらし、巨額の収益を上げている。

- 品揃えを増やし、消費者にとっての選択肢を増やす
- 選択肢が増えることで、出店者同士で価格と品質を競い合い、顧客満足度が上がる

column

column

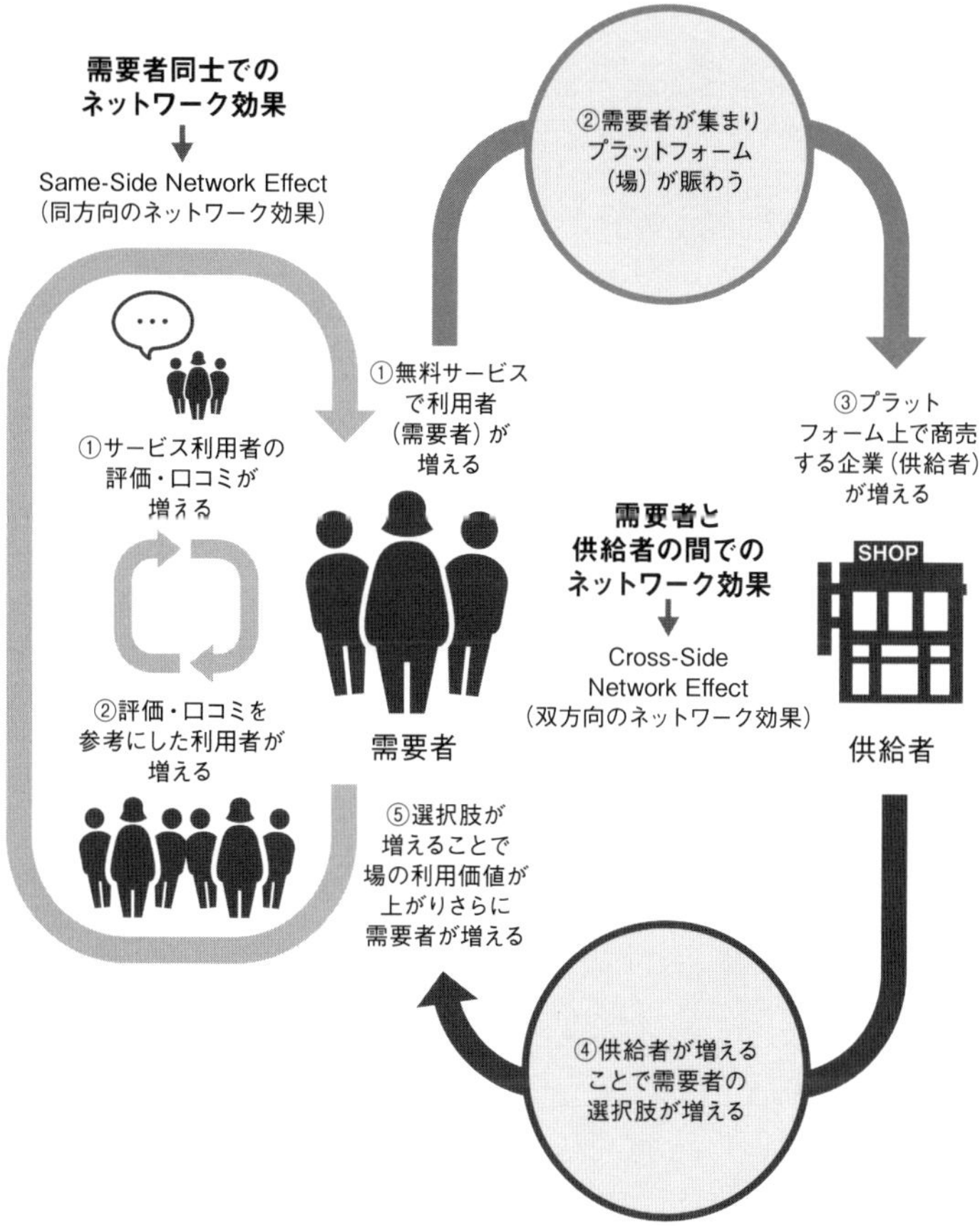
需要者同士での
ネットワーク効果
Same-Side Network Effect
(同方向のネットワーク効果)
①サービス利用者の
評価・口コミが
増える
②評価・口コミを
参考にした利用者が
増える
①無料サービス
で利用者
(需要者)が
増える
②需要者が集まり
プラットフォーム
(場)が賑わう
③プラット
フォーム上で商売
する企業(供給者)
が増える
需要者と
供給者の間での
ネットワーク効果
Cross-Side
Network Effect
(双方向のネットワーク効果)
SHOP
需要者
供給者
⑤選択肢が
増えることで
場の利用価値が
上がりさらに
需要者が増える
④供給者が増える
ことで需要者の
選択肢が増える

図表8-6　大手プラットフォーマーを支えたネットワーク効果の構造

column

・顧客満足度が上がると、購入する消費者が増える
・購入者が増えると、多くの商品が売れるため出店者が増える
・出店者が増えると品揃えがさらに充実し、顧客満足度がさらに高まる
・売上が大きくなれば、仲介者のコスト効率が高まる
・仲介者のコスト効率が高まることで、価格（出店料、購入時の手数料や会員費）をさらに下げられる
・価格を下げれば顧客満足度を高められる

ネットワーク効果を活かして、需要者と供給者のマッチング以外の収益が上がれば、収益規模は大きくなる。そのため、消費者に対し「総額〇〇〇億円キャッシュバック」などと競合に先行して利用料をマイナスにすることで、他の仲介者を排除でき、ネットワーク効果で収益を拡大するだけでなくデータも独占しやすくなるのである。

第9章　訴求価値を磨き上げる

E社は小売業界を中心に、店舗ソリューションも含めた様々なサービスを提供していた。小売業界向けの現状の事業展開ではこれ以上の成長は望みにくいと考え、小売以外の事業者をターゲットとしたデータビジネスの開発を開始した。

様々なソリューションを提供していたE社は、小売店を訪れる消費者の購買データに始まり、店舗内の回遊データ、店舗外での位置データ、アプリで取得された個々人の属性データなど、幅広い消費者データにアクセスできる立ち位置にいた。そこでE社は、「データを活かした精緻なターゲティング／広告の出し分けが行えるアプリ広告サービス」を立ち上げ、メーカー向けのアプリ広告事業に参入した。

参入時に立てた事業計画では、初年度に1桁億、3年目には2桁億の売上と単年度黒字を達成することを目標としていた。一見して野心的に思えるこの計画であるが、ターゲットとする市場の規模からすれば、決して非現実的な計画ではなかった。

また、サービス自体にもE社はある程度の自信を持っていた。購買データをはじめ、様々なデータをもとに「本当に買ってくれそうな人」だけに広告を出せれば、視聴者の属性に応じて広告の出し分けができない4媒体（テレビ、新聞、ラジオ、雑誌）の広告よりも、広告効果が高いはずだ。E社には当初、このような思いと勝算があった。

満を持してサービスを立ち上げ、今年でちょうど3年目となった。市場規模全体から見れば大した売上目標ではない、という当初の算段と異なり、3年目の目標を達成するどころか、累計売上が初年度目標にも満たない状態だった。

結果、データを活かしたアプリの広告事業はその年、当初の確かな勝算も空しく、撤退に向けた議論が開始されるに至った——。

9・1 超えるべき壁は、顧客の持つ〝現状維持バイアス〟

前章では、ビジネスモデルを策定する上で、データで解決を試みる課題の「既存の解決策や手段」を明確にすることの重要性を説いた。

一方で、顧客から見た支払先を新たなデータサービスに振り向けることは案外難しい。それはなぜか。

第3章でも述べたように、顧客の中には「現状維持バイアス」が存在する。データを活用した新たな手段を利用者が目の当たりにした時、「現状のままで良い」と思う心理が現状維持バイアスとなる。そのため、**データを活用したサービスがいかに良いものかをいくらアピールしても、新たな手段が「良いか悪いか」で現状維持バイアスが発生しているわけではないため、効果はない。**

特に、長い年月をかけて磨き上げた高い経済合理性のある既存の手段は、それを代替すること自体が難しい。

別の例で言うと、食品スーパー業界などでは、近年DX化の潮流により大半の事業者がオウンドアプリを展開し、アプリ上で電子チラシの配布を開始しているが、そうした取り組みに積極的な大手食品スーパーでも、紙のチラシにかける広告／販促費を大きく減らすことはなく、数年前より横ばいの傾向を見せている。

本章冒頭に述べたケースで直面したのも、この「既存手段の高い経済合理性」の壁である。現在はデータを武器にした高精細な広告の出し分けを武器にする広告／販促サービスが台頭しているが、依然として既存の手段であるチラシや新聞、雑誌、TVなどの広告からのお金の流れを変えるには至っていない。

データサービスの訴求価値を磨き上げる際、この現状維持バイアスをいかに克服するか、という観点に立った検討が必要となる。

9・2　データによる破壊的イノベーションのススメ

顧客の抱える現状維持バイアスも踏まえて、データサービスの訴求価値を磨き上げる上で、「持続的イノベーション」と「破壊的イノベーション」の2つについて説明したい。

この2つのイノベーションは、故クレイトン・M・クリステンセン教授が自著『イノベーションのジレンマ』において提唱した概念である。

2つのイノベーション	データビジネスの訴求価値	採用すべき場面
データによる持続的イノベーション	データによる高機能化／高付加価値化で“今よりも良い解決手段”を提供	既存の解決策が顧客の求める水準にはるかに及んでいない場合
データによる破壊的イノベーション	データで“今ある解決手段”をより金銭的、物理的、心理的コストの低い形で提供（ハードルを下げる）	すでに既存の解決策が確立しており、顧客の求める水準を満たしている場合

図表9-1　データによるイノベーションのパターン

持続的イノベーションとは、企業が市場（顧客）のニーズを満たすという目的のもと、自社の製品の性能を向上させるために行うイノベーションを指す。簡単に言うと、顧客の満足のために、今あるサービスや製品の高機能化や高性能化を図る営みである。

対して、**破壊的イノベーション**とは、今あるサービスやソリューションを低廉化したり機能を絞ったりして、それらを利用できていない顧客へと広げ、新たな市場を開拓するイノベーションである。

では、データビジネスにおいては具体的にはどのように現状維持バイアスを克服するのか。先ほど広告や販促を例に出したので、ここでは近年台頭しつつある「運用型テレビCM」を例に見てみよう。

ご存じの通り、テレビCMはそれなりにコストのかかる広告手法である。テレビ局や時間帯にもよるが、テレビCMを出稿する場合は短くとも1週間などのまとまった単位で枠を購入する必要があり、出稿にかかるコストは最低でも数千万円はかかる。そのため、投資余力の少ないスタートアップや中小企業などは、これまでテレビCMを打ちたくてもなかなか打てなかった。

また、テレビCMの出稿効果が計測困難であることも、出稿ハードルを高めている。通常のテレビCMだと放送後の効果などを追ってもらえず、それらを把握しようと思うと自らテレビCM放送前後のサイトやアプリ、店舗の来訪者などを計測する必要がある。

そこへ、「運用型テレビCM」はデータを活かし、この2つの課題を巧みに解消してみせた。まず、「SAS（Smart Ad Sales）」というテレビCM枠の購入方法を用い、「1本単位」で出稿できるようにした。さらに、各テレビCM枠の視聴データや、その他出稿希望企業のサイト訪問者データなどの各種マーケティングデータを用い、より高い効果が見込まれる出稿枠を提案することで、安価でありながらも一定の効果を期待できるテレビCM出稿を可能とした。

加えて、テレビCM出稿後の各種マーケティングデータ（サイト訪問者、アプリ利用者など）を分析することで、従来のテレビCMでは困難だった効果の検証、そして検証結果を用いたPDCAもできるようにした。

運用型テレビCMはデータを活かし、「価格」と「効果の不明瞭さ」という2つの課題を解消することで、これまで出稿できていなかったスタートアップや中小企業向けのテレビCM市場を開拓している。実際、2020年では約50億だった運用型テレビCMの市場規模は、2021年には115億円と約2倍の成長を見せている（加えて、2025年までには、現在の約10倍にあたる、1300億円まで成長すると予測されている）[1]。

今あるものより良いものをつくるためのイノベーションが「持続的イノベーション」、今あるものを手にとりやすくするためのイノベーションが「破壊的イノベーション」であると考えると、運用型テレビCMは破壊的イノベーションで現状維持バイアスを克服したと言える。

多くの企業が犯しがちな過ちが、「データビジネス＝持続的イノベーション」と無意識に捉えがちになり、顧客から見ると「高機能ではあるが、別にそこまでの機能・サービスはいらない」とユーザーが求めることを超えるようなサービスを設計してしまうことだ。

現状維持バイアスの克服ということも念頭に置くと、データビジネスでは破壊的イノベーションが有効であることが多い。

データによる破壊的イノベーションを実践するには

データによる破壊的イノベーションでは、今のサービスを使えていない理由や課題を明確にし、どのようにデータを用いて解消するのかを検討することが重要となるため、その理由や課題と解決方法に応じて、「低廉化型」、「成果提供型」、「レコメンド型」の3つにパターン化できる。

1つ目の「**低廉化型**」は、高機能である一方で、その分高価であり、利用できる顧客層が限られるサービスを、機能を落とし、これで十分と言えるサービスを安く提供するパターンである。

例えば、電気ポットを用いた高齢者の見守りサービスなどがこれにあたる。従来、介護サービス事業者が定期的に高齢者宅に巡回するなど、高齢者の安否を確認するサービスは存在していたが、人件費がかかり、利用できる顧客層は限られている。

そこで、電気ポットのオン/オフなどの利用状況によって高齢者の日々の安否を確認するのがこのサービスだ。実際に人の巡回による確認ではないため、正確性に欠くところはある一方で、利用料がネックで見守りサービスを利用できていなかった顧客に対して、「これで十分」と言えるサービスを提供し、顧客層の開拓に成功している。また、先に例に挙げた「運用型テレビCM」もこのパターンにあてはまる。

これは、既存の解決策が高価でかつ、「そこまでのものを必要としていない」利用者が多いサー

サービスを使えていない理由／課題		データによる破壊的イノベーションのパターン
価格が高い、高機能はいらない	→	低廉化型
利用するためのスキルがない	→	成果提供型
何が良いか分からない（選べない）	→	レコメンド型

図表9-2　データによる破壊的イノベーションのパターン

ビス領域において特に有効である。

また、代替したい既存サービスのライトユーザー（使い切れないユーザー）や休眠ユーザー（使い切れず諦めてしまうユーザー）が多い場合なども、積極的に採用を検討すべきである。

２つ目が「**成果提供型**」である。これは、課題解決の手段としてサービスを提供するのではなく、課題解決した状態を提供するパターンである。つまり、**課題解決の「手段」を提供するのでなく「結果」を提供する**。

例えば、調達コストを削減するBPOサービスなどがこれにあたる。従来から、調達コストを削減する手段として、需要予測のソリューションなどがある。ただ、それを活用するには、顧客側にも一定のITリテラシーが要求されるため、IT部門の体制などが十分でない事業者は使いたくても使えない。

そこで、需要予測を行うソリューションを提供するだけでなく、そのソリューションを用いた調達などの実業務も代行するBPOサービスを提供する。そうすることで、IT部門の体制が不十分でも課題を解消できる、というのが成果提供型である。

これは、代替したい既存のサービスに対し、スキルや自社体制を理由に導入を見送る層が多数存在するといった場合は、積極的に採用を検討すべきである。

3つ目が「**レコメンド型**」である。これは、様々な手段が世の中にあふれ、それを選択するユーザーが比較選定に困っている場合、データを用いて適切な手段を推奨するパターンである。例えば、電力会社の選定サービスなどがこれにあたる。

現在は、様々な電力小売事業者が存在し、生活動向や世帯人数などに応じてお得なサービスはそれぞれ異なるが、自分にとって最も良いサービスを自ら調査し選定するのは至難の業である。そこで、普段の電力消費データや世帯データをもとに、最適な電力会社を提案することで、このような比較／検討の課題を解消する。それを通じて、このような選択に課題を抱えていた顧客を開拓するのがレコメンド型である。

これは、顧客に多数の選択肢が存在するサービス領域において、特に有効である。例としては消費者のサービスを挙げているが、法人向けサービスでも、選択肢が多すぎて比較検討しづらい領域が多数あるだろう。そうした領域でのサービス展開を目指すなら、このレコメンド型を積極的に採用すべきである。

本章のまとめ

- データサービスの訴求価値を磨き上げる上で、「持続的イノベーション」を目指すのか、「破壊的イノベーション」を目指すのかを決める必要がある。
- データを活かして、既存の解決策から乗り換えるハードルを下げる破壊的イノベーションのアプローチが有効であり、それには「低廉化型」、「成果報酬型」、「レコメンド型」の3パターンがある。

1 テレシー「テレシー、2021年の運用型テレビCM市場は115億円、2025年には1300億円に拡大と予測」https://telecy.tv/press/1660/

第10章　差別化要素を磨き上げる

　Ｆ社は、データビジネスとして「小売と仕入れ先メーカーとのマッチングサービス」を推進していた。これは、小売向けにＦ社が提供していたＩＴソリューションより収集されるデータをもとに、商品の売れ行きなどを分析し、適切な仕入れ先メーカーのレコメンドからマッチングまで提供するサービスである。

　Ｆ社は、自社が取得できるデータと分析技術を活かし、「店舗別の売れ行きから、より売れそうな商品とそれを扱うメーカーをレコメンドするサービス」を企画した。事前のＰｏＣ（Proof of Concept、コンセプトの検証）では小売事業者からの評判も良く、無事社内の稟議も通り、サービスの立ち上げへと至った。

　ただ、Ｆ社はマッチングサービスの供給側であるメーカーとのリレーションが弱かったため、メーカーの利用企業数が思うように伸びなかった。結果、サービス立ち上げ当初は、小売事業者にマッチングさせるメーカーが少ない状態が続いていた。

　危機感を持ったＦ社は、その後精力的な営業活動を続け、サービス開始から約半年でメーカー数は当初目標としていた１００社を超えた。メーカーの数が増えることで、サービスの売りであったレコメンド機能も効果を発揮し、小売事業者からも評価する声が聞こえるようになった。

　しかし、軌道に乗る兆しが見えたこのタイミングで状況は一変した。Ｚ商社がＦ社と類似のサービスを立ち上げたのだ。

「自分たちには先行者利益があり、Z社も追いつけないはずだ」というF社の予想と裏腹に、Z社のマッチングサービスは、立ち上げから1カ月もたたないうちにメーカー数が100社を突破してしまった。

Z社は、既存事業で培ったメーカーとのリレーションを活かし、立ち上げ前の段階からすでに多数のメーカーから参加を取り付けていたのだ。

「このままではZ商社に顧客をとられてしまう。しかし、メーカー開拓で追いつくことは現実的でない。であれば、サービスの機能で戦うしかない」と考えたF社は、さっそくレコメンド機能の強化へと乗り出した。これまでは仕入れるべき商品のみレコメンドしていて、どの程度の量を仕入れるべきかまでは対応できていなかった。

すぐさまF社は、機能を追加したが状況は好転しなかった。

実は、Z商社が展開するマッチングリービスにも、F社と同様の最適仕入れ量のレコメンド機能が実装されたのだ。しかも、F社とZ商社の両方のサービスを使う小売事業者によると、Z商社の機能の方が精度が高いというではないか。

その後もZ商社のサービスは順調に成長を進め、Z商社の参入から約3カ月後、F社のサービスを利用する小売事業者数はついに減少へと転じてしまった。

その後、様々な策を講じるが一向に状況は改善せず、サービス展開から約2年がたったタイミングで、ついにF社のサービスは経営層により撤退が決定された——。

10・1　忘れてはならない差別化と競争優位性

前章では、データビジネスにおける訴求価値の磨き上げの重要性とその方法についてお伝えした。

ただ、「データビジネスを形にする（すなわち、ビジネスとして成立させる）」には、同様のビジネスを行う恐れのある競合他社に対抗できる、自社ならではの競争優位性を構築しなければならない。

データビジネスは、「新市場形成」となる場合が多い。よって、ビジネスの検討時点では明確な競合があまり見当たらないケースもかなりある。

ところが、第8章で述べたように、データビジネスはビジネスモデルがある程度パターン化できるため、似たようなサービスが出現しやすい。適切な競合優位性を構築しなければ、後発参入の事業者に追いつかれ、追い抜かれるリスクがある。

そのため、本章では、データビジネスを他社が真似できない形へと磨き上げる方法を述べたい。

10・2　〝はずみ車〟を他社より早く回し始める

データビジネスにおける差別化は、どのように実現すべきか。まず、図表10-1に、データビジネスの提供価値を高める上で重要となる要素をビジネスモデルごとに整理したので見て頂きたい。

ビジネスモデル	提供価値を高める上で重要な要素(KSF)	提供価値が高まる好循環
マッチング型	マッチングPFを使う「需給の両プレイヤーの数」を増やすこと	①PFを利用する需給の両プレイヤーの数が増える ②双方の利便性(選択肢の向上など)が高まる ③需給間の取引データ量も増加し、高精度なマッチングなど、より高品質な顧客体験を実現する ④さらにPFを利用する需給の両プレイヤーの数が増える(①と同様)
販促・広告型	広告販促を届ける消費者数などの「広告販促出面の量」を増やすこと	①広告販促でアプローチできる消費者が増える ②メーカーにとって広告出面の価値が高まり、広告出稿量が増える ③出稿データ/広告反応データなどがたまり、より消費者個々人に合った広告や割引が届く ④広告販促発信先となるサービスを利用する消費者が増える(①と同様)
BPO型	請け負う「業務量」を増やすこと	①多数の企業から多量の業務を請け負う ②業務データが蓄積される ③それらを活用することでBPOサービスの品質/効率が向上する一方で、コストも低下 ④高品質/高効率で提供価値を高め、さらに多くの企業を開拓できる(①と同様)
サービサー型	サービスを提供する「顧客数」を増やすこと	①多数の顧客にサービス提供を行う ②サービス利用データが蓄積される ③それらを活用することで機能を追加したり高度化するなど、サービスの品質を高める ④データを活かした提供価値の向上で、さらに多くの顧客を開拓できる(①と同様)

図表10-1　ビジネスモデル別のKSF

ここで注目すべきは、いずれのビジネスモデルにおいても、一度高い提供価値を実現することで、さらなる価値向上の機会が生まれる、という〝はずみ車〟の構造になっていることである。

つまり、提供価値を高める上で重要な要素を満たすことができれば、それによりユーザーや顧客の数を増やすことができ、それによりデータ量が増え、次なる価値向上の機会を生む好循環ができる。

そのため、**データビジネスにおける他社との競争は、「いかに早く『提供価値を高める要素』を獲得し、価値向上のはずみ車を回せるか」の競争である**とも言えるだろう。

「関係性のアセット」を活かせるかどうかが肝となる

データビジネスでは、競合他社はもちろん、スタートアップとの競争を強いられることが多い。そうした競争相手との違いは、「データビジネス以外」の既存事業であり、それをいかに活かすかが重要となる。

もう一度、図表10-1をご覧頂きたい。「提供価値を高める上で重要な要素」はいずれも顧客や取引先などの他社の開拓、すなわち関係性の構築が伴う。

そのため、データビジネスのはずみ車を回し始める上で、「関係性のアセット」は、強力な武器となる。関係性のアセットとは、

- 既存事業で培った顧客や仕入れ先、協業先など「現在持っている取引先との関係性」
- 既存事業の運営で培った市場認知やブランドイメージによる「他社との関係性の築きやすさ（未来に築きうる関係性）」

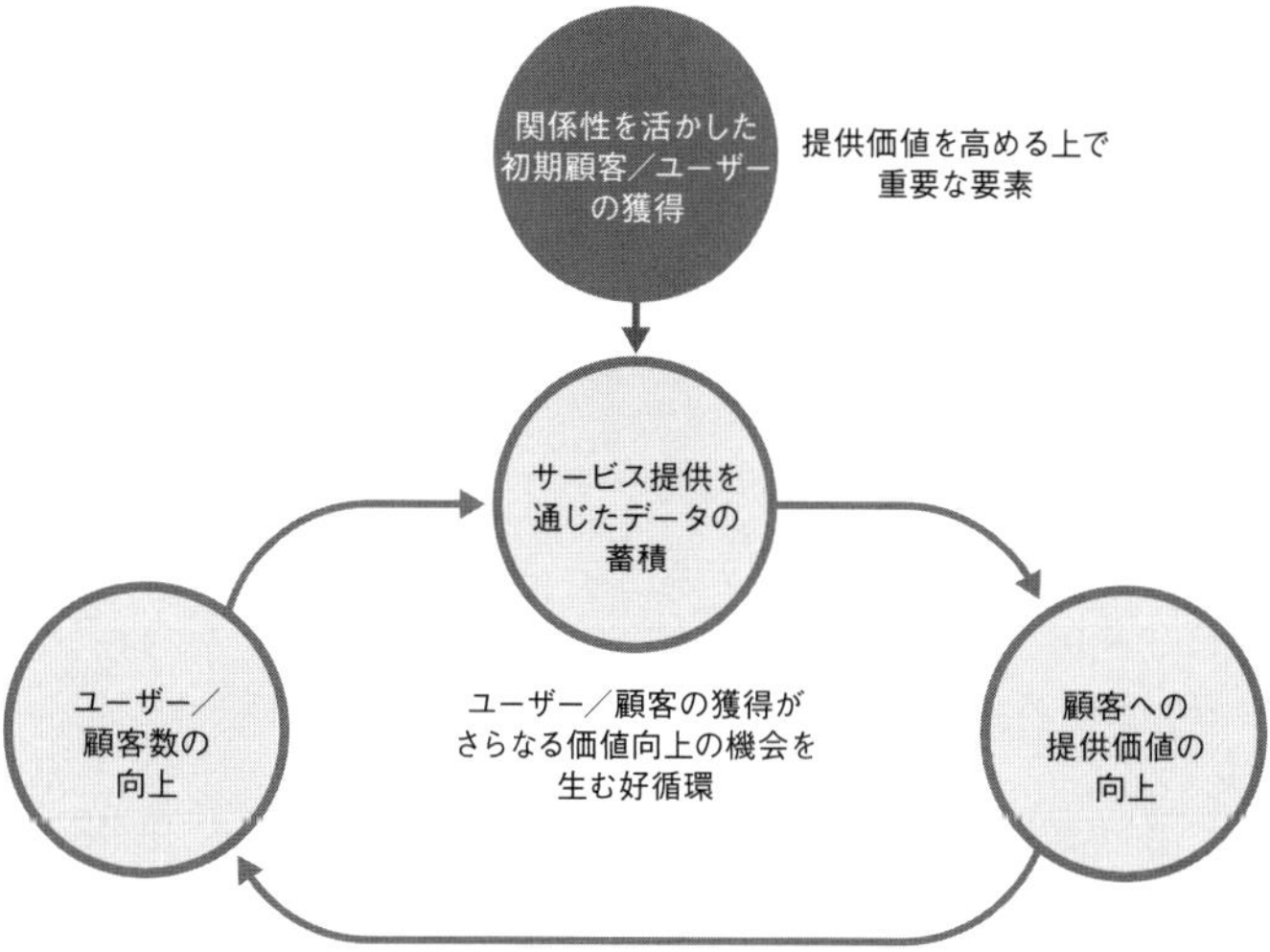

図表10-2　データビジネスにおける好循環のはずみ車

関係性のアセットをうまく活かせば、例えば、今の顧客基盤を対象に「既存事業／サービスを提供し続けてきた信頼感／安心感」を武器に、データビジネスの提供価値向上のはずみ車を速やかに回すことも可能だろう。

この関係性のアセットのうち、他社にないもの（ニッチな業界での顧客基盤など）が活きるデータビジネスを展開できれば、競合を寄せつけないような圧倒的に高い価値を提供できるだろう。

そのため、データビジネスにおける差別化要素の磨き上げでは、この関係性のアセットをいかに活かし、はずみ車をいち早く回すかが肝となるが、実際はできていない企業が多い。むしろ、既存事業の顧客・取引先の「関係性のしがらみ」にとらわれて、データビジネスのような新規事業がうまくいかない企業も多い。

ではどうすれば、「関係性のアセット」

をデータビジネスにうまく活かせるのか。

2つのステップで関係性のアセットを検討する

関係性のアセットをデータビジネスで活かす際には、大きく分けて①関係性の棚卸し、②棚卸しした関係性とのシナジーの創出、という2つのステップで検討する。

関係性のアセットをどう活かすか考える前に、自社がどのような関係性を持っているのかを棚卸しする必要があるが、その対象が「現在の関係性」に留まっていては不十分である。データビジネスとして、既存事業とは異なる業界に参入することを検討する場合も多い。そのため、現在の関係性のみでは「活かせる関係性がない」となりがちだ。

そのため、異なる業界に参入した場合にどのような層や領域のプレイヤーと関係性を築けるか、という発想を念頭に、**未来に築ける関係性の検討も必要**となる。その際に「他社からの客観的な印象／見られ方」の観点は有効と言える。未来に築ける関係性を考える上では、主観的な検討を避け、他社（顧客や協業先など）が自社に抱く印象を棚卸しし、客観的な目線も踏まえたい。

具体的には、取引先やパートナー企業から寄せられる声や印象を収集し、客観的な視点で、親和性のある領域（関係性を築きうる領域）を見極めることが肝要となる。

一方で、いかに筋の良いデータビジネスであっても、関係性のアセットとのシナジーが見いだせなければ、見直し（ピボット）をかけることも重要である。特に、既存事業とは異なるビジネスモデルを展開する場合には、注意が必要だ。

例えば、ＢｔｏＢ型ビジネス（Business to Business＝企業が企業にモノやサービスを提供するビジネス）を展開している企業が、データビジネスとしてＢｔｏＣ型ビジネス（Business to

Customer＝企業が一般消費者にモノやサービスを提供するビジネス）を行う場合、ゼロから消費者と関係を構築する必要があるだけでなく、ＢｔｏＣ型ビジネスのケイパビリティも構築していかなければならない。

なお、「関係性のアセットが活きないデータビジネスは中断すべき」ということを言いたいわけではない。肝心なのは、**関係性のアセットを活かすことを念頭にデータビジネスを磨き上げ、時にはビジネスモデルの見直し（ピボット）も図ること**である。

例えば、ＢｔｏＢ型の既存事業を持つ企業が、データビジネスとしてＢｔｏＣ型の消費者向け広告販促ビジネスを展開するとする。この場合、活かせる関係性のアセットもなく、またＢｔｏＣ型ビジネスのケイパビリティ構築に時間がかかるのであれば方向転換し、広告販促業務を代行するＢＰＯ型サービスを展開するなどの道があるだろう。

関係性のアセットは、データビジネスにおいて強力な武器となりうるが、逆に自社がその力を十分に発揮できない場合、後発参入の事業者に容易に市場シェアをとられてしまうかもしれない。

そのため、データビジネスの磨き上げは、関係性のアセットが活きるように妥協なく徹底的に行い、時にはビジネスモデルのシフトも含めた大幅なピボットの判断もするべきだろう。

本章のまとめ

- データビジネスはその構造上、新規参入／模倣プレイヤーを招きやすく、明確な競合優位性や差別化のポイントがなければ競争激化に巻き込まれ、容易に他社にシェアを奪われてしまう。

- データビジネスの価値向上は〝はずみ車〟の構造にあり、他社との競争は「いかに早く『提供価値を高める要素』を獲得し、データビジネスの価値向上のはずみ車を回せるか」という競争であるとも言える。
- データビジネスの価値向上のはずみ車を他社よりもいち早く回すには、既存事業で培った関係性のアセットをいかに活かすかが肝となる。一方、うまく活用できなければ、他社から容易に追い上げられてしまうため、関係性のアセットとのシナジー創出は、妥協なく徹底的に行うべきである。

column

データによる異業種参入が行いやすい時代

データビジネスを考える上で、近年のビジネス環境はテクノロジーの発展により、異業種参入のハードルが低くなっていることを理解しておきたい。

急激なテクノロジーの発展や市場取引の成熟を通じ、近年では様々なもの（原材料や部材に限らず、技術、ノウハウまで）が市場取引の対象となり、かつ、その取引コスト（市場取引における調達先の選定から比較検討、交渉までにかかる「購買費用」以外のコスト）も年々低減傾向にある。

例えば、製造業を中心に〝アンバンドリング〟（垂直統合→水平分業）の動きが浸透しつつある。業種／業界バリューチェーンにおける特定領域に専門特化することで、その結果、自前の機器や施設がなくてもアイデアひとつでサービスやプロダクトを展開できるようになった。いわゆる〝テクノロジーの民主化〟である。

テクノロジーの発展により、異業種参入のハードルが限りなく低くなり、ある新興市場で商機があると見るや、異業種プレイヤーが新規参入し、新興事業者が台頭するという現象が様々な業界で相次いでいる。データを活用した異業種への参入のチャンスは、様々な企業にあると言える。

ただ、データビジネスは様々な企業に異業種参入のチャンスを与える一方で、データで解決できる課題／ニーズとビジネスモデルにパターンがあるからこそ、似通ったものになりがちである。

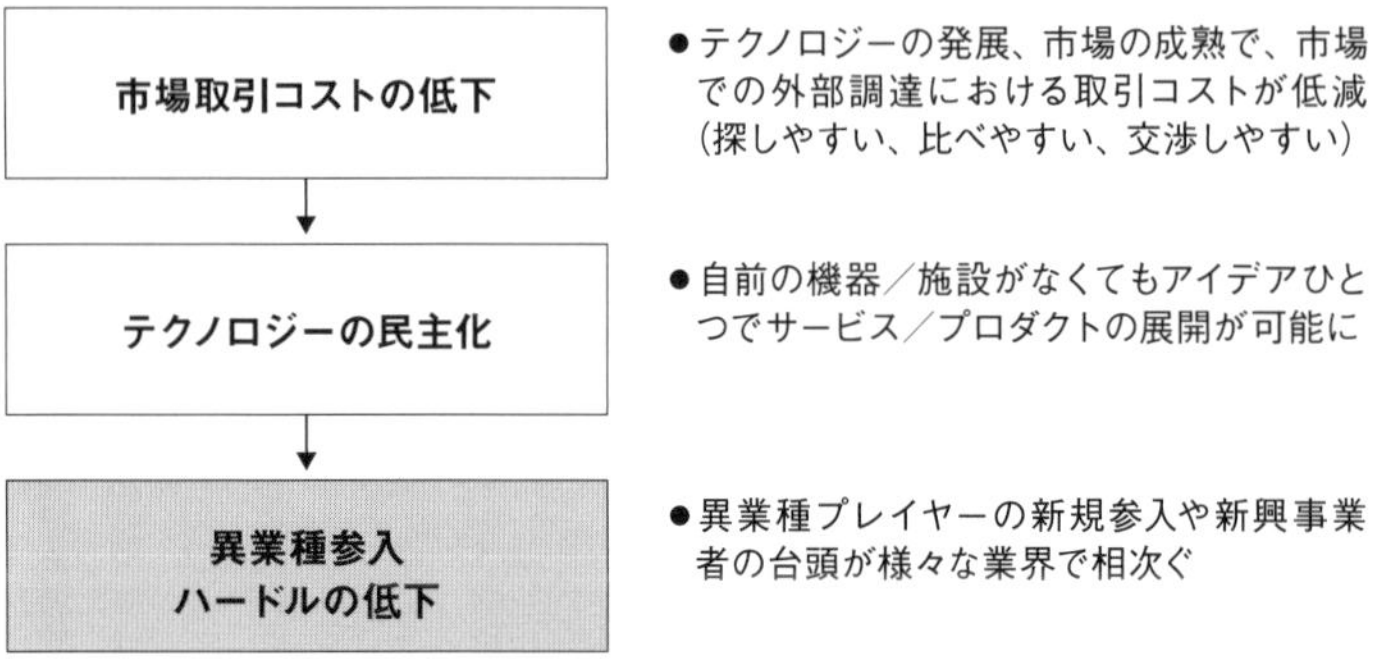
市場取引コストの低下
●テクノロジーの発展、市場の成熟で、市場での外部調達における取引コストが低減（探しやすい、比べやすい、交渉しやすい）
テクノロジーの民主化
●自前の機器／施設がなくてもアイデアひとつでサービス／プロダクトの展開が可能に
異業種参入
ハードルの低下
●異業種プレイヤーの新規参入や新興事業者の台頭が様々な業界で相次ぐ

図表10-3　異業種参入のハードルが低下する構造

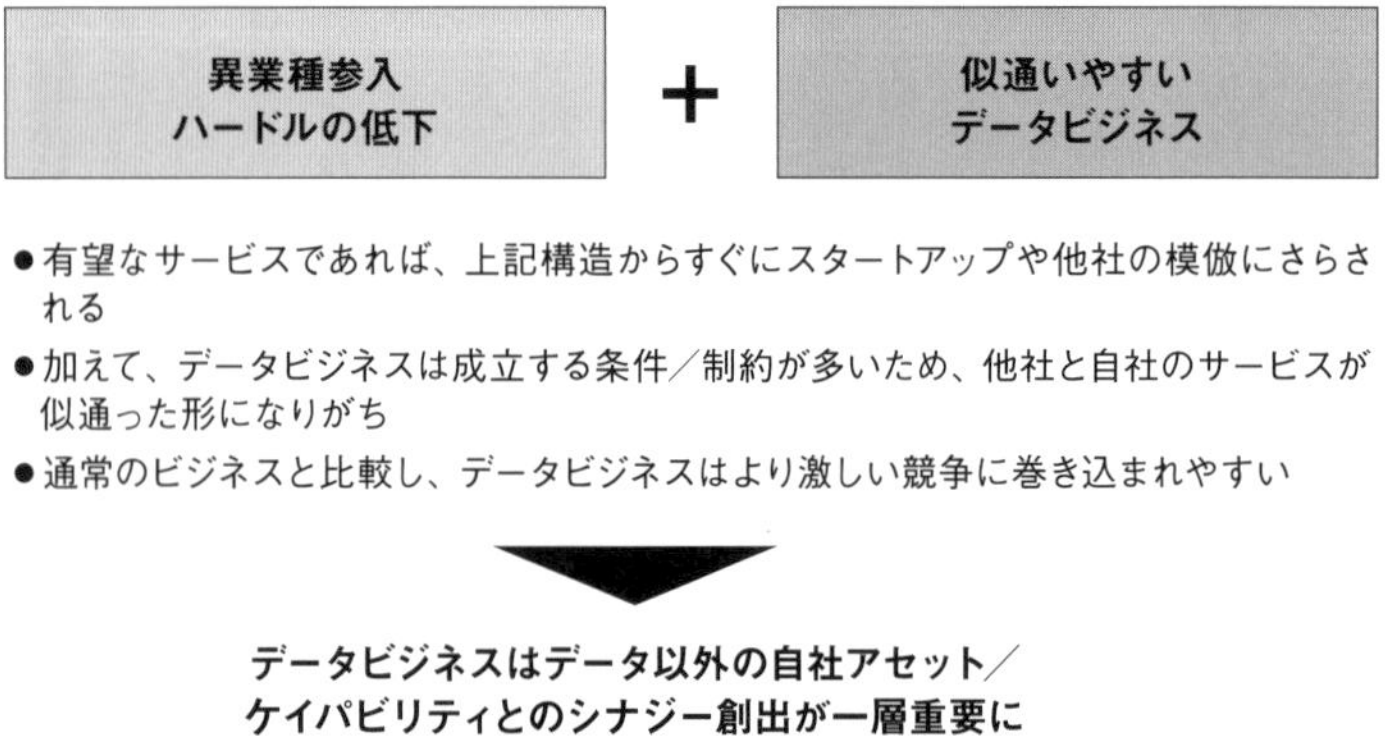
異業種参入
ハードルの低下
+
似通いやすい
データビジネス
●有望なサービスであれば、上記構造からすぐにスタートアップや他社の模倣にさらされる
●加えて、データビジネスは成立する条件／制約が多いため、他社と自社のサービスが似通った形になりがち
●通常のビジネスと比較し、データビジネスはより激しい競争に巻き込まれやすい
データビジネスはデータ以外の自社アセット／
ケイパビリティとのシナジー創出が一層重要に

図表10-4　激しい競争に巻き込まれやすいデータビジネス

column

類似サービスが乱立しやすいからこそ、本章で述べた差別化／競争優位の構築は重要となるのである。

第 5 部

ステップ③

事業として儲けを出すための思考法

第11章　データビジネスを実際に立ち上げる

G社は、社内の新規事業立ち上げ企画を通じ、「ダイナミックプライシングサービス関連事業」を立ち上げることになった。3年後には日本中の小売店舗で、このサービスが導入されることを想定した事業計画を策定した。

新サービスの立ち上げにあたり、これまでデータビジネスを企画してきたメンバーに加え、他部署からも社員が異動する形で新組織を設けて推進することになった。

立ち上げのための準備は、試行錯誤の連続だった。ユーザーとなる顧客の開拓はもちろん、ダイナミックプライシングの精度を高めるためのデータを所有する企業との交渉も、限られた社員で精力的に行った。

しかし、G社が新組織を立ち上げてから3カ月目に、同様の他社のダイナミックプライシングサービスを紹介するCMが流れ始めた。しかも、そのCMは、有名芸能人を起用するなど、潤沢な予算をかけていることが容易に想像できた。

サービスの運営元の企業を調べると、設立3年目のスタートアップであることが分かった。さらに驚くべきことに、そのスタートアップは数カ月前に、G社のライバル企業をはじめ、複数の大手企業からの出資を受けており、潤沢な手元資金があることが分かった。豪華なCMを打つ予算があるのも納得である。また、魅力的な給与水準で、外部から優秀な社員を中途採用で多数獲得できていることも分かった。

ライバル企業である小売企業は、このスタートアップのサービスを活用して、すでにダイナミックプライシングを全国の店舗に導入しているようだった。自前で新規サービスを立ち上げるのではなく、有望なスタートアップと資本・業務提携をして素早く事業展開する、というのがライバル企業の戦略だ。

なかなかサービスが軌道に乗らなかったG社は、他社が先行して開始してしまったことが分かり、事業立ち上げを断念せざるを得なかった——。

11・1　データビジネス立ち上げはスピードが命、だが時間はかかる

データビジネスの企画まではスムーズにいったとしても、立ち上げに時間がかかってしまうことが多い。問題は多くの場合、自社の人材や製品・サービス、業務システムなどを活用することを前提としてしまうことに原因がある。残念ながら、自社のリソースは既存事業に対して最適化された形で設計されており、新規事業の立ち上げに必ずしもフィットするものではない。最悪の場合には、事業立ち上げの障害になることもある。

例えば、これまで製品売りを主としてきた営業人材は、実際に製品を顧客に見せながら分かりやすく説明することで営業ができていた。しかし、データビジネスの場合、顧客に提供するサービスは目に見えない無形のものとなる。

データビジネスに要求されるアセット	概要
外部企業との関係性	データビジネスの"はずみ車"をスムーズに回せるだけの外部企業との関係性（あるいは円滑に関係性を築ける企業の信頼性）
データ	データビジネスの核となる「インサイトの導出」に用いるのに十分な量／質のデータ
データ分析技術	データビジネスを展開できる水準（精度／スピード）でインサイトを導出できるデータの分析技術
ビジネスケイパビリティ	各データビジネスに固有のオペレーションのケイパビリティ（広告販促業務、BPO業務など）

図表11-1　データビジネスで要求される4つのアセット

データビジネスの営業を行う際には、顧客企業の業務とそこに紐づく課題や悩みを把握し、顧客課題を想定する、といった仮説思考を働かせ、データをどのように活用して課題解決するかを考えた上で、提案営業することになる。

営業の転換ができなければ、せっかく競争力のあるデータビジネスを立案しても、肝心の自社の営業では売れない。ただ、人材のスキル転換にはそれなりに時間がかかるため、データビジネスの立ち上げのスピードが損なわれる。

また、データビジネスの立ち上げを担うメンバーが既存事業部門と兼務し、既存事業側の仕事で忙殺され、データビジネスの検討に時間を捻出できないということも多い。

ここまでの章をご覧頂いても分かる通り、データビジネスはデータだけに留まらない広範なアセットを求められる取り組みである。データビジネスに要求されるアセットは大きく分けて、「外部企業との関係性（前章で解説した「関係性のアセット」）」、「データ」、「データ分析技術」、「ビジネスケイパビリティ」の4つに分類される（図表11-1）。

データビジネスを立ち上げていく上で、4つのアセットの早期獲得が重要となる。しかし、獲得にはそれなりの時間がかかる。自社の努力で4つのアセットの不足を補おうとすると、データビジネスの立ち上げが遅れ、競合他社に圧倒的な差をつけられてしまう可能性も高い。

また、データビジネスは、既存事業とは異なる〝飛び地〟のビジネスになることが多い。そのため、4つのアセットをうまく獲得できずに頓挫するデータビジネスも多い。

11・2 データビジネスの2つの立ち上げ方

では、どうすればデータビジネスを円滑に立ち上げられるのか。他社よりもスピーディーに立ち上げる方法について述べる。

まず、データビジネスは、獲得に時間のかかる4つのアセットが必要となるため、自前での立ち上げに固執せず、外部との連携でケイパビリティの補完を図るべきである。データビジネスの立ち上げ方

具体的にはどのような事業者と、どのような連携をするべきか。データビジネスの立ち上げ方には、主に2つのパターンがある。

新興事業者と連携する

1つ目の「**スタートアップ・エンハンスアプローチ**」は、すでに市場で類似のビジネスを展開

データビジネス立ち上げのアプローチ	概要
スタートアップ・エンハンスアプローチ	すでに市場で類似のデータビジネスを展開するスタートアップなどの新興事業者と連携し、データビジネスを立ち上げる
レガシー・DXアプローチ	データビジネスの種となる事業をすでに営んでいる事業者と連携し、データビジネスを立ち上げる

図表11-2　データビジネス立ち上げの2つのアプローチ

するスタートアップなどの新興事業者と連携するアプローチである。

例えば、先のG社のライバル企業がとった手段もこのアプローチである。ダイナミックプライシングの高い技術は持っていても、関係性のアセットがないため導入企業数が伸びず、データの蓄積やサービスの精度向上が実現できていないスタートアップに目をつける。それを自社の顧客基盤（関係性のアセット）を活かして広く展開し、データ量の向上とサービス自体の価値向上を実現する。

自社にはデータがあるが分析技術がない場合や、ビジネスケイパビリティはあるがデータやデータ分析技術がない場合、スタートアップ・エンハンスアプローチは有効だと言える。

なお、スタートアップは玉石混淆であり、仮に類似するサービスを展開していたとしても、期待する水準のサービスのケイパビリティを持っていない場合も多い。しかも、得てして外部から得られる情報も少なく、連携する前にそうしたケイパビリティの水準を把握しきることはなかなか難しい。

そこで、類似するサービスを展開する複数の事業者を探して提携関係を結び、まずは代理販売から始めるなど、緩やかな連携を図る。そして連携を通じて、特に高いケイパビリティを持っている事業者が見つかれば、出資なども伴う深い関係へと移行していく。こうした段階的な立ち上げを図ることが、このアプローチでのポイントとなる。

レガシー事業者と連携する

2つ目の「**レガシー・DXアプローチ**」は、これから参入したい異業種において、データビジネスの種となる事業をすでに営むような既存プレイヤーと連携し、データビジネスを立ち上げるアプローチである。

例えば、旧来のチラシを用いた広告販促事業を営むプロモーション事業者を買収した上で、その事業者の既存顧客基盤も活かしながら、旧来の広告販促媒体からデータを用いたデジタル広告販促ソリューションへと置き換えていく、といったアプローチがこれにあたる。

もともとの事業者（レガシー事業者）のビジネスのやり方を、DXすることでデータビジネスを立ち上げる形をとることから、レガシー・DXアプローチと呼ぶが、「レガシー事業者のビジネス」を「データを用いたビジネス」へDXする取り組みは、連携先のレガシー事業者にとってかなり大きな変革を伴う。場合によっては、既存事業の大胆なリストラや再投資も必要となるだろう。

そのため、レガシー・DXアプローチを採用する際には、原則として出資や買収により密な関係を築き、自社のコントロールが効く形態にした上でデータビジネスへ展開しなければならない。

外部連携は社内承認にもプラスに働く

大企業では、データビジネスの企画まではスムーズにいっても社内承認がなかなかとれず、いざ立ち上げという段になって足踏みし、気づいた時には競合他社やスタートアップに先を越されるようなことがある。

それは、なぜか。データビジネスの立ち上げは不確実性が高く、必ずしも成功するとは限らず以下のような特性がある。

- 検討から立ち上げ、事業化までに多大な時間と投資が必要である
- データを蓄積し収集するための投資期間が長く、長い期間を経て収益が生まれるため、収益化や黒字化までの道のりがなかなか見えづらい

この2つの特徴を踏まえると、社内の経営幹部も含めた説得を、担当者個人のスキルや能力で何とかするのは難しい。

場合によっては、組織体制や組織構造を変える必要があり、例えば、既存事業の稟議申請基準とは異なるルールで運営される専門部署を設立したり、治外法権的な出島のような子会社を設立して、事業立ち上げの機動性・柔軟性を担保させたりすることが打ち手として考えられる。

外部連携を通じた2つのデータビジネスの立ち上げアプローチは、この社内承認のハードルを越える上でも有用である。外部連携すれば、データビジネスの抱える本質的な課題（時間がかかる、投資コストがかかる、不確実である）を解消できるかもしれないからだ。関係性のある事業者の動向を把握することや、サービス展開を通じて自らがそのサービス領域の〝土地勘〟を養うことで、儲かる確証を高めることができる。

また、レガシー・DXアプローチにおいても、確かにデータビジネスの成功可否（DX化の成

功可否）には不確実性が残る一方で、出資・買収先となるレガシー事業の売上は出資・買収以降も継続的に創出されるため、全くもって回収の見込みが立たない投資とはならない（ただし利益率が下がる可能性はある）。

もし、データビジネスの社内承認でつまずいた場合には、不足するアセットを補完する手段としてだけでなく、社内承認のハードルを越えるための手段としても2つの立ち上げアプローチの活用を検討頂きたい。

本章のまとめ

- データビジネスの立ち上げは、スピードが勝負になる。ただ、データビジネスは異業種参入を伴うことが多く、また、4つのアセットが必要となるため、立ち上げには時間がかかる。
- そこでデータビジネスの立ち上げのアプローチとして、スタートアップとの連携をテコに立ち上げる「スタートアップ・エンハンスアプローチ」と、レガシー事業者のDX化をテコに立ち上げる「レガシー・DX化アプローチ」の2つがあり、自社に足りないアセットを見ながらアプローチを決めるべきである。
- また、社内承認に時間がかかる場合にも、外部連携をテコにした2つのアプローチは、ある程度の事業の見通しを持ちながら立ち上げを進められるため有用である。

経営層の関与が成功のカギとなる

データビジネスに取り組む上で、経営層の関与がどの程度影響するか、第2章で紹介したアンケート調査の結果から垣間見ることができた。

データビジネスの取り組みの推進体制に関する質問（「現在取り組んでいるデータに関する新規ビジネスプロジェクトについて、どの程度の組織規模で進めていますか？」）の回答ごとに、データビジネスの成否に関する回答を集計した。

その結果、データビジネスを「**目標を達成して成功した**」と回答している**約半数が、「社長が旗振り役となり推進」しているという回答者の**回答をしている。

アンケート調査の回答者が挙げたデータビジネス取り組みの課題に関する次のようなコメントからも、経営層を巻き込む必要性の高さがうかがえる。

- 経営側が待ちの姿勢で主体性がない（新規事業開発部門、40代管理職）
- 現場から上層部までが意思疎通するまでの時間に問題がある（流通・小売業、経営企画・事業統括部門、30代役員）
- 経営層の理解が及ばず非協力的である（情報・通信・インターネット業、経営企画・事業統括部門、50代役員）

加えて、弊社が様々な企業に対してデータビジネスのご支援をしている経験から言え

column

column

		データビジネスの成否に関する回答		
		目的を達成・成功	目標が未達成・失敗	判断できない
推進体制の回答	社長が旗振り役となり推進	47%	8%	44%
	部署横断での重要取り組みとして位置づけ、複数既存部署が協働で推進	33%	14%	53%
	既存部署での主要取り組みとして位置づけ、推進	37%	5%	58%
	既存部署内で専任チームを構築し、推進	10%	20%	70%
	新規事業部門等、専門部署を新設し推進	27%	9%	64%
(全体平均)		35%	12%	53%

図表11-3　推進体制とデータビジネスの成否の関連

るのは、**データビジネスは、検討から立ち上げ、事業化までに多大な時間と投資が必要**ということだ。

新たなデータの収集や、データの有効性に関しての実施検証（ＰｏＣ）、他事業者との交渉などに時間やコストがかかり、データビジネスにかけられるリソースの不安が常に付きまとうことはアンケートのコメントからもうかがえる。

- 兼務してやっている人間ばかりのため、みなキャパが足りず、十分な議論ができない（情報・通信・インターネット業、財務・会計・経理部門、30代役員）
- ＰｏＣ実施に関して机上のデータではなく実運用のデータの収集が不可欠である。そのためには検証予算が不足の懸念（金融・保険業、経営企画・事業統括部門、60代役員）

また、データビジネスはデータを蓄積し収集するための投資期間が長く、それを経て収益が生まれてくるため、収益化や黒字化までの道のりがなかなか見えづらい。アンケートのコメントからも、収益化への不安を抱えながら取り組みを進めていることがうかがえる。

- コストに見合う利益がとれる気がしない（ハイテク・エレクトロニクス業、新規事業部門、50代管理職）
- 本当に成立するのか？　儲かるのか？　確信が持てない（自動車・大型機械業、新規事業部門、50代管理職）
- マネタイズの方法が未確定（新規事業開発部門、60代管理職）

多大な時間とコストがかかり、収益化がなかなか見通しづらいデータビジネスの取り組みは、社内の他の部署から〝穀潰し〟のように見られがちであるが、一方で事業化にあたっては様々な部署や現場社員の協力、巻き込みも必要であることは以下のコメントからもうかがえる。

- 本社からはプッシュがあるものの、現場レベルでは様子見をして積極的に自分の顧客にPoCの提案をする意欲が低い（情報・通信・インターネット業、経営企画・事業統括部門、40代役員）
- ローンチに際して意思決定に対する反対意見が発生し遅くなる（経営企画・事業統括部門、

column

column

60代役員）

データビジネスは、どんなに綿密な計画を立てても、必ずしもあらかじめ立てた計画通りにうまくいくわけではない。仮説を立てて検証を繰り返しながら進めていく臨機応変なアプローチが求められる。

また、データビジネスの試行錯誤を何度も繰り返しながら、シリコンバレー流の「Fail fast（さっさと失敗する）」に加えて、「Fail smart（賢く失敗する）」が求められる。つまり、速く試行錯誤をしながら、失敗から次の試行錯誤につながるように様々なことを学びつつ失敗することが、データビジネス成功への近道であると言える。

そのためデータビジネスは、経営層が〝高みの見物〟となることなく、取り組みの初期段階から経営層を巻き込むことが必要となる。

第12章　事業をスケール化する

ホテルや宿泊事業者向けの業務支援システムを開発するH社は、3年前に立ち上げたデータビジネスに一向に拡大の兆しが見えず、頭を抱えていた。

様々なアイデアの仮説検証を経て3年前に事業化したのは、業務支援システムから収集できるデータを用いて繁閑を見える化し、それに合わせて最適な人員配置を宿泊事業者にレコメンドする「宿泊施設のシフト最適化サービス」だ。

仮説検証においては、顧客から好意的な意見が寄せられ、一部からは「すぐにでも使いたい」という意見ももらえるほどだった。

善は急げと、H社はさっそくサービスをローンチした。繁閑の差からおおよその必要人員数を提示する程度のシンプルなサービスであったが、実際に仮説検証で好意的な意見を寄せた顧客は、すぐにサービスを導入してくれた。

しかし、数社程度に導入されて以降、顧客数はなかなか増えなかった。危機感を感じたH社は、真っ先にサービスを導入した顧客に話を聞きに行った。実際の顧客の声から、状況を改善する糸口が見えると考えたのだ。

顧客にヒアリングした結果、現状の従業員数を超えるシフトが提示されることがあり、使い勝手が悪い部分があると既存の顧客は感じていることが分かった。

さっそくH社は、シフト最適化サービスと人事管理システムを連携させる機能を設け、各施設の従業員数内で最適なシフトを提供することを可能にした。

これが好評を博し、数十社程度に導入企業数が伸びた。が、またそこで伸び悩んでしまった。当初に立てた事業計画では、仮説検証や開発に投下したコストや提供にかかるコストを考慮し、3年で導入企業数100社を目標としていたが、それには遠く及ばない。このまま数十社程度に留まっていては、いつまでたっても投下したコストを回収できない。

「もっと高度な機能を追加する必要があるはずだ」。顧客の声に基づいた機能追加を行えば、さらに導入企業数を伸ばせると考えたH社は、顧客のヒアリングに基づき、今度は単に最適シフトのレコメンドを行うだけでなく、導入先各社のフォーマットに合わせたシフト表の出力や、従業員へのシフト通知メール機能など、様々な機能を追加した。加えて、その後も継続的な顧客ヒアリングを実施し、意見を踏まえて様々な機能を順次追加した。

そうした機能追加を繰り返し、事業計画上の節目であるローンチ後3年目を迎えたが、導入企業数は向上せず、変わらず2桁に留まっていた――。

12・1 データビジネス立ち上げはゴールでなく、スタートである

データビジネスの立ち上げで、担当者は一段落した心境かもしれないが、そこはあくまで通過点であり、当然ながら決してゴールではない。依然として投資が先行し、経営層が期待するリ

ターン創出には至っていない。データビジネスは、通常の事業と同様に、事業として拡大（スケール化）することで経営貢献できる。

実は、データビジネスでは、サービス立ち上げ後にある程度の初期顧客を獲得し、顧客からのフィードバックをもとにサービスを磨き上げることで、一定規模までは顧客数を着実に伸ばせる場合も多い。

しかし、ある程度のところで頭打ちとなり、そこからいくら機能追加やサービス改善をしても、経営層が望むような大きな事業規模へとスケールできない場合が多い。

したがって本章では、データビジネスのスケール化を図る上で実施すべきことを考えたい。

「立ち上げ」と「スケール化」では顧客層が異なる

まず、なぜデータビジネスはスケール化が難しいのか。

データビジネスでは、「立ち上げから初期顧客の開拓」と、「スケール化」は、決してシームレス（連続して継ぎ目のない形）ではなく、両者は全く異なる取り組みなのである。言い換えると、「初期顧客の開拓」と「スケール化」の間には、断絶がある。だからこそ立ち上げから初期顧客開拓までは有効だったサービスの磨き上げが、必ずしもスケール化を担保することにならない。

またデータビジネスでは、「スケール化」できないと武器となるデータがたまらず、データの強みがなかなか発揮できずにさらに「スケール化」が難しくなる、ということが起きがちだ。

では、なぜ断絶が生じるのか。結論から言うと、立ち上げ直後とスケール化では、開拓すべき顧客層とその属性が大きく異なるからだ。

その違いを紐解く上で、イノベーター理論とキャズム理論を知っておくと良い。

5つのタイプの消費者	特徴	市場
イノベーター（革新者）	最初期に製品やサービスを採用する層	初期市場
アーリーアダプター（初期採用者）	これから普及するかもしれない製品やサービスにいち早く目をつけて、購入する層	
アーリーマジョリティ（前期追随者）	実用性のある製品やサービスであれば購入する層	メインストリーム市場
レイトマジョリティ（後期追随者）	新しい製品やサービスについては消極的で、なかなか導入しない層	
ラガード（遅滞者）	新しい製品やサービスが、業界標準レベルにならないと使わない層	

図表12-1　5つのタイプの消費者

イノベーター理論とは、米国の社会学者エベレット・ロジャーズによって提唱された、新たな製品などが市場で普及する過程に関するマーケティング理論である。イノベーター理論では、新たな製品を導入する消費者を、導入のタイミングに応じて図表12-1の5つのタイプに分類している[1]。

このイノベーター理論に基づき、ジェフリー・ムーアが提唱した理論が「**キャズム理論**」である。キャズム理論では、活用の早い2つのタイプの消費者を「初期市場」、その他の3つのタイプの消費者を「メインストリーム市場」と定義する。初期市場とメインストリーム市場の間には「キャズム」と呼ばれる深い溝（市場に製品やサービスを普及させる際に越えるべき障害）があり、この溝を越えることが市場開拓において重要だと説いている[2]。

なぜキャズムという市場の断絶が生まれるのか。それは、初期市場とメインストリーム市場の性質の違いに起因する。

初期市場の消費者は、新規性の高いサービス／ソリューションをいち早く活用する顧客層となる。こ

	イノベーター	アーリーアダプター	アーリーマジョリティ	レイトマジョリティ
概要	新製品／サービスに目がなく、**新規性そのものに価値を見いだして採用する顧客層**	競争優位に立つことを重んじ、**今後普及しうる製品やサービスに目をつける顧客層**	実用性を重んじ、**他社の採用事例を確認してから採用する顧客層**	保守的で、新しい製品／サービスに対してそれほど興味がない層
求める製品	先進性が高く**これまで世になかった製品／サービス**	効果が具体的になりつつあり、**採用で競争優位を築きうる製品／サービス**	同業他社での成功事例など、**実用性がある程度実証されている製品／サービス**	人気・実績ともに十分に存在し、**「業界標準」レベルで浸透した製品／サービス**
重視するポイント	**「新しさ」** 新規性が高ければ、具体的なメリットが不明瞭でも採用	**「新しさ」+「メリット」** 新規性が高く、導入メリットが具体的になった段階で採用	**「安心感」／「信頼感」** 単にメリットがあるだけでなく、確かにそれを享受できると判断したものを採用	**「リスク回避」** 導入していない方が少数派となった段階、採用しない方がリスクとなった段階で採用
	製品／サービス自体の磨き上げで開拓できる初期市場の顧客層		**提供方法や訴求方法なども工夫しないと開拓できないメインストリーム市場の顧客層**	

図表12-2　初期市場とメインストリーム市場で変わる戦いの土俵

うした顧客層は、サービスの使いやすさや値段などよりも新規性を何よりも優先する。また、多少使い勝手の悪いサービスでも使いこなせる。初期市場の顧客層が重視するのは、

- 目新しいか、面白そうか
- 今までにない革新的なものか
- まだ誰も使っていないものか、あるいは他人よりも先行しているか

が挙げられる。

　一方で、メインストリーム市場の消費者は、新しさよりも次のような点を重視し、初期市場とは全く異なる。

- 使い勝手は良いか
- コストパフォーマンスは良いか
- 効果は本当にあるのか、他の消費者も使っているか
- サポート体制は十分か

つまり、データビジネスの初期市場では、目新しさや先進性が重視されるがゆえに、新機能の追加やレベルアップのみで開拓できる。一方で、メインストリーム市場では、使い勝手や実用性、信頼性が顧客から求められ、新機能の追加やレベルアップが必ずしも求められるわけではない。

そのため、**初期市場がメインストリーム市場に変わるタイミングで、戦いの土俵（注力すべきポイント）が「サービス（売り物）」から「マーケティングやサポート（売り方）」へ移ることに**留意しないと「キャズム」に陥ってしまう。

12・2 利用するまでの〝ハードル〟を取り除く

では、新サービスの実用性を重視するメインストリーム市場の消費者（以下「メインストリーム層」）を攻略する上で有効な売り方とはどのようなものか。

この層が重視する実用性は、「実際に使ってみて効果があるかどうか」という使用時の効果だけでなく、使い始めるまでの時間や手間、使い始めてからの煩わしさも含まれる。

そのため、メインストリーム層の開拓には、まず「新しいサービスを利用する上でのハードル／障壁」を克服することが重要となる。つまり、スケール化するには、メインストリーム層の抱えるハードル／障壁を明確にし、その解消の算段を立てること、それを解消できる売り方をすることが重要となる。

では、そのハードル／障壁とは何か。実はそのパターンはそう多くなく、故クレイトン・M・

ハードル／障壁	ハードル／障壁の内容	主な克服方法
スキル	新サービスの知見が乏しく、導入できない／使いこなせない	•提供機能のシンプル化 •導入時の設定要素の削減 •サポートの拡充などの対応
資力	財務状況が脆弱で新サービスに投資できない	•価格設定の見直し •従量課金制への移行 •無料提供機能の実装（フリーミアム）
アクセス	自社に合うサービスが分からない、サービス自体知らない	•導入実績などの情報発信 •無料お試し期間の設定 •解約の条件の低減
時間	購入までの手続き、あるいは導入から定着化までの手間を敬遠しサービス導入の判断に至らない	•提供方法の簡略化 •定着化サポートの拡充 •既存の手段からの移行支援

図表12-3　4つのハードル／障壁と主な克服方法

クリステンセン教授は4つのハードル／障壁を挙げている[3]。

1つ目の「スキルのハードル／障壁」は、例えば、「社内の人材の不足により、新サービス導入に向けた検討ができない」、「社員のITリテラシーが低く、ITサービスを使いこなせない」などの課題である。

これらの課題は主に、提供機能のシンプル化、導入時の設定要素の削減、サポートの拡充などの対応をとることで克服できる。

2つ目の「資力のハードル／障壁」は、「新サービスに投資を回す余力がない」、「〝低収益性の罠〟に陥り、投資余力を捻出できない」などの投資余力全般に関わる課題だ。

これらの課題は、主に価格設定の見直しや、従量課金制への移行、無料提供機能の実装（フリーミアムへの移行）などで克服できる。

3つ目の「アクセスのハードル／障壁」は、「他社の導入事例が少なく、自社に合う（導入効果のある）サービスが分からず、導入に踏み切れない」、

「サービスについての情報源が限定的であり、そもそもサービス自体を認知していない」など、情報の入手や理解、利用の困難さなどの課題だ。

これらの課題は、導入実績などの情報発信を積極的に行うだけでなく、無料お試し期間の設定、解約の条件の低減など、使い始めやすくすることで克服可能となる。

4つ目の「時間のハードル／障壁」は、「購入までの手続きが面倒で、サービスの利用開始を見送る」、「財務面などの企業体力が乏しいため、新サービスの導入／定着までの過渡期における生産性低下に耐えられない（結果的に導入を見送る）」など、購入から導入までにかかる手続きの煩雑さに関わる課題である。

これらの課題は、提供方法の簡略化、定着化サポートの拡充、既存の手段からの移行支援などで克服できる。

以上4つのハードル／障壁の克服方法は、2つの方向性に分類することができる。

あえて機能を絞り込む

まず、データサービスを使い始めるまでのハードル／障壁を克服するために必要となるのが「ローエンド化アプローチ」だ。

繰り返しになるが、初期市場の開拓で有効だった機能の追加や高度化は、得てしてメインストリーム層にとっては、「高機能すぎる使い勝手の悪いサービス」という印象につながりやすい。

そこであえて、機能を絞り込む（場合により、機能のレベルを落とす）。そうすることで、サービスの使い道を限定して、提供価値や機能を分かりやすくし、さらに機能を落とした分、価格も下げる（ローエンド化する）ことで、メインストリーム層にとっての「サービスの手にとりやす

データサービス利用の段階	ハードル／障壁を目の前にしたメインストリーム市場の顧客の反応	必要となるアプローチ
使い始めるまで	• 必要性を感じない • 値段に見合うメリットが感じられない	ローエンド化アプローチ
実際に使い効果を得るまで	• 使いこなせない • 思ったほど効果がない	ホールプロダクト化アプローチ

図表12-4　データビジネスのスケール実現に必要となるアプローチ

さ」を向上させる。

このような形でメインストリーム層の開拓を図るのがローエンド化アプローチである。

ここで重要なポイントは、「サービスの本質を見極め、思い切った機能の絞り込みを行うこと」である。ちょっとした機能のそぎ落とし、絞り込みではメインストリーム層が抱く「使いにくそう」といった印象は払拭できないだろう。

そのため、あえて単機能ソリューションに仕立てるくらいの思い切りを持って、機能を絞り込むことが重要となる。

機能を使いこなせるようにサポートする

次に、データサービスを使い始め、実際に効果を出す上でのハードル／障壁を克服するために必要なのが、「**ホールプロダクト化アプローチ**」だ。

「ホールプロダクト化」はあまり馴染みのない言葉かもしれないので、まずは概念の説明から始めたい。

データサービスを購入する顧客は、サービス自体ではなく、それを用いて得られる効果を求めている。ただ、データサービスを購入すれば誰でも効果を得られるわけではない。

自らサービスを使いこなし効果を得られる顧客もいれば、そうでない顧客もいる。そして一般的にメインストリーム層には、使いこなせず効果が得られない顧客が多いとされている。そのためメインストリーム層には、できるだけすぐ簡単に使いこなせて効果を実感できるサービスが必要だ。

そこで必要となる考え方が、ホールプロダクト化である。これは、メインストリーム層が期待する、使いこなせて効果の出るようなサービスにより近づけるための補助や補完サービスを段階的に揃えるモデルである。

例えば、本章冒頭の「宿泊施設のシフト最適化サービス」であれば、データに基づいて最適なシフトを提示するだけでなく、繁忙期・閑散期に合わせた人材採用の方法や、従業員に担当してもらう仕事の見直しも必要となる。

そのため、ホールプロダクトとして人材採用の指南や業務設計のコンサルタントサービスを提供することが有効な手段となるだろう。

ここでのポイントは、「自前主義に陥らないこと」である。ホールプロダクトは、得てして自社単独での提供は困難となる場合が多く、結果的にスケール化に至らない場合が多い。そのため、ホールプロダクト化アプローチでは、他社との協業を念頭に、真に顧客が求める効用を得る上で必要となるものを提供すべきである。

状況に応じて2つのアプローチを組み合わせる

データビジネスのスケール化を図るための方策として、ここまで2つのアプローチを紹介してきたが、この2つは二者択一ではなく、状況に応じて使い分けることが重要となる。

例えば、近年大手企業で浸透しているＳａａＳ（Software as a Service）ソリューションの多くは、この2つのアプローチを巧みに使い分け、スケール化を実現している。

以前より、基幹システムや顧客管理、人事管理など様々な業務システム領域において、大手企業向けに包括的な機能を有した高機能型ソリューションが提供されていたが、多くの中小企業にとっては「高機能すぎて使えない」ものだった。結果的に、中小企業におけるシステム化は長年あまり進捗していなかった。

そのような環境下で多くのＳａａＳソリューションは、あえて単機能に絞り込んだシンプルなものを安価に提供すること（＝ローエンド化）で、中小企業の開拓に成功した。

ＳａａＳ各社の取り組みはそれだけに留まらない。現在では多くの事業者がＳＩｅｒやコンサル企業との協業を通じ、「ＳａａＳ導入に合わせた業務設計」もサービスとして提供すること（＝ホールプロダクト化）で、中小企業でも、ＳａａＳに興味・関心を持って使い始めるだけでなく、実際に使いこなしその効果を実感するところまで至っている。

このように、メインストリーム層を開拓し、スケール化を実現するには、状況に応じた2つのアプローチの使い分けが肝要となる。

本章のまとめ

- データビジネスは、スケール化されて初めて経営貢献できるが、初期顧客の開拓と、スケール化の営みの間には大きな断絶（キャズム）があり、経営層が待ち望んでいる本格的な収益化まで至れないデータビジネスは多い。
- 両者の断絶を生む要因は、初期市場の顧客が先進性に重きを置く場合が多い一方、スケール化に必須となるメインストリーム市場の顧客は、より実用性や信頼性に重きを置く場合が多いため、戦いの土俵が「売り物」から「売り方」へシフトすることにある。
- メインストリーム層を開拓するには、直面する2つのハードル／障壁（使い始めるまでの「印象」と、効果を得るための「活用」のそれぞれにおけるハードル／障壁）を克服する必要があり、それぞれローエンド化アプローチと、ホールプロダクト化アプローチが有効となる。

1　エベレット・ロジャーズ『イノベーションの普及』（翔泳社、2007年）
2　ジェフリー・ムーア『キャズム Ver.2 増補改訂版』（翔泳社、2014年）
3　クレイトン・M・クリステンセン『繁栄のパラドクス』（ハーパーコリンズ・ジャパン、2019年）

第13章　データビジネスの持続的な成長を実現する

数年前、広告関連企業I社は、「次世代の広告サービスを」というスローガンのもと、4大媒体やネット広告に代わる次世代の広告販促サービスを模索し、「店頭サイネージを用いた広告サービス」というアイデアに注目した。

これは、小売店舗内にデジタルサイネージを設置し、来店者に対する広告を流す、いわば小売店舗を広告出稿媒体として活用する広告サービスである。単に広告を流すだけでなく、サイネージに設置したAIカメラで来店者の反応を分析し、小売店のアプリとも連動したキャンペーンを行うなど、データを存分に活かすものだ。当時はまだコンセプトレベルのサービスであり、実際に国内で収益化に成功していた事業者はいなかった。

「うまく展開することができれば先行者利益を確保できる」とI社は考え、このサービスの展開を決めた。

それから数年、店頭広告サービスは2桁億の売上を創出する事業にまで成長していたが、しかし状況はI社にとって決して満足いくものではなかった。

サービスの展開当初は、広告販促を出稿できる店舗を増やさねばならず、サイネージの調達や設置の費用については、媒体面を確保するための投資として、持ち出しでの対応を余儀なくされた。しかし、これはある種の先行投資であり、実際に媒体面が開拓できていた当初は、順調にメーカーからの広告出稿の依頼も増え、売上規模はだんだんと増していった。

ここからは投資回収、と意気込んでいた矢先、I社に大きな試練が訪れた。サービス開始当初は、サイネージ店頭広告サービスの収益性に半信半疑の企業も多かった。ところが、I社が収益化を実現できそうになると、同業他社に限らず、異業種からも様々な事業者がこの事業に参入してきたのだ。

競合との競争は熾烈を極めた。競合の多くは、I社のサービス以上の出稿を確保するために、無料でサイネージを設置するどころか、逆に「サイネージ設置料」を小売事業者に支払う形をとりだしたのだ。

多くの小売事業者がI社のサービスからの乗り換えを始めたため、I社もこれに対応せざるを得ず、同じくサイネージ設置料の提供を開始した。

すると今度は、別の競合事業者がサイネージ設置の見返りとして、各店舗が来店施策として行う割引クーポンの原資を提供し始めた。I社は設置料と同様、これにも対応せざるを得ず、既存設置店へのクーポン原資の提供を開始した。

このように、店舗出面を確保するための苛烈な販促合戦に陥り、I社のサービスは2桁億の売上で頭打ちとなり、競合対策のためのコストがかさみ、未だに赤字であった。

そして、何よりもI社を悩ませた問題は、この競争に終わりが見えないことだった。いつ終わるとも分からない競合との販促合戦に巻き込まれており、その先に黒字化、収益化できるか分からない「出口が見えない投資」が続いている。

黒字化の目途が立たない中で、大型投資を続けるわけにはいかない。しかし、一度投資をやめてしまえば、たちまち市場シェアを失い、撤退を余儀なくされるだろう。「出口の見えない競争の継続か、撤退か」。重要な判断の岐路にＩ社は立たされていた――。

13・1　スケール化してからも競争状態が続く

データビジネスが真に目指すべきゴールは、事業として持続的に売上や利益を上げて、経営に貢献することだ。しかし、データビジネスは、持続的なビジネスを実現する上で乗り越えるべき課題がある。

データビジネスの実践方法をお伝えするここまでの章の仕上げとして、本章ではこの「データビジネスの持続的な成長を実現する思考法」をご説明したい。

まずは、データビジネスの特性を踏まえ、持続的な成長を妨げる課題を紐解きたい。

データビジネスは「自発的に変わり続けることが要求される」からこそ、持続させるのが難しい。なぜ自発的に変わり続ける必要があるのか。理由は以下の3つにある。

①データの陳腐化が激しい
②データ利用の規制やルールの流動性が高い
③データビジネスは他社から模倣されやすい

まず1つ目の「データの陳腐化が激しい」という理由だが、データの収集元となる電子機器やデバイス、ITソリューションの発展は日進月歩であり、その発展に伴い、データビジネスで活用できるデータの量／質は日々爆発的な勢いで向上している。

例えば、心拍数などの健康データは良い例だろう。スマートウォッチが普及する前は、消費者の心拍情報などの健康データを取得することは至難の業だったが、今や、Apple Watchなどの既製品との連携を通じ、簡単に取得できる。

同時に技術の発展でデータの陳腐化が激しくなる。安価で手に入り、より高精度な分析ができるデータが登場した瞬間に、これまで取得できていたデータが陳腐化してしまうのだ。その結果、自社のデータビジネスが他社にとって代わられる脅威は容易に起こりうる。

よって、持続的なデータビジネスを実現する上では、**技術の進展により取得可能となった新たなデータを、継続的に収集するための投資が必要**になる。また、活用するデータの種類を増やす（あるいは他のデータに置き換える）ことを継続的に実施しなくてはいけない。

次に2つ目の「データ利用の規制やルールの流動性が高い」という理由だが、技術発展に伴うデータの量や種類の増加は、これまで想像もしなかった新たなプライバシーの問題を巻き起こす。

これに対し、規制やルールの整備が日々進められているが、データの量や種類の増加スピードもあり、変更や改正のスピードが非常に速い（流動性が高い）と言える。

規制やルールがひとたび変わると、これまで問題なく展開できていたデータビジネスが中断を余儀なくされるといったことが起こりやすい。例えば、近年であればCookie（クッキー）規制とリターゲティング広告などがその例にあたるだろう（第16章で詳述）。

そのため、データビジネスの持続性を担保するには、新たな規制やルールの動向を把握し、データビジネスを見直していく対応が欠かせない。

最後に、3つ目の「データビジネスは他社から模倣されやすい」という理由だが、第10章でも述べた通り、データビジネスは構造上、模倣されやすく競争に巻き込まれやすい。

そこで、自社の既存事業で培った「関係性のアセット」とのシナジーを創出して模倣されにくくすべきだとお伝えした。ただ、これは立ち上げからスケール化させるまでは有用な手段だが、必ずしも永続的な模倣困難性や競争優位性につながるわけではない。

例えば、自社がデータビジネスを順調に拡大させている様子を競合他社が見て、「中長期的に収益を上げられる市場」と察知すれば、必要なアセットを出資や買収などで補完するなどして、同様のデータビジネスを展開してくることはよくある。

そのため、必ずしもデータビジネスは継続的に競争優位を築けないものとして捉え、常に競合や顧客動向を把握しながら、サービスをアップデートさせる必要がある。

それに加え、テクノロジーの発展動向や、政府の規制動向なども把握する必要がある。データビジネスとは、常に変わり続けることを前提とした完成形のないビジネスなのである。

13・2 競合とあえて手を組んでエコシステムをつくる

データビジネスでは、常に新たなデータの収集や、顧客に合わせたサービス改善、競合に対抗するための販促投資など、様々な面で投資を続けることが求められる。

それらの投資を続けるには、社内の様々な部門/層との交渉が要求され、投資の意思決定もそれなりの困難が伴うはずだ。特に上場企業の場合は、株主に対する説明責任（投資回収の目途はいつ頃か、その算段はどのようなものか）を果たさねばならず、なおのこと難しいだろう。

では、競争状態をいかに回避すべきか。結論から言うと、「競争から協創へ」と戦略転換し、データビジネスのエコシステムを形成することだ。

つまり、自社が独占的に事業を行うのではなく、関連するすべてのプレイヤーに収益がもたらされるような経済圏を築くことになる。

また、エコシステムの中のプレイヤーは、「仕入れ元」や「販売先」のような取引上の関係ではなく、データビジネスとその周辺ビジネスのチャンスが等しく与えられる対等のプレイヤーであることもポイントになる。そのため、競合だった同業他社やスタートアップを〝競合相手〟ではなく、〝協創相手〟と見立て、競争から協創への転換を図ることで、競争による疲弊を回避しつつ、収益を上げることを目指すのである。

データビジネスの厄介な〝クセ〟を収益源にする

では、どのように協創への転換を図るべきだろうか。ポイントになるのは、データビジネスを立ち上げる際に伴う様々な〝クセ〟の存在である。

ここまでの各章で述べた通り、データは非常に扱いづらくクセの強いものである。データビジネスを立ち上げる側から見れば、このクセは厄介極まりないであろう。ただ、データビジネスを支援する立場に立てば、クセの強さは、他社にエコシステム形成へ参画してもらうインセンティブとなる。

つまり、これまでデータビジネスの推進で得た様々な経験に基づき、他社が直面する様々な課題を支援すれば、エコシステムを形成できるだけでなく、その中核的なプレイヤーになることもできる。

エコシステムを形成する上でのポイントは、まずデータをオープンにすることで、様々な事業者を呼び込んだ上で、データ活用度に合わせた支援サービスを展開することである。

データをオープン化することにより、エコシステムを形成するために、具体的には、自社のデータやその取得手段を無償で提供するなどにより、データにアクセスし活用できるプレイヤーを増やし、新たな収益機会を生むことで市場に呼び込むのである。

ただ、他社を呼び込むだけでは、エコシステムの形成には不十分である。そこで、データ種別に応じた活用度に合わせた支援サービスの展開が必要となる。

例えば、消費者購買データのように、すでにデータを活用したソリューションやサービスがある程度、世に浸透しているようなデータもあれば、映像データのように、多くの企業が未だその用途を探っている段階にあるデータもある。データ種別によって、世の中でのデータ活用度は大きく異なる。また、データビジネスを行う上で直面する課題も、データ活用度によって大きく異なる。

つまり、「データ種別に応じた活用度に合わせた支援サービスの展開」とは、オープンにするデータの活用度合いに応じた支援を行うことになる。

主な活用度と、それに紐づく主要な課題、そして、その課題を捉えるサービス方向性の例を整理したのが、図表13-1である。

映像や画像のデータのように、まだ用途を模索している段階にあるデータの場合は、オープン化したデータの適切な用途を開発するコンサルティングを提供し支援することが有効だ。

データ活用度	主要な課題	サービス方向性（例）
使い方を模索中	自分たちにとって最適なデータの活用方法が見いだせない	データ活用用途を開発するコンサル
使い方はある程度定まり、データの組み合わせによる付加価値向上を模索中	自分たちが実施したい取り組みに合わせたデータの加工や組み合わせが難しい	データ加工／分析代行
データを用いたソリューション／サービスが展開中	顧客数が伸び悩み、思うようにスケールできない	ホールプロダクト化を通じたデータサービスの拡販支援

図表13-1　データ活用度別の主要課題とサービスの方向性

これは、大きなデータビジネスになりそうな兆しが見えた場合には、コンサルサービスの提供に留まらず、事業のリスクもリターンもシェアするような形態（JV設立など）で共同事業を展開することも検討すべきである。

使い方はある程度定まっているが、データの組み合わせによる付加価値向上を模索しているという段階のデータは、オープン化するデータに他のデータを付加したり、より使いやすい形へデータを加工するサービスを提供し、支援する。例えば、ヘルスケアデータのようにある程度活用が進んでいるデータでも、実際にデータビジネスに活用するためには他社データとの組み合わせや加工が必要な場合は、有用な支援サービスになるだろう。

これは、他社が持つデータの価値を一層高めることを謳いながら、自社が持つデータを組み合わせる機会を創出することで、他社が自分たちを頼らざるを得ない仕組みをつくることにもつながる。

最後に、すでに市場に展開されているのになかなか普及していないデータについては、他のサービスと組み合わせたホールプロダクト化により、新たなサービスに仕立て、拡販を支援するのが有効だ。

ホールプロダクト化は前章で述べた通り、自社の商材やソリューションを他社のものと組み合わせながら、顧客の期待とのギャップを埋め、拡販を支援することが必要となる。

なお、データ活用度に応じた主要課題をもとにサービスの方向性を例示したが、実際に直面する課題はこれだけではないので、他の方法やサービスでも支援は可能だろう。

そのため、本章で述べた主要課題や方向性を参考にしつつ、自社が扱うデータ活用度と、データビジネスにする上で生じている課題をつぶさに観察することが必要だろう。

データビジネスのエコシステムを形成するための競争から協創への転換は、本来自社で独占できた収益を、他社にも分け与えてしまうような機会損失と捉える方も多いかもしれない。ただ、エコシステム形成は少ない収益のパイを分け合う営みではなく、収益のパイ自体を大きくする営みだ。

企業がデータビジネスを展開する目的は、経営貢献を実現することであり、データビジネスはあくまでそのための手段にすぎない。

だからこそ、データビジネスが持続的な成長を実現し、経営貢献を果たすことが難しそうであれば、「競争から協創へ」のシフトも視野に入れた柔軟な決断を行うべきである。

本章のまとめ

- データビジネスはその特性により、「常に変化し続けることを求められるビジネス」である。
- 多数の競合が存在する状況では、競争に勝ち続けるための継続的な投資はいずれ限界が来る。そのため、時には「競争から協創へ」と戦略を転換させ、データビジネスのエコシステム形成を目指すべきである。
- エコシステム形成にあたっては、支援事業者としての立ち位置をとることで、様々なプレイヤーに収益の機会を与え、収益の機会を得るための支援サービスを行うことが重要となる。

データビジネスが生み出した「シェアリングエコノミー」

データを活用した新たなビジネスが、一企業のビジネスの枠を超え、新たな産業を生み出すこともある。例えば、近年注目されている「**シェアリングエコノミー**」はその代表的なものと言えるだろう。

デジタル庁が一般社団法人シェアリングエコノミー協会と策定した「シェアリングエコノミー活用ハンドブック[4]」によると、シェアリングエコノミーは、

- 個人・組織・団体等が保有する何らかの有形・無形の資源（モノ、場所、技能、資金など）を売買、貸し出し、利用者と共有（シェア）する経済モデル
- 個人等が保有する活用可能な資産等をインターネット上のマッチングプラットフォームを介して他の個人等も利用可能とする経済活性化活動

と定義されている。そして、シェアリングエコノミーは市場規模が2020年度に2兆円を超え、2030年度には14兆円を超えると試算され、巨大な産業になるとされている[5]。

このシェアリングエコノミーを支えるのは、様々なスタートアップや企業が展開するデータを活用したマッチング型のデータビジネスと言える。当初、シェアリングエコノミーは、オンラインコミュニティマーケットプレイスを利用して個人間で空き家や部屋

column

column

分類	シェアリング可能になったこと・もの
空間	ホームシェア、民泊、駐車場、会議室
移動	相乗り、シェアサイクル、カーシェア
スキル	家事代行、育児、知識、料理、介護、教育、観光
お金	クラウドファンディング
モノ	フリマ、レンタルサービス

図表13-2　シェアリング型データビジネスの分類

の貸し借りができる「民泊サービス」で市民権を得て、今では５つのシェアリング型データビジネスが生まれている。

ここで、１つの疑問が生まれる。「どうしてシェアリングというデータビジネスがここまで発展したのか？」

データビジネスの成否には、斬新なアイデアや、そのアイデアを実現する技術革新、また資金的な援助のいずれも重要であると考えられるが、ビジネスのタイミングも重要であると考える。

例えば、Ａｉｒｂｎｂは、２００７年に現在の民泊サービスの原型として、自宅の余ったスペースを旅行客に貸し出すサービスを始めている[6]。その後、インターネットとスマートフォンの普及で個人同士のマッチングがしやすくなり取引コストが低下したことに加え、若者を中心に広がる「所有」から「利用」へという価値観の変化も背景に、パブリッククラウドやカーシェアリングなど、様々なモノがシェアリングされる中で民泊も広く普及した。

つまり、技術の進展や人々の価値観の変化などの

column

時代が変わったことでビジネスとして成立するようになった、と言える。

データビジネスのタイミングをうまく読むためには、競合他社の動きだけを注視するのでなく、PEST分析（政治、経済、社会、技術といった4つの観点から外部環境を分析する手法）の観点で、世の中の動きを広く見渡しながら、時代が追いつくまで粘り強くビジネスを推進することも重要となる。

シェアリングエコノミーは、インターネットの普及により個人間の取引費用が下がったこと、スマホの普及によりこうしたサービスを利用する場所や時間の制約が緩和されたことのほか、シェアリングエコノミーのプラットフォームとソーシャルメディアとを連携させることで個人間のニーズのマッチングや信頼性の担保強化が可能となっていることが挙げられる。

そのため、データビジネスを検討する上では、アイデアの良し悪しもさることながら、タイミングが良いかどうか、という観点が重要であると念頭に置いて頂きたい。

4　一般社団法人シェアリングエコノミー協会「シェアリングエコノミー活用ハンドブック」
https://www.soumu.go.jp/main_content/000747025.pdf
5　株式会社 情報通信総合研究所「シェアリングエコノミー関連調査 2021年度調査結果」
https://sharing-economy.jp/ja/wp-content/uploads/2022/01/bea4d9c9fe51bf1451 5ce3cb7d3235b4.pdf
6　Airbnb公式HP　https://news.airbnb.com/ja/about-us/

第 6 部

データビジネスの実践ケース

第14章　明日からデータビジネスを実践できる状態をつくる

14・1　他の業種や業界に目を向けることが不可欠

ここまでの第3部～第5部では、データビジネスのアイデアをつくり、実際に立ち上げ、事業を成長させ儲けを出すという3つのステップで考慮すべき課題やその解決方法の考察を通じ、データビジネスの思考法を示した。

ただ、データビジネスを立ち上げ、成果を創出するためには、データビジネスの思考法、すなわち方法論や理論の理解だけでは不十分であろう。「世の中で今、データがどのように活用されているのか、また今後どのように活用されると予測されるか」などのデータビジネスの動向、すなわち実践面の理解も必要となるはずだ。

データビジネスの立ち上げや推進を図る上では、すでにデータビジネスの取り組みを行う、先行事業者の動向を理解する必要があることは言うまでもないだろう。

なお、データビジネスの立ち上げや推進は、複数年を要す中長期的な取り組みであり、その間にも、自社を取り巻く環境や、他事業者のデータビジネスの動向は変化し続けるだろう。そのため、単に近年の動向を把握するだけでなく、そこから予測される未来におけるデータビジネスへの洞察や視座を持つことも重要となる。

そこで、第6部では、様々な業種や業界におけるデータビジネスの最新動向の整理と未来予測を通じ、「理論」と併せてデータビジネスの成就に必要な「実践」面の解説を図りたい。

14・2 実践ケースの対象テーマ

本来は、幅広い業種や業界におけるデータビジネスの動向や予測について、知見や洞察を深めることが理想だが、紙面の都合上、特に注目すべき領域を9つ選定した。

- 小売業
- インターネット広告
- 医薬・医療
- 教育
- スポーツ
- 製造業
- 自動車
- 公共

・国家政策・安全保障

消費者と直接の接点がある業界では、業界内のプレイヤーが行うデータビジネス自体が、データの収集源として重要な役割を果たす。そういう意味で、そうしたサービス領域における動向や今後の予測は、消費者から収集できるデータを活かすデータビジネスを検討する上で、重要な示唆を与えてくれるだろう。

また、いずれの業界も異業種プレイヤーの参入が進んでおり、新規参入者は実際にどのようなビジネス機会に着目して参入しているのか、従来からその業界にいるプレイヤーはどう対抗しようとしているのか、といったことを理解できるような好例も多い。

加えて、データビジネスの制約ともなる規制や国としての動向を理解する上では、日本国内における政府や自治体のデータ活用の現状や今後を把握することは重要だ。また、規制や政策の予測をするためには、各国政府のデータの取り扱いについても、理解を深める必要があるだろう。

具体的な解説に入る前にお願いしたいのが、今すぐではなくとも一度は腰を据えて、「第6部の全章に目を通して頂きたい」ということである。

第6部で取り上げている領域や業界、テーマは幅広く、中には読者の皆様とは現時点では関わりの薄いものも多いだろう。ただ、一見関わりが薄いと思われる業界やテーマであっても（むしろそういった業界やテーマこそ）一度は全章を通してご覧頂きたい。

理由としてはまず、異業種参入も念頭に置くべきデータビジネスにおいては、業種や業界の垣根にとらわれるべきでないことが挙げられる。だが、それ以上に強調したい理由が、「他業界での成功事例がデータビジネスの筋の良いアイデアを検討する上でも有用なインプットとなるから」である。

繰り返しになるが、データビジネスはその特性上、似たようなビジネスが生まれやすい。第10章では、同一の領域内で似通ったデータビジネスが集中しやすい背景としてこの特性が生む制約について言及したが、異なる業種や業界間においても同様のことが言える。つまり、異なる業種や業界間においても、課題とその解消法、お金のもらい方など、仕組みが似通ったビジネスが生まれやすいのである。

すでに異業種や異業界で立ち上がり成果を上げている類似事例を見つけることができれば、それを自業界に横展開することで、筋の良いアイデアを容易に創出できる場合が多い。また、アイデアを形にし、磨き上げる過程においても、類似事例は大いに参考になる。

第3部から第5部までに述べたデータビジネスの思考法と、ここからの第6部の実践ケースの両輪で、データビジネスの実現の一助となれば幸いである。

第15章 小売業――〝物売り〟からの転換へ

15・1 持続性が危ぶまれる小売業界

小売業界、特に日用品や食料品を取り扱うスーパーなどは、以前から課題が山積し、強く変革を求められていることに、異論をはさむ余地はないだろう。

現在、日本は少子高齢化により消費のボリュームゾーンである若年層や主婦層が減少し、需要全体が縮小傾向にある。その一方で、小売業界では新規出店により既存店舗の売上減少を補うアプローチが依然として主流である。

需要の絶対量が減少をたどる一方で、2013年時点では全国で約2万店舗だった食品小売店舗数は年々上昇トレンドをたどり、2022年10月時点で約2万3000店舗まで達するという供給過多（オーバーストア）状態にある。結果、現在は各店舗の平均売上も減少傾向にあり、特に食品小売各社は戦略の転換を迫られている[1]。

また、近年では、業界の垣根が曖昧となる現象（**業態コンバージェンス**）も進んでいる。これまでは、各業態で取り扱う商品のすみわけができていたが、近年では、コンビニやドラッグスト

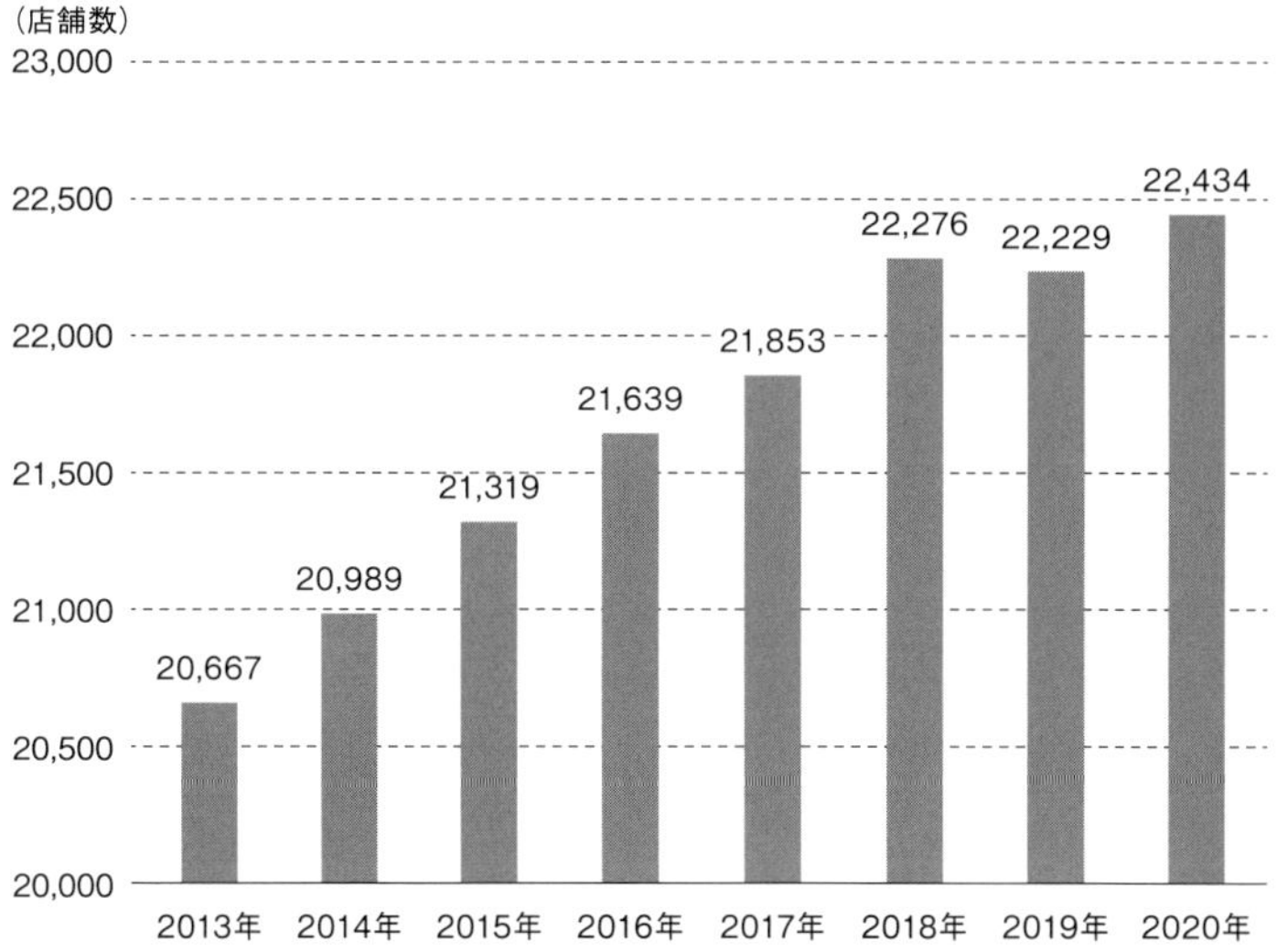

図表15-1　オーバーストア化の進む小売業

ア、果てはホームセンターまでもが生鮮食品を取り扱うなど、業態の垣根が曖昧になっている。小売事業者は、業態を横断した競争を強いられる状態にあり、競争環境はさらに激化の一途をたどる。

それに加え、人手不足への対応も小売事業者の事業継続には欠かせない。

パーソル総合研究所が２０１８年に発表した「労働市場の未来推計２０３０[2]」では、小売業界において、２０３０年に約60万人の人手不足が見込まれている。先ほど述べた人口動態の変化により、生産人口も減少して人材確保が難しくなり、需要だけでなく供給の面でも苦境を強いられると想定される。小売事業者にとって、従来の人手頼りの店舗事業の運営は限界を迎えつつあると言える。

もちろん、小売事業者各社は手をこまねいているわけではない。これまでの店舗事業で収集したＰＯＳデータを中心に、データを活用することによる変革を推し進めている。

15・2 「守り」と「攻め」の2方向でのデータ活用

小売業界におけるデータ活用の方向性は大きく分けて、「守り（小売事業の持続性を高めるデータ活用）」と「攻め（小売外の新たな収益源構築に向けたデータ活用）」の2方向に分類できる。「守り」のデータ活用は、例えば、データを用いた需要予測や品揃え最適化など、業務の効率化や高度化が挙げられる。

例えば、経験豊富な現場スタッフや店長が、その経験と勘に基づき、属人的に行っていた発注業務や商品選定業務を、データ（ならびにデータ分析に用いるＡＩ）を活用することでサポートする取り組みである。

これにより、各社は店舗運営の人手不足解消や、より地域のニーズを捉えた商品選定（とそれを通じた売上の向上）を目指している。

「守り」のデータ活用における先駆者として、大手コンビニエンスストア（ＣＶＳ）のローソンが挙げられるだろう。ローソンは２０１５年からデータを活かした需要予測を開始し、現在は１０００品目以上の商品需要を予測し、発注にかかる時間を約1時間短縮することに成功している[3]。

また、２０２２年にはスギ薬局とエクサウィザーズが「品揃え最適化ＡＩ」を共同開発し、運用を開始した[4]。このように近年は、大手小売事業者とデータやＡＩ活用に長けたテック系事業者が共同で、小売業界における業務効率化や高度化のためのソリューションを開発する取り組みも進む。

一方で、「攻め」の代表的な取り組みは、リテールメディア（店舗を用いた広告販促）だろう。大まかに言うと、「店舗などの小売事業者が持つ顧客接点を広告の出面とするメディア事業」である。店舗での販売データや小売事業者が展開するオウンドアプリで、小売事業者が独自に収集したデータ（ファーストパーティー・データ）を用い、店舗サイネージやオウンドアプリそのものなどを用いて消費者にアプローチすることを指す。

これまでも、そういったアプローチで、集客や購買促進とそれを通じた「小売業としての」収益向上を図る取り組みは実施されていた。

しかし近年は、小売業としての売上向上に留まらず、小売事業者が持つデータと、アプリやサイネージなどの消費者へのアプローチ出面を活かし、メーカー向けに広告配信サービスを展開し、小売以外での新たな収益源を構築する動き（リテールメディア事業の展開）がトレンドとなっている。

リテールメディアは、クッキー規制の潮流もあり、メーカーなどの広告主の注目を集めている。日本でも2022年4月に改正個人情報保護法が施行され、クッキーをはじめとした個人関連情報を第三者に提供し、個人情報を紐づける場合は、本人の同意が必要となった。こうした規制により、一度サイトに訪問したユーザーに繰り返し広告を配信する「リターゲティング広告」の展開が困難となった。

そのような背景もあり、小売事業者が自ら収集した「ファーストパーティー・データ」とそれを活かしたターゲティングが可能な、「リテールメディア」に近年メーカー各社は注目を寄せつつある。

特に米国では、リテールメディアがすでに広告市場において一定の地位を占めている。店舗を持つ小売事業者の中でいち早く取り組みを開始した米ウォルマートは、2022年1月期に約21億ドル（約2940億円）の広告収入を計上している。これは、国内インターネット広告大手のサイバーエージェントの22年度インターネット広告収入である約3000億円に匹敵する[5]。

また、日本でもリテールメディアの取り組みは近年、大手企業を中心に進んでいる。大手CVSファミリーマートは、2022年4月に発表した3カ年の中期経営計画の中で、「CVS事業の基盤を活用した新規ビジネスの拡大」を大きく打ち出し、その柱の1つに「広告・メディア事業」を据えた。これは、全国約1万5000店の店舗を「広告メディア媒体」として活かす事業であり、その中核として、大型デジタルサイネージ「FamilyMartVision（ファミリーマートビジョン）」の展開を推進している[6]。

FamilyMartVisionとは、42～65インチのディスプレーを横に3つ並べる形で配置した大型のデジタルサイネージであり、主にレジカウンターの壁面上部、あるいはレジ上に吊り下げる形で設置する。動画と音声の両方で訴求力の高い広告を配信するほか、付属したAIカメラで来店客の行動を測定し、広告効果を検証する機能も備えることを見込む。2022年9月末時点で、サイネージ設置店舗数は約3000店舗に上り、すでに既存店舗の約20％を広告媒体として活用できる状態を実現している。

さらに、ファミリーマートは2020年10月、親会社である伊藤忠商事、NTTドコモ、サイバーエージェントとともに、デジタル広告配信、広告代理店業を手がける「データ・ワン」という会社を設立した。さらに、翌年9月にはファミリーマートと伊藤忠商事が共同で、メディア事業を担う事業会社、「ゲート・ワン」を新設。広告代理店として広告主への営業やデータ分析などを行う「データ・ワン」と、ファミリーマート店内に配置されたデジタルサイネージで放映する番組コンテンツの制作や配信を担う「ゲート・ワン」の両輪で、広告メディア事業の運営体制を構築している。

15・3　店舗を活かした広告メディア事業だけでは不十分？

ただ、リテールメディアだけでは小売の生き残り、そして持続的な成長の実現は困難であろう。現在においては、仕事や教育、エンターテインメント、コミュニケーションなど、消費者の日々の営みにもデジタル化が浸透し、より便利で快適な環境にアクセスできる状態にある。日々の買い物も同様で、今やオンラインで手に入らないものは数えるほどしかなく、消費者は自身の生活スタイルに合わせた購買手段の組み合わせで、これまでよりも便利で快適な買い物体験を実現している。

デジタル化の浸透や、デジタルサービスの日進月歩の発展により、消費者の〝不満〟や〝不快〟などの〝不〟は、今や消費者自身も認知できないほどのスピードで解消され続けている。それに合わせ、消費者がサービスに求める水準や期待も、これまでとは比べものにならないスピードで高まり続けている。

そのような中で、これまで通り「モノ」を消費者に「売る」モデルの小売業は生き残ることはできるだろうか。常に高まり続ける消費者の水準や期待を満たし続けることができるだろうか。

先に「攻め」のデータビジネスとして取り上げたリテールメディアは、小売事業者の目線から見れば、物売り以外の新たな収益源をつくり出すビジネスモデルへの転換の第一歩ととることができるだろう。しかしながら、あくまでそれは小売事業者の目線から見れば、の話である。

消費者の目線からすると、小売事業者から受ける提供価値は、そこに広告が流れていようがいまいが、依然「ものを買える」ことに留まる。もちろんリテールメディアの浸透により、例えばスマホPOS、カートPOSなどで、個人の購買に合わせたクーポンがもらえるなど金銭的なメリットを得られる場合もあるだろう。ただ、そのようなメリットがあっても、消費者が小売事業者から受ける本質的な提供価値は、あくまで「ものを買える」ことに留まる。

常に高まり続ける消費者の期待を超え、持続的に消費者に使ってもらえる小売事業や店舗事業を実現するには、「ものを買える」こと以上の提供価値が必要になるだろう。

15・4 消費者の「課題の解決策」を「つくる」事業へ

ではどのような手を打つべきであろうか。ポイントは、消費者に提供するものとそれとの関わり方を、より消費者が望む形へとシフトさせることにあると考える。

つまり「モノ」を「売る」事業から、「顧客の課題解決策」を「つくる」事業への転換である。

これは、単にものを売るだけでなく、そこで得られる顧客データ、購買データ、商品データを活かし、消費者が未だ抱える課題を解消する事業への転換を指す。

実際に、海外の小売事業者においては、自社で販売している食料品の栄養成分表を、自社が提供する健康保険の保険料にリンクさせる取り組みなどが始まっている。

このように、店舗から得られるデータを活かすことで、例に挙げた保険に限らず、エンタメ、レジャー、教育など様々な課題の解決策を提示できる事業者へと転換することが、今後小売事業者が持続的な成長を実現する方向性の1つだと考える。

とはいえ、この転換を1社単独で実現することは現実的ではないだろう。これまで取り組んだことのない保険サービスなどの開発には、かなりの投資が必要だろうし、そのような余力を持つ事業者も国内には数えるほどしかないだろう。

となるとやはり、顧客との接点を武器に他社を巻き込み、消費者向けサービスの広範なエコシステムをつくるのが得策だろう。

デジタルサービスの伸長および拡大により、消費者と接点を持ちやすくなったと言われて久しい。しかし近年では、デジタルサービス上での顧客との接点が飽和状態となり、消費者の〝**可処分接点**〟**の過酷な奪い合い**が発生し、昨今はかえって一事業者が消費者と直接接点を持つことは難しくなりつつある。そのような困難を抱える消費者向けサービスに対して、小売の接点を提供する（送客や店舗内の間貸しなど）。そうして巻き込んだ他事業者に対し、接点の提供に留まらず、取得されたデータも提供し、それを用いた新サービスを共同で創出する。

このように、他社と手をとり合いながらエコシステムとしての消費者の課題を解決する事業を確立することで、投資余力などが少ない中でも、事業転換を実現することが可能ではないだろうか。

ここで示した方向性はあくまで一例であり、他にも持続的な成長を実現する上でとりうる方向性はいろいろあるはずだ。しかし、この前提となる「モノ」を「売る」事業が限界を迎えつつあること自体には疑いの余地がないだろう。

よって、小売事業者が持続的な成長を実現する上では、データを活かした「顧客の課題解決策」を「つくる」事業への転換がカギになる。そのため、小売事業者は、自社のデータを活かした物売り以外の価値創出を考え続ける必要がある。

1 一般社団法人 全国スーパーマーケット協会「統計・データでみるスーパーマーケット」
http://www.j-sosm.jp/dl/index.html

2 パーソル総合研究所「労働市場の未来推計2030」
https://rc.persol-group.co.jp/thinktank/spe/roudou2030/

3 株式会社 旭リサーチセンター『ARC WATCHING 2020年10月』
https://arc.asahi-kasei.co.jp/member/watching/pdf/w_312-11.pdf

4 株式会社エクサウィザーズ 2020年1月5日プレスリリース
https://prtimes.jp/main/html/rd/p/000000095.000030192.html

5 「ウォルマートにターゲット…米小売がリテールメディアに力を入れる本当の理由」
ダイヤモンド・チェーンストア 2022年10月15日号
https://diamond-rm.net/technology/227216/2/

6 「3000店舗でサイネージ設置完了のファミリーマートが目指す、壮大なリテールメディア戦略とは」
ダイヤモンド・チェーンストア 2022年10月15日号
https://diamond-rm.net/technology/227215/

第16章　インターネット広告――脱クッキー後の新たな道

16・1　大きな転換期にあるインターネット広告業界

インターネット広告市場は、市場として創生されて以来継続的に高い成長率を維持しており、2021年には2兆7052億円、前年比121・4%となり、マスコミ4媒体の広告費2兆4538億円（新聞・雑誌・ラジオ・テレビの広告費の合算）を初めて上回った[7]。

2020年の日本の総広告費は前年比で88・8%と減少し、媒体別でもマスコミ4媒体が前年比86・4%、プロモーションメディアが前年比75・4%と軒並み減少した一方で、インターネット広告は前年比105・9%と増加したことからも、インターネット広告が広告市場全体の成長をけん引している存在と言える。

そのインターネット広告業界の直近の大きなトレンドは「サードパーティークッキー非推奨化」だろう。

まずクッキー（Cookie）とは、第15章でも少し触れたが、デジタルマーケティングで広く使われていた「トラッキング（特定のユーザーによるサイト内の挙動を追跡／分析すること）」に用いられていた技術の1つだ[8]。

これは、サイトを閲覧したユーザーの情報を一時的にユーザーのブラウザに保存する仕組みを指す。サイト分析、広告配信などに活かすトラッキング技術に利用されるほか、特定サイトへの訪問回数、IDやパスワードなどをユーザー情報として保存するためにも活用される。

企業側は、次のような用途で活用していた。

- 自社のサイトを閲覧したユーザーにクッキーを付与し、そのユーザーに向けてリターゲティング広告を配信する
- ユーザーがコンバージョンするまでの行動履歴について、アトリビューション計測[9]する

そして、サードパーティークッキーとは、訪問したサイト以外の「第三者」ドメインが発行したクッキーを指し、ドメインをまたいだ広告出稿やトラッキングが可能だった。しかし、サードパーティークッキーの利用が規制されたことで、例えば、ECサイトの閲覧情報をもとに、別のサイトでレコメンドを表示するといった手法が規制された。

「サードパーティークッキー非推奨化」の背景には、世界的に高まっているプライバシー保護の観点が強く影響している。ウェブサイトを離れた後のユーザーの行動を追跡するのは、個人のプライバシーの侵害につながるとの見方が広がっている。

このような規制による影響の1つが、第15章でも触れた「リターゲティング」という広告手法だ。リターゲティング広告とは、サイトを閲覧したユーザーを追跡して配信する広告を指し、他の広告配信手法よりコンバージョン獲得の単価が低い（費用対効果が高い）傾向にあった。そのた

め、リターゲティング広告を活用していた企業も多いと見られ、代替手段の検討が急務となっている。

16・2 脱クッキーで、UGCの時代へ

クッキー規制に対応する手法として、「プラットフォーマーによる代替技術の活用」「自社サービスのＩＤ管理」「ＵＧＣの管理／活用」が挙げられる。

まずプラットフォーマーが積極的に開発している代替技術について見ていきたい[10]。

Googleは、２つの代替技術の開発に着手している。１つ目は「プライバシーサンドボックス」と呼ばれるツール群だ。ウェブブラウザのChromeでサードパーティークッキーを２０２２年に廃止すると発表し、それに代わる技術として開発を始めていた。

しかしその中核的な存在だったＦＬｏＣ（Federated Learning of Cohorts）に対して、デジタル広告業界からはプライバシー面の懸念や、広告効果が不十分であることなどの意見が寄せられた。それを背景に、サードパーティークッキー廃止を２０２２年から２０２３年後半に延期した。

そこで２つ目の代替技術となる「Topics API」と呼ばれる新機能を発表した。

この機能は、ユーザーが関心を持っているトピックをChrome内部で記録し、その一部だけを広告事業者に伝えるという技術である。この技術により、消費者のプライバシーを保ちつつ、

広告効果を高めることを目指してきた。

2022年4月から本技術のテストを始めていたものの、検証に多くの時間が必要とされ同年7月、2度目の延期として2024年後半まで延期された。

また、脱クッキー後のデジタル広告の手法として、「自社サービスのID管理」も考えられる。大規模な会員基盤を持つサイトや、独自性のあるデータを自社で持つ企業が、それを活用する方法だ。主な企業は図表16-2の通りである。

例えば、楽天グループでは会員数（=ID保有数）は1億人を超え、楽天市場（EC）のみならず旅行予約、保険などの金融商品、携帯電話など様々な自社サービスを展開し、多様なデータ蓄積に成功している。さらに、ポイント制度を既存の小売事業者に導入し、オフラインのデータ取得にも注力している。

また、ZOZOは自社の購買データをもとにした広告事業を展開しており、さらに@cosmeや食べログは、特定の業種に特化したファーストパーティー・データを活用した広告事業を展開している。

「プラットフォーマーによる代替技術の活用」「自社サービスのID管理」以外に、インターネット広告でクッキーに代替するものとして注目されるのは、「UGC」の活用だ。

UGC（ユーザー・ジェネレーテッド・コンテンツ）とは、いわゆる口コミの一種であり、消費者がSNSなどに投稿した画像や動画を指す。こうしたコンテンツを、投稿者の許諾を得た上で、マーケティング活動にとり入れる企業が増えている。これは消費者の広告離れが進み、広告への信頼が落ちている昨今、結果的に信用度が高くなった「他の消費者の口コミ」に注目した手法である。

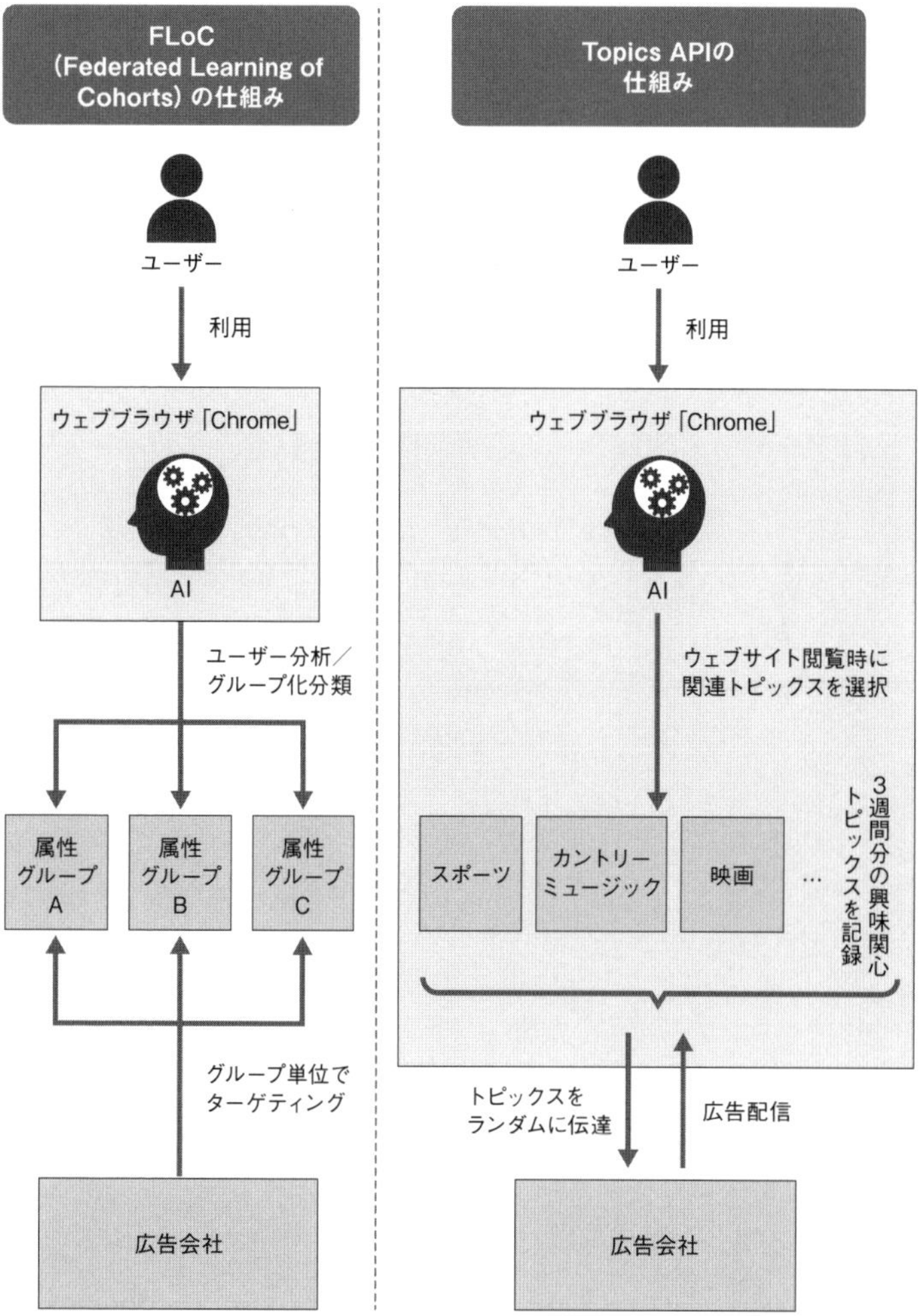

図表16-1　Googleが開発するクッキー（Cookie）代替技術の仕組み

EC系（購買データ）	Amazon	**ロコミメディア（興味関心データ）**	@cosme
	楽天市場		食べログ
	ZOZO		トリップアドバイザー
モバイル決済系（購買データ）	au PAY	**SNS（興味関心データ）**	Facebook
	d払い		TikTok
	PayPay		Twitter
	楽天Pay		LINE
CtoC（購買データ）	PayPayフリマ	**ポータル・メディア系（興味関心データ）**	Google
	メルカリ		Yahoo!
	ラクマ（楽天）		リクルート

図表16-2 「自社サービスのID管理」の事例

UGCを活用した企業の1つとして、シャトレーゼはTwitterのフォロワー数が12万人を超え、フォロワー数を増やすことを目的としたキャンペーンを行わないアカウントとしては大規模と言えるアカウントに成長させた。またそれだけでなく、Twitterを使ったキャンペーンの告知の成果として、前年比で売上を4倍に増やすことに成功した[11]。

シャトレーゼでは、Twitterアカウントの運用方針を、「ファンと口コミの増加」「来店促進」の2軸に定めた。これはUGCを広め、それをきっかけとして来店促進につなげる狙いだ。そのために、Twitterアカウントの投稿では「いい部分のみ抜き取り、良く見せようとする広告的な表現ではなく、商品を素直に伝えるユーザー目線の画像でエンゲージメント率を高める」ことや「ユーザー参加型企画」などを意識し設計した。

例えば、自社商品を使ったカクテルの作り方を紹介し、消費者も真似て作るよう呼びかけ、さらには作ったカクテルの画像の投稿を促した。そしてその投稿を公式アカウントでリツイートすることで、ユーザーの承認欲求を満たし、さらに「公式の投稿を真似たら公式アカウントに紹介してもらえる」というインセンティブを与えることに成功。結果的にUGCを生み出すサイクルを創出している。

また、特に目立った成果が出たのが、特定の商品を全店舗で無料配布するキャンペーンだ。チラシなどで使うクリエイティブとは別に、Twitter上で目立つものを制作し発信した。結果、チラシと店頭のみで告知していた前年度に比べ、キャンペーン期間内の同じ商品の売上は前年比で約4倍と大きく跳ね上がった。

16・3 広告でも「AIの活用」と「エンジニアリング」

こうして見ると、脱クッキー後の流れとしては、「AIの活用」と「顧客の囲い込み」の2つがあると考えられる。

「AIの活用」については、Googleの「FLoC」、「Topics API」でも、ユーザーの趣味嗜好を学習させるAIを活用しており、自社IDのビッグデータの分類や分析にもAIが使われている。さらに昨今のAIのビジネス活用領域は、ディープラーニングによる「将来の予測」、さらには「条件／制約を踏まえた試行錯誤」、「条件を踏まえた意思決定」まで及ぶと推測されている。

また現段階ですでに、広告クリエイティブをAIが自動作成するサービス[12]も展開されている。これは現在配信中で最も効果が出ている既存クリエイティブに対し、新クリエイティブの効果

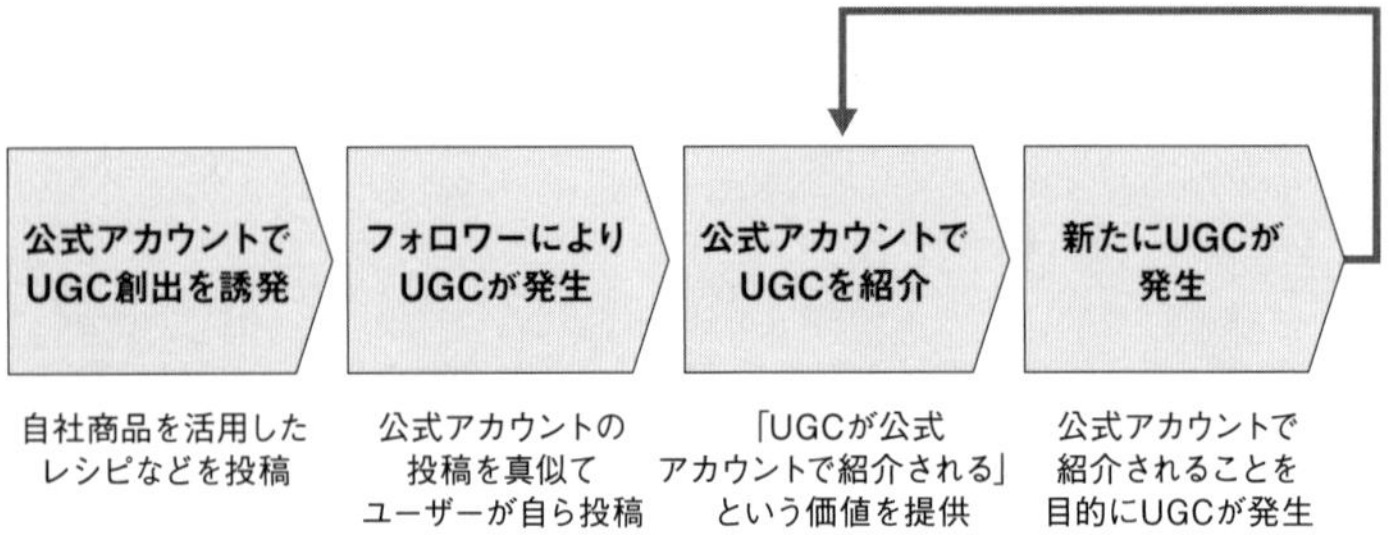
公式アカウントで
UGC創出を誘発
フォロワーにより
UGCが発生
公式アカウントで
UGCを紹介
新たにUGCが
発生
自社商品を活用した
レシピなどを投稿
公式アカウントの
投稿を真似て
ユーザーが自ら投稿
「UGCが公式
アカウントで紹介される」
という価値を提供
公式アカウントで
紹介されることを
目的にUGCが発生

図表16-3　公式アカウントによるUGC発生サイクル

予測値を競わせ、ＡＩによる効果予測値が既存の１位よりも上回った新クリエイティブのみを広告主に納品し、広告配信するシステムだ。このシステムにより、クリエイティブの大量生産が可能になるため、ＡＢテストなどを通じた高速のＰＤＣＡを回せるようになる。

このように、「制作」、「試行錯誤」、「意思決定」の機能を持ち合わせたＡＩが台頭すれば、デジタル広告にも積極的に活用されると予測される。

広告代理店でも、デジタルマーケティングに使うデータを扱う人材確保に動いており[13]、機械学習を活用した広告配信や因果推論を活用した効果検証方法を開発するなど、マーケティング立案や統計だけでなくエンジニアリングの要員も強化しているため、エンジニアリング、ＡＩの活用は主要領域となると考えられる。

また前述の通り、顧客データのＩＤ保有に加え、優良なＵＧＣを発信する貴重な存在として、企業と消費者の距離を近くして関係を維持する流れがあり、それが加速すると考える。例えば、作業服／カジュアル衣料のワークマンでは、自社商品のファンのブロガーを「アンバサダー」として組織した[14]。彼らの投稿にバイアスがかからないように報酬は支払わず、時には辛口のありのままの意見を発信する人材を選定することで、UGCの信頼性を高めている。

16・4 データビジネスにどう活かす?

では、インターネット広告でのデータビジネスとしては、今後どのようなものが考えられるか。

①UGC運用を支援するAI

現状、UGCはECサイト内でコンバージョン率を向上させる目的で表示されている。しかし同じものを表示し続けると「UGCの摩耗」が起き、効果が薄れていく[15]。そのため、サイトに訪れた顧客の特性や、サイト内での動向を鑑みて、最適なUGCを選択して提示し、かつその効果により試行錯誤を行えるAIがあれば、コンバージョン率の改善や維持が見込める。

将来的には、自社で保有した顧客IDとコンバージョン率を紐づけて考察される顧客データをもとに、マーケティングへの活用(商品開発、プロモーションの効果測定の試算)にもスケール化を図れる可能性がある。

②ＡＩによるＢｔｏＣ向けカスタマーサクセスの組成支援

もともとＢｔｏＢの企業のＬＴＶ（顧客生涯価値）を高める方法として主流だった「カスタマーサクセス」が、ｔｏＣ企業でも新設されているケースがある。また今後、「優良顧客の囲い込み」が重要になることからも、その流れは衰えないと予測される。

しかし、カスタマーサクセス新設の際に、ボトルネックになるのが「顧客の属性の多様化に伴い、成功体験へ向けた打ち手も多様化するため、各顧客に最適な成功体験を提供できない」ことだろう。

それを解決するために、ＡＩにより顧客情報の分析だけでなく、顧客の成功体験向上のための様々なアプローチを試行錯誤させ、さらにはアプローチ実施の意思決定まで行わせることで、顧客ごとに最適な打ち手を試算して案内する。そうすれば、成功体験を提供できる確度を上げられると推測される。

インターネット広告市場では、企業から消費者に一方的な広告を表示する、という従来の手法の効果に限界が見え始めている。前述したような消費者の趣味嗜好の多様化に対応するため、ＡＩの力を借りた試行錯誤や、自社が持つ顧客（ファン）から得られるデータ（口コミ、態度変容など）を活用したマーケティングの検討が重要になるだろう。

7 電通「2021年 日本の広告費」https://www.dentsu.co.jp/knowledge/ad_cost/2021/media.html
8 アライドアーキテクツ「【2023年最新版】Cookie規制とは?-影響と対策を徹底解説」https://service.aainc.co.jp/product/letro/article/what-is-cookie
9 アトリビューション計測＝消費者がコンバージョンに至るまでの接点の貢献度を割り当てる計測手法
10 日経クロストレンド『最新マーケティングの教科書2023』日経BP、2022年
11 MarkeZine「【Twitter活用で売上4倍の事例も】シャトレーゼが挑んだオーガニック運用で口コミを増やす仕組み」https://markezine.jp/article/detail/29472
12 サイバーエージェント「『極予測AI』、AIで動画と静止画を横断し広告効果を予測する『クロスフォーマット機能』を追加—フォーマットを問わず効果の高いクリエイティブの提案が可能に—」https://www.cyberagent.co.jp/news/detail/id=28030
13 Dentsu Digital Tech Blog「電通デジタルが考えるデータ系職種のあれこれ（広告領域を中心に）」https://note.com/dd_techblog/n/n624e1b348dab
14 日本経済新聞「口コミ真偽、信頼を左右」2022年9月15日
15 日経XTREND「SNSマーケの新潮流　データで改善を続ける『運用型UGC』とは」https://xtrend.nikkei.com/atcl/contents/18/00694/00001/

第17章　医薬・医療――予防から予後まで顧客に価値を提供する

17・1　ビジネスモデルが「患者中心」へと移行する

高齢化社会を迎えた日本にとって、医療・ヘルスケア分野でのデータ活用は国を挙げて取り組むべき課題である。この分野で重要な位置を占める「治療」の根幹となる「医薬品」を担っている製薬企業を中心に、医師や患者を含めたヘルスケアエコシステムの観点から考察していく。

製薬業界では、新薬創出における生産性低下が最も重要な課題の1つであり、データとデジタルによる既存ビジネスの改善と新規ビジネス創出の取り組みに拍車をかけている。

グローバル企業でも国内企業でも共通して、研究開発の生産性が過去10年間でおよそ5分の1に低下している。がんを中心とした専門疾患の領域に参入するプレイヤーが増えたことで、新薬が上市するまでの期間を短縮することが求められている一方で、市場が細分化し、希少疾患が増えている。その結果、ROIと採算性が低下している[16]。

また、国内の制度見直しに伴い、「新薬創出・適応外薬解消等促進加算」（新薬は通常2年に1度の薬価改定で市場実勢価格に引き下げられるが、新薬創出加算の対象になると、特許が切れるまで薬価が維持されたり、下がりにくくなるという制度で、革新的新薬の創出を促進するのが狙い）の対象が特段の革新性・有用性が認められる品目に限定され、要件を満たした品目数は3分の2に減少している。2021年度からは、薬価差（薬価と医療機関への納入価格の差）が大きい品目を対象に、毎年薬価改定で引き下げが行われている。

こうした中、製薬業界が抱える課題を解決するため、「患者中心」へのビジネスモデルシフトおよびデジタルシフトが起きている。その第1段階として、まずは既存ビジネスの効率性を向上させるためのデジタル化とデータ活用、そして、「**ビヨンド・ザ・ピル**（Beyond the pill＝医薬品を投与する前の段階である「予防」や、治療後の「予後・介護」も組み合わせた総合的なソリューション）」、「**アラウンド・ザ・ピル**（Around the pill＝予防から予後まで、患者やその家族、ケアに携わる人材のサポート）」と呼ばれる新規事業への展開が進んでいる。

17・2 「患者中心」を支える3つのキードライバー

「患者中心」の医療サービス提供とそれを根底から支える業界のデジタルシフトには、

- データドリブンプラットフォーム
- パーソナライゼーション
- カスタマーエンゲージメント

の3つのキードライバーが相互に深く関わっている。

組織をまたぐデータドリブンプラットフォーム

医薬や医療の世界においても、最近ではデータプラットフォーム事業という言葉は目新しくなくなっている。

もともとこの業界でも、何らかのデータを蓄積するデータベースは各企業に存在していた。ただ、部門などの組織をまたいで集約し、それを利活用できる環境は整っておらず、いわゆる「プラットフォーム」とは言えなかった。

しかし近年は、社内で統一したデータプラットフォームを構築し、様々なデータを集約することで、医療のバリューチェーン全体にわたって社内データの利用が可能となっている。

ただ、患者や医師のデータを集めて臨床試験デザインや営業・マーケティングなどで有効活用できるとはいえ、個々の製薬企業が自前で実践するには限界がある。

そこでデータドリブンプラットフォームをビジネスの根幹に据え、医療データを専門に取り扱う事業者が登場し、医師や患者の情報を日々収集して分析し、製薬企業や医療機器メーカーにサービスを提供している。その結果、医療データビジネスはますます拡大している。

医療データプラットフォームの大規模な事例として、国立がん研究センターによるゲノム情報プラットフォームがある。

がんゲノム情報管理センターでは、患者が受けたがん遺伝子パネル検査の結果をデータプラットフォームに蓄積しており、そのデータの一部は、製薬企業や研究機関で研究開発を目的に活用されている。実際に、すでに30以上の施設やグループがこのデータを研究に活用している。

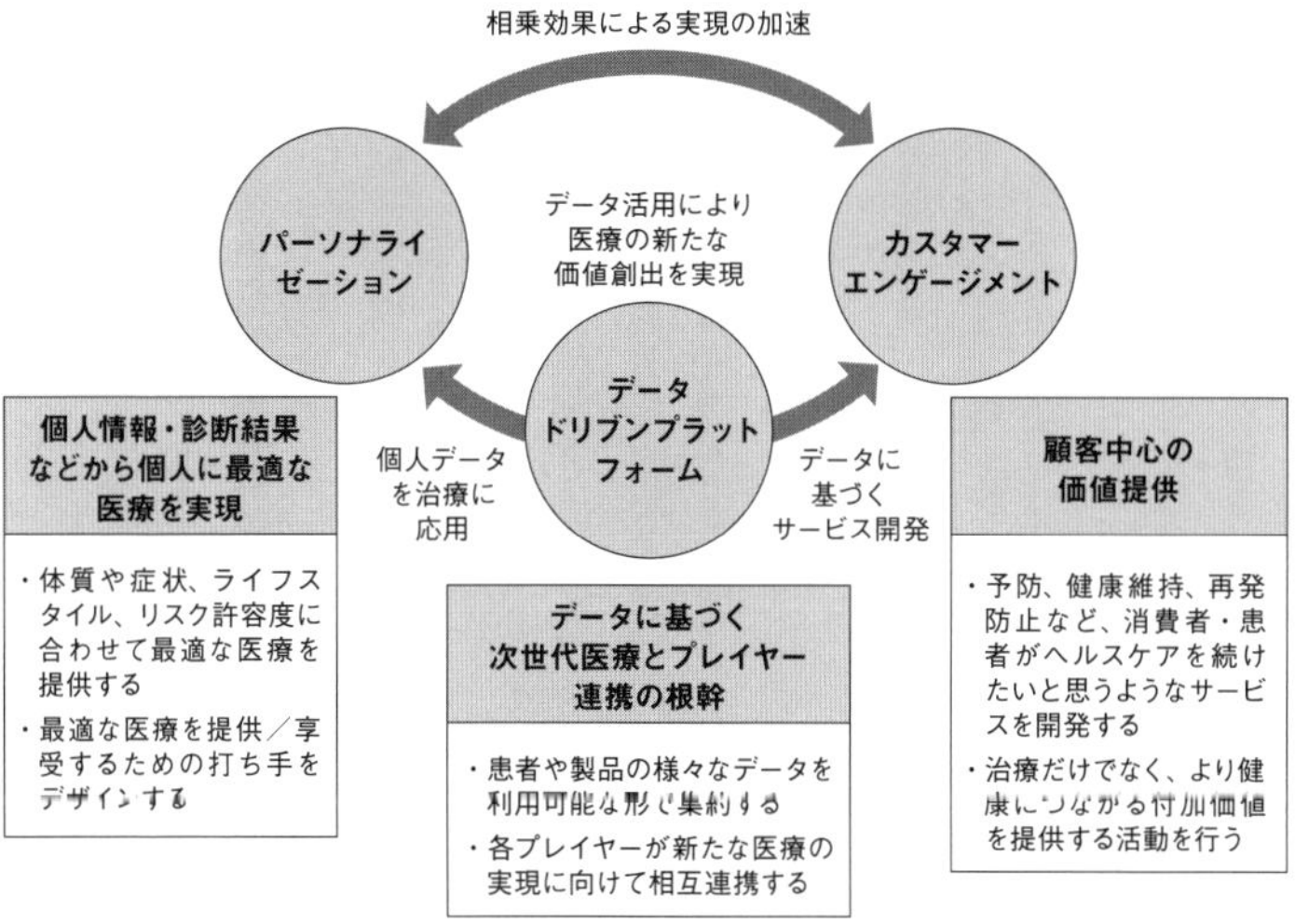
相乗効果による実現の加速
パーソナライゼーション
データ活用により医療の新たな価値創出を実現
カスタマーエンゲージメント
データドリブンプラットフォーム
個人データを治療に応用
データに基づくサービス開発
個人情報・診断結果などから個人に最適な医療を実現
・体質や症状、ライフスタイル、リスク許容度に合わせて最適な医療を提供する
・最適な医療を提供／享受するための打ち手をデザインする
データに基づく次世代医療とプレイヤー連携の根幹
・患者や製品の様々なデータを利用可能な形で集約する
・各プレイヤーが新たな医療の実現に向けて相互連携する
顧客中心の価値提供
・予防、健康維持、再発防止など、消費者・患者がヘルスケアを続けたいと思うようなサービスを開発する
・治療だけでなく、より健康につながる付加価値を提供する活動を行う

図表17-1 「患者中心」医療へのシフトを支える3つのキードライバー

また直近では、研究開発のみならず、遺伝子変異に応じた抗がん剤の選択にも利用され、約400名の患者が遺伝子診断に基づく保険適応外治療を受けている。

また、別の大規模な事例として、MASTER KEYプロジェクトが挙げられる。

これは、希少がんの研究開発およびゲノム医療を推進する産学共同プロジェクトであり、バイオマーカー情報のある希少がん患者を登録することで、網羅的なデータベースを構築している。全国のみならず、アジアにまでデータ収集の範囲を広げ、レジストリ登録数も約1年で3倍になり、2022年12月時点では約3000例が登録されている[17]。

データドリブンプラットフォームは当然ながら、データの量が増加するほどその価値も高まっていき、それによって利用者や登録者も増えていく。そうすると、そのプラットフォームが集めるデータとその利用価値が今後さらに急速に高まり、がん研究などにおいてなくてはならないものとなっていくと考えられる。

個人に最適な医療を提供するパーソナライゼーション

2つ目のキードライバーとして挙げているのがパーソナライゼーションだが、医療においては個別化医療とも呼ばれ、個人に最適な治療を提供することを指す。電子カルテやゲノム情報などの個人の医療データから、Apple Watchなどで日常的に取得される歩数や心拍数などの日常生活のデータまで、様々なデータをデータプラットフォームに集約して解析することで可能になる。

パーソナライゼーションはがん領域における取り組みがけん引してきたが、昨今は、様々な疾患で広がりを見せている。

一方で、パーソナライゼーションが現場へ浸透するには、まだ多くの課題も残されている。ゲノム検査の場合は、診断時間の長さとコストが課題となっている。現在では1検体あたりのゲノム解析に1時間近くかかり、各施設で1日に多くても十数検体を解析するのが限界となっている。また、システム導入費用も、現状は2000万円程度かかるため、導入をすぐに決断することも難しい。

これまでは、いかに個別化医療のための検査手法を生み出すかに焦点が当たっていたが、直近では、いかに運用し浸透させるかが重要になってきており、様々な企業が解析時間とコストを大幅に下げるための研究に取り組んでいる。

ここまでの内容は、「診断」や「治療」に関するものが中心であり、これまで主に製薬企業や医療機器メーカーが取り組んできた事業領域だ。ところが最近は、「予防」に対する製薬企業の活動も活発になっている。保険会社やITベンチャー、アカデミアが連携し、アンケートや保健指導の内容をもとに個々人の疾病リスクを予測し、患者に認知してもらうとともに、食事や運動などの行動変容を促すサービスが開発されている。

また、リアル・ワールド・データ（RWD＝調剤レセプト〔調剤報酬明細書〕データや保険会社の所有するデータ、電子カルテデータなど、臨床現場で診療行為を通して得られる情報を集めた医療ビッグデータ）やリアル・ワールド・エビデンス（RWE＝幅広い情報源から得られた医薬品の使用状況や、考えられるメリット／デメリットに関する臨床エビデンス）を収集したり分析したりする環境が整備されつつある。現在では、予防や疾患リスク予測のための研究開発から、患者の行動情報をリアルタイムで追跡することによる疾患管理が実現している。

例えば、大規模なDPC（Diagnosis Procedure Combination＝診断群分類）データを用いた研究では、患者のBMI指数と疾患リスクの相関関係を発見することで、個人の疾患リスクを早期に発見する指標の研究がなされている。

また別の例としては、自己注射デバイスをIoT化し、注射時に得られるデータをリアルタイムで追跡することにより、患者の行動や服薬状況をモニタリングして遠隔での投与管理を実現している。その結果、患者は通院負担が減り、服薬コンプライアンス向上にも寄与している。

昨今話題のパーソナル・ヘルス・レコード（PHR）データの活用も着実に進んでいる。この領域では、業種間連携が非常に活発であり、それぞれ持っている製品やサービスを連携させることでビジネスが成立している。

プラットフォーマーを担う企業が、医療機器メーカーや医師、薬剤師、アプリ開発業者をつなぐことで、情報の一元管理と共有化を実現し、糖尿病や高血圧などの生活習慣病を、個人や医師が非対面でもそれぞれ管理できる仕組みが増えている。一方で、個々の民間事業者だけでは、活動内容の幅やルール形成にも限界があり、様々な業種を超えた協力体制を組む動きが進んでいる。

顧客体験を向上させるカスタマーエンゲージメント

患者や医師のエンゲージメント向上が3つ目のキードライバーであるが、こうした取り組みについて、直近で大きな変化が見られている。

従来は、AIチャットボットを通じた医師への情報提供や、医師とMRの会話からAIがタイムリーに適切な資料を探し出して画面に表示する仕組みなど、医師に対して必要な情報を必要なタイミングで提供するための仕組みづくりがメインであった。しかし、最近では顧客体験価値により重点を置いたサービスの開発や実装が増えている。

一例として、メタバースを活用した医師同士のコミュニケーションがある。メタバース環境でウェブ講演会を実施することにより、医師は講演の臨場感をよりリアルに体験し、それによって通常の対面による講演会で起きていたような医師同士の情報交換も復活している。単に講演をオンラインで手軽に聞くのではなく、対面同様のリアルな状況を疑似体験してもらうことで、オンライン環境への移行に伴って現れた医師ニーズを満たしている。

患者エンゲージメントについても、顧客体験の価値を向上させる取り組みが増えている。

図表17-2は、患者のエンゲージメント向上に関する取り組みにより、治療プロセスが将来どのように変化していくかを示している。

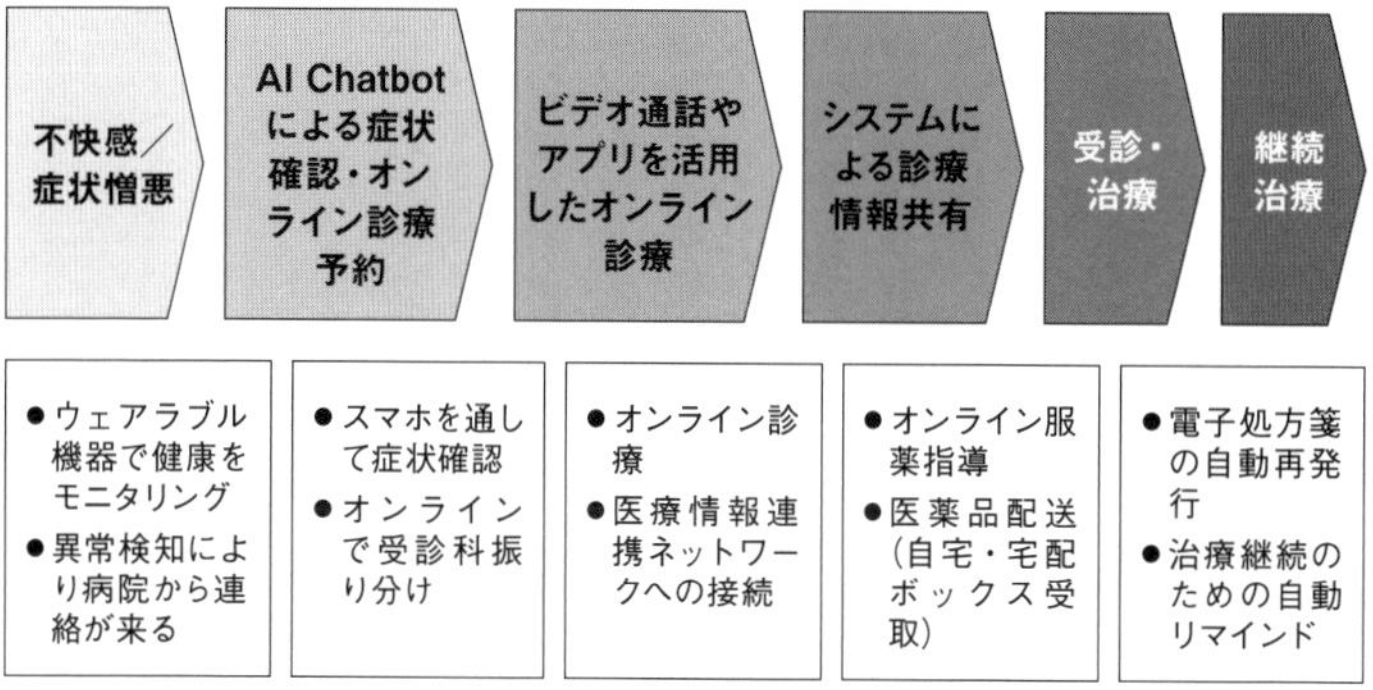

図表17-2　顧客エンゲージメント向上による治療プロセスの変化

最近では、オンライン診療やオンライン服薬指導が一般活用レベルへと普及してきており、部分的にこのカスタマージャーニーが実現されている。

今後は、服薬指導後に自宅へ医薬品を届けてもらう、また、自身の診療情報が病院間で連携されることで、他の病院を訪れてもスムーズな治療が受けられるといった変化が起こると想定される。

こうした取り組みにおけるポイントは2点ある。

・オンライン上でのサービスの完結
・医師と患者間のコミュニケーション向上

例えば、受診前の健康相談から受診後の服薬指導までをウェブ上で完結させるサービスにより、病院や薬局に足を運ばずに医師や薬剤師とコミュニケーションできるようになり、移動することに伴う時間的および身体的制限が緩和されて価値向上につながっている。

また、従来よりも気軽に医師に症状を相談できる、自身の位置情報から相談内容に応じて受診できる病院を教えてもらえるなど、相談するハードルが低くなり、相談内容の幅も広がっている。

海外では、コロナの影響を受けて、自宅や会社などで医療検診を行う遠隔サービスも登場した。バーチャルリアリティ（VR）ヘッドセットを使用して検診に参加し、結果を見ながら医師と患者が会話する。これは、リアルの病院と比べて安全な環境のもとで、シームレスな体験を提供できる例である。

17・3 業界内外のプレイヤーと連携する

患者中心の医療へのシフトが進んでいるが、重要なのは3つのキードライバーであるデータドリブンプラットフォーム、パーソナライゼーション、カスタマーエンゲージメントについて相互取り組みを行うことだ。

そして、データ共有環境が整備され、遠隔でのサービス提供が可能となったことにより、今後はますます顧客体験を重視したサービス開発が進んでいくと想定される。

また、患者中心の医療を実現するためには、業界内外のプレイヤーとの連携やアジャイル的な価値創造が必要不可欠であり、すでに業界標準として取り組みが加速している。

医療・健康データを取り扱う環境は年々着実に進歩しており、「データを集める」ことから、「集めたデータをいかに活用していくか」にシフトしている。また、業界を超えたプレイヤー同士の連携も当然のごとく日常的な活動となり、今後はその成果として次々に新たなサービスが実用化されていくと考えられる。

16 Deloitte Centre for Health Solutions "Ten years on: Measuring the return from pharmaceutical innovation 2019"

17 国立がん研究センター「MASTER KEY Project 5年間の振り返り」
https://www.ncc.go.jp/jp/ncch/masterkeyproject/schedule/event/project_5years.pdf

第18章　教育――「習熟度向上」から「コーチング」へ

18・1　熱を帯びる進学支援とリカレント教育

「エビデンスに基づく教育（Evidence-Based Education）」をご存じだろうか。

「エビデンスに基づく」は、もともと医療業界で、根拠に基づいた最善の医療という意味で使われていたが、教育業界においてもデータに基づいて根拠ある質の高い教育を目指していくために注目されている。

教育業は図表18-1の通り、「学校」「進学支援企業」「キャリアアップ支援企業」の3つに大きく分けることができる。

1つ目の「学校」については、日本ではＩＣＴ教育の普及が進んでおらず、また、目指すべき未来社会の姿として内閣府が提唱するSociety 5.0に対応できる人材の育成が必要とされているといった背景から、文部科学省が「ＧＩＧＡスクール構想」の取り組みを主導している。

子供たち一人ひとりに個別最適化され、創造性を育む教育ＩＣＴ環境の実現に向けて、1人に1台のＩＣＴ端末が提供され、学校の通信ネットワークや家庭でのオンライン学習環境が整備さ

分類	定義
学校	小学校・中学校・高等学校など公教育を行う学校
進学支援企業	通信教育・学習塾・予備校など児童・生徒の進学を支援する事業体
キャリアアップ支援企業	語学力向上や資格習得の支援、または研修コンテンツの提供を通じて、社会人などのキャリアアップを支援する事業体

図表18-1　教育業の分類

れるなど、環境面の取り組みが着々と進められている。これにより、それぞれ同時に異なる教育コンテンツを学習でき、また学習履歴に応じた個別最適学習も可能になる見込みである。

2つ目の「進学支援企業」については、オンラインサービスの強化が進んでいる。コロナ禍の影響や「GIGAスクール構想」を背景に、各社がオンラインサービスを提供するために必要な通信インフラの整備や端末の所有が、家庭内で進んでいる。これにより、近くに教室がない学習者もサービスを利用でき、さらに、授業の録画配信により都合の良い時間に学習することが可能になっている。

また、少子化により各社間の競争が激化し、業界再編や校舎の統廃合の動きが見られるが、子供1人あたりにかけられる教育費は増加傾向にある。これらの流れに応えるべく、進学支援企業は、サービスの質を向上するために、学習者一人ひとりの学習状況や特性を鑑みた個別対応型の指導を強化している。

3つ目の「キャリアアップ支援企業」は、自己成長のための社会人の学びを表す「リカレント教育」の需要の高まりの影響を受けている。テクノロジーの急速な発展、「人生100年時代」など、企業や労働者を取り巻く環境が急速に変化しており、労働者が自主的に学び、変化に対応し続けることが求められている。

こうした中、リカレント教育市場は好調であり、特に、英語やプログラミング、AI、機械学習といった分野が人気である。また、DXや新規事業を推進する人材が業界を問わず不足している。そのため、企業は中途採用や外部リソースの活用を進めると同時に、従業員の教育にも力を入れており、人材育成に対する投資意欲を背景に、研修コンテンツの市場も伸長している。

では、学校や進学支援企業、キャリアアップ支援企業は、具体的にそれぞれどのようにデータを活用しようとしているのか。

18・2 すでに実証が始まっている「個別最適化された学習」

まず学校において、「GIGAスクール構想」が掲げる個別最適化された学習の提供などは、具体的にどのようなデータを持つべきかといった教育データ標準化に関する検討が詳細化された後、徐々に展開範囲が拡大される見通しである。本格展開に先んじて、経済産業省では、1人1台端末およびEdTechを活用した新たな学びの効果を実証するための「未来の教室」実証事業を2018年から開始しており、その取り組みの一例を紹介する。

大分県のある中学校は、eラーニング教材の開発や提供を手がける「すららネット」と連携して、学習履歴を活用した個別最適学習を実証した[18]。取り組みの流れは図表18-2の通りだ[18]。

その結果、単元正答率が最大で30ポイント改善し、また全範囲を網羅的に学習する場合と比較

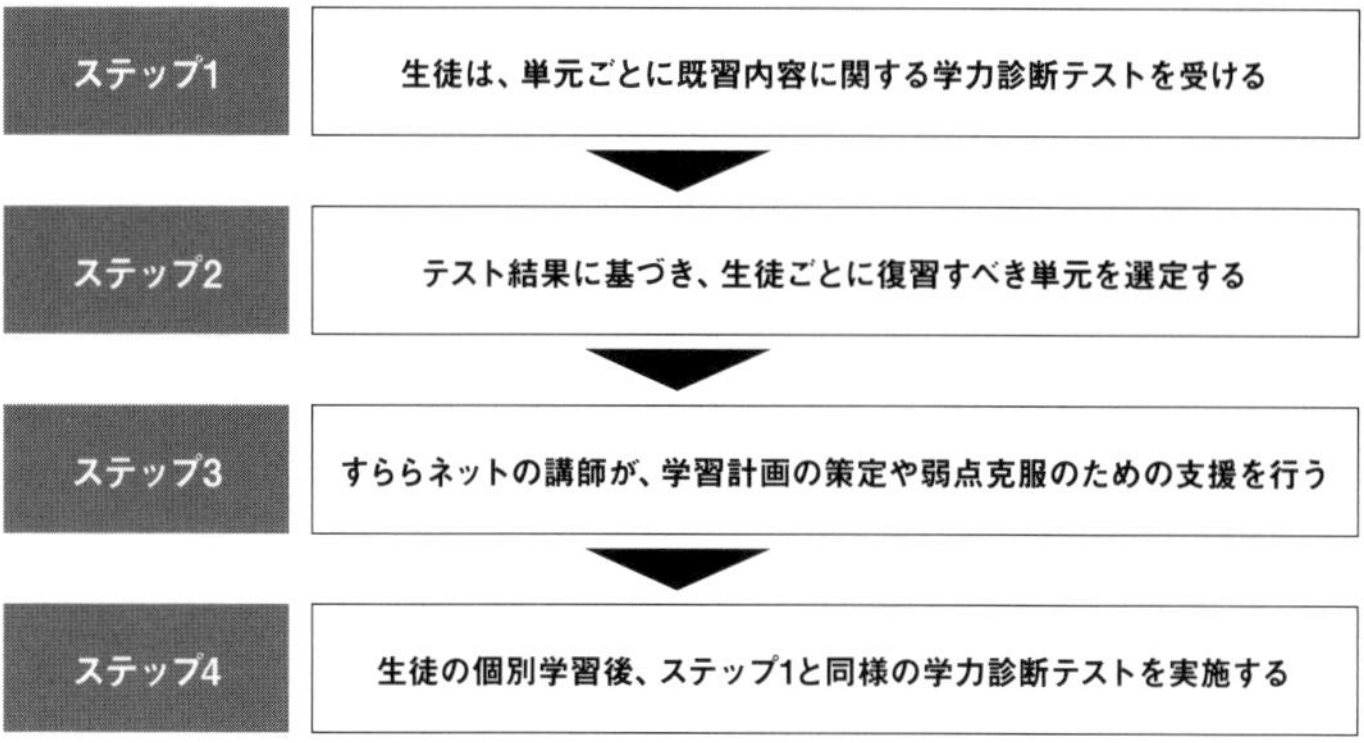
ステップ1
生徒は、単元ごとに既習内容に関する学力診断テストを受ける
ステップ2
テスト結果に基づき、生徒ごとに復習すべき単元を選定する
ステップ3
すららネットの講師が、学習計画の策定や弱点克服のための支援を行う
ステップ4
生徒の個別学習後、ステップ1と同様の学力診断テストを実施する

図表18-2　すららネットによる学習履歴を活用した個別最適学習

して、学習量が6割程度減少するなど、データを利活用した個別最適な学習の効果を実証している。

「未来の教室」実証事業で採択された取り組みは100件を超えており、今後その結果を踏まえて、データを利活用した教育がより広がっていく見通しである。

教育データの標準化がカギとなる

現在、教育データの標準化の検討が進められていると述べたが、これは学校や家庭、自治体、国、大学・研究機関、進学支援企業などでのデータの相互流通性の確保が目的である。教育データを次の3つに区分けして、各区分けにおいて具体的にどのような情報を取得するべきなのか検討している。

①主体情報（児童・生徒、教職員、学校などのそれぞれの属性などの基本情報を定義）
②内容情報（学習内容などを定義）
③活動情報（何を行ったのかを定義（狭義の学習行

動のみだけではなく、関連する行動を含む）

この教育データの標準化が進むことを前提に、一部の学校や地域ではデータ収集が可能になり、学校・自治体間でのデータ連携や学校・家庭・進学支援企業間でのそれぞれの場での学習状況を踏まえた支援が一部可能になる見通しである。

例えば、生徒やその親のデータ提供に関する同意が前提だが、学校での日々の演習や定期テストの結果が、ある生徒が通うオンラインの塾にデータ連携されれば、塾はデータに基づき弱点解消のための教育コンテンツを出し分けでき、学習者の効果的・効率的な学習支援を行うことも可能になる。

また、2030年頃までには、データ収集やその分析がさらに進み、従来の標準的な教育スタイルである「学校で、教員が、同時に、同一学年の児童・生徒に、同じ速度で、同じ内容を教える」といったやり方から、「誰もが、いつでもどこからでも、誰とでも、自分らしく学べる」といった個別最適な学びが実現する見通しである[19]。

18・3　AIが学習を支援する

一方、進学支援企業では、オンラインサービスや個別対応型指導の強化を背景に、学習履歴などのデータを分析してインサイトを導き出す、というAIを活用した取り組みが盛んになっている。

例えば、ベネッセコーポレーションは、「AI StLike」および「定期テストAI Navi」のサービスを展開している。

「AI StLike」では、学習者本人や全ユーザーの学習履歴をAIが分析し、本人の回答結果を踏まえて、最適な問題を出題する仕組みを提供している。本人の理解度や苦手な問題をAIが分析した上で、実力に合わせて最適な問題を出題するため、効率的に苦手分野を解消することができる。1レッスンあたり約2000億通りの学び方の中から、学習者にとって最も効率的な学習ルートを提示している。

一方、「定期テストAI Navi」は、日々の取り組み状況や目標点などから、定期テストの点数を上げられる「本日のレッスン」をAIが毎日レコメンドする。また、レッスン完了後、どの程度習熟スコアが伸びるのかAIが事前に提示してくれるため、学習者のモチベーションが上がる。

リクルートが展開する「スタディサプリ」も同様に、これまで蓄積してきた学習に関するビッグデータを活用して、各学習者の習熟度や苦手箇所を分析し、個別最適な学習計画や教育コンテンツを提供している。また、アカデミアとの共同研究も進めており、学習者に対してモデル分析を行い、継続的な学習に効果があるサービスの要因分析や、継続利用を促進する仕組みづくりを目標にしている。

今後は、学習者の学習履歴に関するログがさらに蓄積し、またAIの分析能力の向上が期待できるため、サービス品質のさらなる高度化が期待できる。

データ活用により学習者の習慣化を強化

また、個別最適学習の提供に留まらず、学習者をモチベートするコーチングなどに関しても、データ利活用が広がる予想である。つまり、児童・生徒が自ら考え、行動することをデータ利活用によって促すことである。進学支援企業はこれまで、単に授業を提供するのではなく、学習者とコミュニケーションを図り、個人の特性を踏まえながら彼らのやる気を引き出して、成績改善を図ってきた経験がある。

そこで、過去の学習者の情報（性格、成績、学校の偏差値や校風、部活動や家事などによる時間的制約、趣味嗜好など）と、彼らに対してどんなアドバイスをした際に成績が伸びたのか、または下がったのかについて情報を整理する。これらのデータを利活用することにより、現在の学習者の状況を踏まえた最適なコーチングが可能になり、彼らのやる気向上を促すコミュニケーションを図ることができる。

また、コーチング内容やそれに伴う結果をフィードバックすることにより、コーチングの精度をさらに向上させることができる。

18・4 人事情報とデータを連携させる

最後に、キャリアアップ支援企業においても、リカレント教育の需要増や企業の人材育成強化を背景に、より付加価値の高いサービスを提供する手段として、データやAIの利活用が広がっており、個別最適かつ自立的な学習を実現している。

企業向けのタレントマネジメントシステム「タレントパレット」を展開するプラスアルファ・コンサルティングは、オンライン研修サービスを手がけるSchooと連携して、人事情報に基づいた研修コンテンツを社員にレコメンドする。「タレントパレット」内の膨大な人事情報に基づき、およそ6500本のコンテンツの中から、個別最適化されたものを案内している。社員一人ひとりの人事評価や強み・弱み、志向を鑑みた研修コンテンツを提供するため、社員の自主自立的な学びが期待できる。

データを活用した異業種連携が加速

今後キャリアアップ支援企業では、自社の潜在顧客と接点を持つ他業種の企業とデータ連携することによりビジネスを拡大する動きが予想される。

例えば転職支援企業と連携して、転職希望者の転職確率を高めるための教育コンテンツを提供するといった動きが予想される。

また、他社と連携することにより自社が提供できない教育コンテンツを補完する営みも想定される。サービスのカバレッジを広げることにより、顧客の選択肢を広げ、競合他社との差別化を図ることが可能である。

サービスの流れは、次のようになる。

- 転職支援サービス企業は、転職希望者の希望業界・業種などに関する情報を教育コンテンツ企業と

データ連携する
- 教育コンテンツ企業は、この情報に基づき、転職確率を高めるための教育コンテンツのレコメンド、提供を行う
- 転職支援企業は、転職成約率や顧客満足度の向上を期待でき、また、教育コンテンツ企業は自社サービスの利用を促すことができる

また、他業種の企業ではなく、競合他社と連携したデータビジネスも考えられる。

前述した通り、企業は従業員の教育に力を入れているため、教育コンテンツ企業が教育プラットフォームを構築して、従業員の育成強化を図る企業にサービス提供するビジネスは一定の需要が見込まれる。

サービスの流れは、次のようになる。

- 教育コンテンツを提供する企業は自社サービスおよび他社サービス（自社サービスでカバーできないコンテンツを補完）をプラットフォームに登録する
- 人材育成を図る企業が理想の人材要件を提示することにより、AIが当該人材を育成するために必要な教育サービスをレコメンドする
- 人材育成を図る企業は、最適な教育サービスを効率的に探すことができ、また教育コンテンツ企業は自社サービスの利用を促すことができる

以上で述べてきたように、「学校」「進学支援企業」「キャリアアップ支援企業」のいずれの教

育においても、データを活用したエビデンスに基づく教育が今後より一層普及していくであろう。

18 経済産業省 未来の教室「学習ログを通じた公教育と民間教育の連携による個別最適学習の実現」
https://www.learning-innovation.go.jp/verify/e0125/

19 文部科学省他「教育データ利活用ロードマップ」
https://cio.go.jp/sites/default/files/uploads/documents/digital/20220107_news_education_01.pdf

第19章　スポーツ――「試合観戦」を超えた権利ビジネスへ

19・1　米国との差は「権利」を活用できているかどうか

日本のスポーツ産業を取り巻く環境は、コロナ禍を経て大変厳しい状況に置かれていると言える。コロナ禍の間にデジタルを活用したエンタメ（YouTubeやNetflixを通じたコンテンツ消費）は若年層から高年齢層まで広く普及し、可処分時間の奪い合いはこれまで以上に激化している。日本のスポーツ産業は、4大プロスポーツを持つ米国や、巨大なサッカービジネスが展開される欧州に比べて、10倍以上の市場格差をつけられている。その要因は、権利を活用したエコシステムの形成と、それによる利潤をコンテンツ価値向上に再配置するアプローチに大きな差があったことが挙げられる。

スポーツイベントにおける「権利」とは、興行権や放映権、肖像権など球団が保有するものであり、ブランドを含めた商標権を放送事業者やグッズ事業者、広告主などに販売し収益化を行う。その利益をコンテンツに再投資する際に生み出される価値と活用方法を明確にデザインする必要があり、日本のスポーツ事業者の最大の補強ポイントがこの領域と言える。

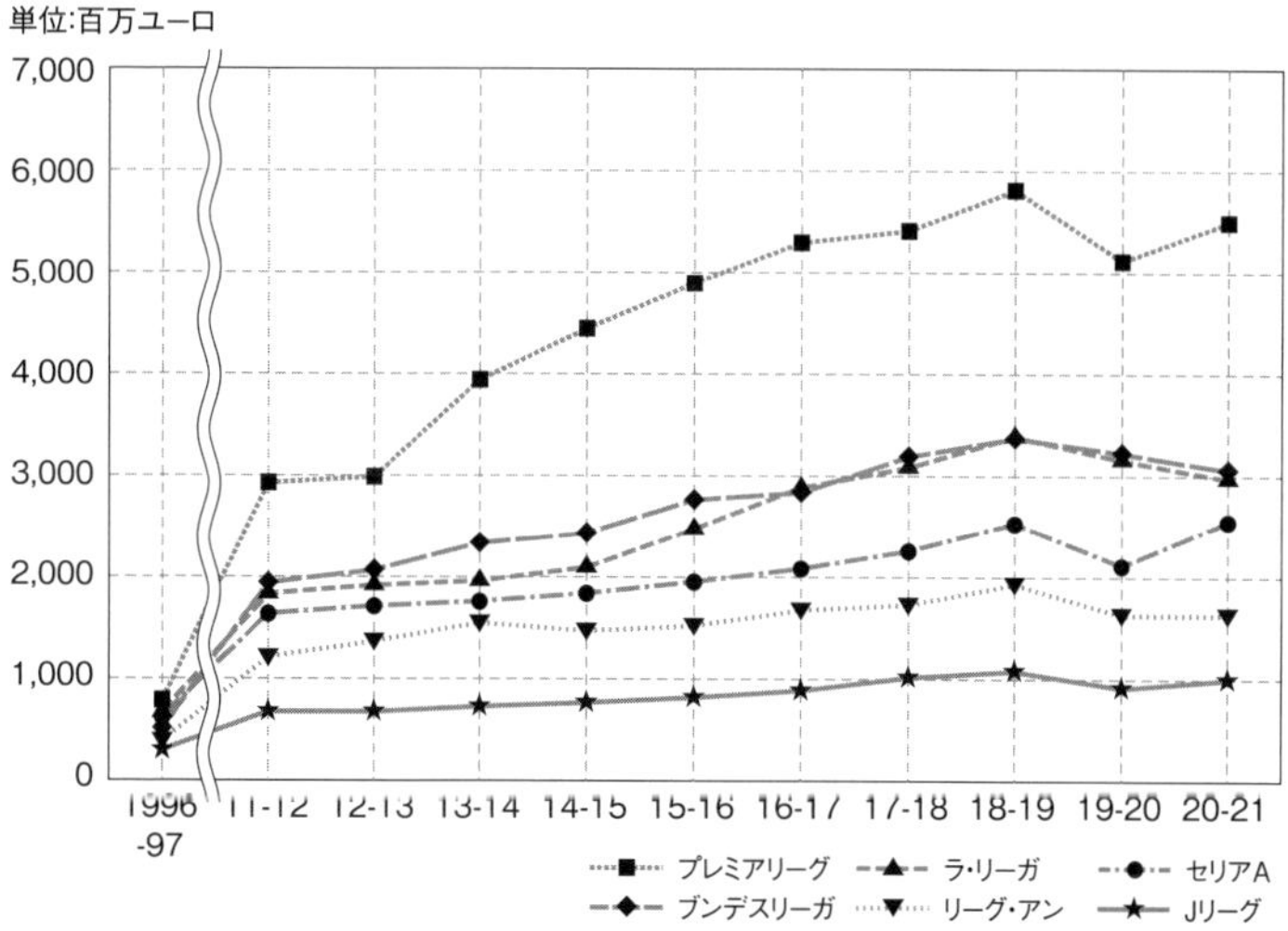

図表19-1　欧州と日本のスポーツIPの売上比較（1€=130円で計算）[20]

良い選手を高額で獲得して補強するのか、競技場を含めた熱狂の創造に投資をするのか、あるいはデジタルによる拡散を前提としたビジネスモデルに投資を行うのか、など国内外の競合や協業先を視野に入れた意思決定がこれまで以上に問われている。

こうした環境下で、選手やチーム、ヴェニュー（競技場）に大きな投資をすることなく、コンテンツやデータを活用した参入障壁が比較的低い新たなデジタルサービス市場が立ち上がり、新たな収益モデルとして注目されている。

具体的にはNFT（非代替性トークン）やファンタジースポーツ、スポーツベッティングなどの「スポーツDX」と呼ばれるサービスであり、これらはデータの取得と活用を前提としている。また、著作権や肖像権などの法的な課題にも配慮を行っている。デジタル上のコミュニティを通して、スポーツの消費とデジタル商品の流通が展開され、物理的な距離と時間の制約を超えグローバル市場で展開される新しい事業モデルである。

データの取得や生成には、日本企業の持つ優れた技術が大いに活用でき、ゲームやSNSなどで培った独創性を掛け合わせることで、新市場を形成しけん引する可能性もある。世界的なプラットフォーム事業の覇権争いにも通ずるスポーツDXのカギを握るのはデータであり、スポーツビジネスにおけるデータ活用のモデルを次節から解説する。

19・2 「興行ビジネス」から「データビジネス」へ

FIFAワールドカップ2022年カタール大会で、「三苫の1ミリ」を目にした方も多いのではないだろうか。三苫選手が目一杯足を伸ばして折り返したボールが、表面わずか1ミリほどライン上に残っていたことで認められたゴールは、新技術のおかげで生まれたゴールでもあった。

JリーグのVAR（ビデオ・アシスタント・レフェリー）にも活用されているSONY傘下のThe Hawk-Eye Officiating System（以下、HAWKEYE）システムは、フィールドにあるボールを複数台のカメラで認識し、その位置や回転数をデジタル上に再現できる。スポーツ界の「デジタルツイン（現実の世界から収集した様々なデータを活用しコンピュータ上で再現する技術）」のトップランナーである。

もともと競技の判定のために開発されたものが、回転数などの測定から選手のパフォーマンスを把握するものに発展し、映像やSNSなどに付加されてゲームを楽しませる素材を提供するまでに進化している（HAWKEYEは、選手のプレー内容をCGモデル化し再現することが可能）。

このようにテクノロジーの進化により、競技場で起きたことをほぼすべてデータに置き替えることができる。図表19-2の通り、競技場の中の出来事からデジタル上のエコシステムまで、多種多様な領域でデータ活用ビジネスが展開されている。

こうしたサービスへのデータ提供が、スポーツDXとして語られるデータビジネスの基本形と言えるが、いずれのサービスも生での試合観戦（視聴）にどのように興味を持ってもらうのかということと連動している。

例えば、自分がファンタジースポーツで予測した試合について、実際の結果を知りたいために試合を観続けるといった仕掛けが考えられる。デジタル上のサービスと連動して高度なエコシステムをデザインすることで、スポーツビジネスとデジタル上のビジネスの双方を増幅させることが可能となる。

データそのものを販売するだけのビジネスの規模は、放映権料などに比べかなり小さい。

しかし、コンテンツ（この場合は試合や選手）自体が価値やデータを生み出し、スポーツビジネスの中心であることに変わりはなく、よって前述のようなデジタルプラットフォーマーによるスポーツチームとの巨額の提携やパートナーシップによってコンテンツを囲い込む競争も熱を帯びている。

結果として、スポーツDXで稼ぎ出された利益は、チームや選手に還元されるのだが、冒頭で述べた価値向上への再投資の努力を継続することがスポーツ産業にとっては重要であり、エコシ

種類	内容
試合データ販売ビジネス	日本最大手のデータスタジアム社はNPB、Jリーグ、Bリーグの公式試合情報を制作し販売している。各リーグはこれらを買い取り、公式データとしているが、派生するデータはテレビメディアやインターネットメディアに販売されるケースが多い。このように元データを供給するビジネスがあるからこそ、様々なポータルサイトでスポーツの速報が見られる。
ファンタジースポーツへの販売ビジネス	ファンタジースポーツとは、年間のリーグ優勝予測や試合の結果予測などを行い、「懸賞」という形でインセンティブを配当するゲーム性の高いサービスで、そのために必要なデータを事業者に販売する。スターティングメンバーをユーザーが選出し、実際の試合のパフォーマンスデータをもとにプレイヤーの評価を点数化し、その上で、ユーザーが獲得した点数の合計で優勝者を競う。
NFT（非代替性トークン）	試合映像や選手のパフォーマンス情報をブロックチェーン技術により唯一無二のものとして商品化。NBA Top Shotはチームや選手の試合中の映像をパッケージ化してコミュニティを構築している。セカンドマーケットを整備しパッケージの取引を可能とし、プレミアム感や投機熱も巻き込み巨大なビジネスへと発展している。 日本においても、各プロリーグだけでなく肖像権を持つチーム単位での活用が始まり、知財を活かした利益率の高い収益モデルの採用が始まっている。
スポーツベッティング	スポーツイベントの結果に対する賭けで、日本ではまだ解禁されていないが欧州を中心に市場の規模は大きい。日本の公営競技（競馬・競輪など）は、馬券などを購入した段階では払戻金が確定しておらず、結果が分かった上で主催者の取り分や諸経費を差し引いたオッズが確定する「変動オッズ」制を採用しているが、スポーツベッティングは、ベットした段階で還元率が確定している「固定オッズ」制となっている。 現在はオンラインベッティングが主流を占めるが、最近では試合中にもベットすることができ（インプレイベッティング）、事業者はノウハウとデータをフル活用しオッズを計算している。利用者は選手の状態や勝利確率のデータをリアルタイムに参照しベットするが、ここでも選手や試合を可視化したデータが重要な役割を果たしている。

図表19-2　データを活用したスポーツビジネス

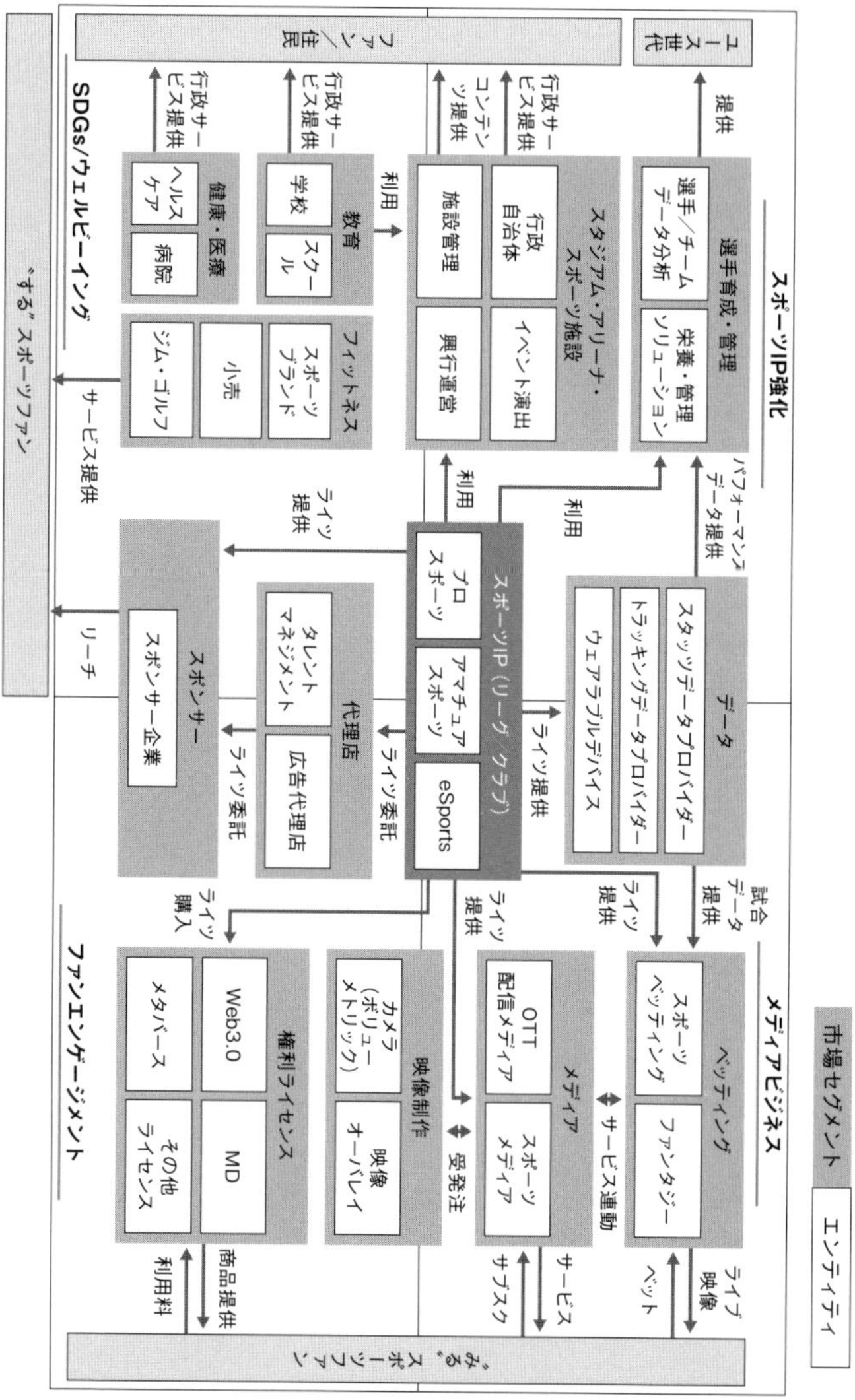

図表19-3 スポーツデータビジネスのカオスマップ

ステムの触媒としてデータはとても重要な役割を果たしている。

19・3 スポーツビジネスの枠を超え、ウェルネスビジネスへ

これまではプロスポーツを中心とした顧客体験でのデータビジネスについて触れてきたが、スポーツ領域で有望な市場として、健康（ウェルネス）や教育への活用と拡大が見込まれている。最近では、Fitbit や Apple Watch などを利用し、バイタルデータを取得している方も多いのではないだろうか。日々の歩数や脈拍、心拍数に至るまで、腕につけるだけで簡単に個人のデータを取得することが可能だ。

このようなデータは、自治体が積極的に活用するケースが多く、例えば福岡県では「福岡健康アプリポイント」というサービスを展開している。歩数に応じてポイントが付与されることに加え、食事の内容なども入力することができ、同じくポイントを受けとれる。たまったポイントは協賛店でクーポン券に交換することができ、各種サービスを受けられるという仕掛けである。

また、東京海上日動あんしん生命の「あるく保険」は、歩数に応じて、健康増進還付金として実質的な保険料のキャッシュバックを受けられる。歩く距離に応じて保険料の金額が変わるだけでなく、2年間健康であれば無事故給付金まで付与されるという。

スポーツ（運動を含む）から得られるデータは、こうしたウェルネス系のビジネスと親和性が

高い。日常に寄り添うサービスであるため市場の拡大が見込まれ、今後も新たなビジネスケースが開発されると考えられる。

また、教育の現場においても、生徒や学生の日々の行動データを蓄積し、健康観察に加えて身体の発育に活用していく動きも見られるようになっている。

笹川スポーツ財団のスポーツライフ・データによると、日本の子供の半数以上がいわゆる運動不足であると報告されている。

スポーツによって健康を促進することは、医療費の低減や子供の発育を促すことが分かりやすくイメージできる。日常から生成されるスポーツデータの活用は、行政や事業者にとっても大きなビジネスチャンスの1つだと言える。以上のことから、スポーツビジネスはデータを有効に活用することにより、図表19-3のようなビジネスの広がりを見せると考えられる。

19・4 ウェルビーイングプラットフォームビジネスへ

これまでスポーツデータを活用したビジネスを考察してきたが、いずれもビジネスモデルの中で触媒として機能し、スポーツの発する熱量が強力な推進ドライバーとなることが、スポーツデータビジネスの特徴である。

加えてプロスポーツの提供する世界が非日常であるのに対し、健康や教育をサポートする運動系のスポーツは、人々の日常に存在している。

よって、今後は**日常と非日常を組み合わせたウェルビーイングプラットフォームビジネス**を展開することを提唱したい。

プロスポーツ球団はファンクラブやキャッシュレス化を推進し、ファンの行動履歴を取得する試みを行っている。こうしたファンの行動履歴を歩数などのバイタルデータと結合することでポイントを付与し、精神面と身体面の双方で「健康になった」と証明することができるのではないだろうか。

Jリーグのクラブであれば、アウェイで全国を行脚するファンも多く、彼らの行動履歴を把握できれば地方での消費活動とJリーグの相関性が証明できるだけでなく、旅をして健康にも寄与した（何万歩、何百キロを移動した）と証明できたりもする。

健康はSDGsの目標の1つにも挙げられているため、様々なステークホルダーへの吸引力となり、チームやリーグの新たなスポンサーを獲得することにもつながるだろう。また、旅客系や旅行系の企業がこれらのデータを活用することで、新たなサービス開発も可能になるのではないだろうか。

また、地方自治体が提供する行政サービスや地域通貨など、域内外のサービスを連動させることでさらなる行動変容を促し、地域の加盟店のネットワークを活用することも可能だ。

例えば、プロバスケットボールリーグであるBリーグは、SDGsを実現する取り組みや地域貢献活動を展開し、ウェルビーイングのプラットフォームになる活動を展開している。

極論として、スポーツに関わると元気になって良いことがあるという潜在的な意識を、実サービスレベルに幾重にも連携させてウェルビーイングを実現していく。NFTもスポーツベッティングも、日常データと連動させ、「楽しい暮らしの一部」という意識を健康という切り口で世の中に定着させることができれば面白いのではないだろうか。

従来のスポーツビジネスの観点では、コンテンツ（試合や選手）そのものの価値が係数となり、様々なビジネスが掛け合わされてメディアとしてのビジネスを形成してきた（放映権料や商標権など）。

他方、日常的にスポーツに関わる人は多く、人々が生成するデータも合わせてエコシステムを形成することでウェルビーイングを実現できる。これまで以上に広い視点でスポーツデータビジネスを捉え、人々がスポーツで元気になるビジネスを創出する好機だと考えている。

19・5 新たな産業を育てるためにはデータの保護が必要

一方、注意しなければいけない課題として、データのガバナンスが挙げられる。

これまで述べてきたように、スポーツデータはプロスポーツの試合や選手のプレー、学生やお年寄りを含めた個人の運動データまで、様々なレイヤーで生成される。

肖像権の絡むものやパフォーマンスデータなどの秘密情報、プライバシーに関するものも含まれており、データ管理などのガバナンスを確立していくことが急務である。

大きな潜在力を持っているスポーツベッティングを例にとると、海外のベッティング事業者が日本のプロスポーツ（Jリーグ、Bリーグなど）の試合情報を活用してサービスを提供しており、その儲け額は5兆～6兆円（スポーツエコシステム推進評議会レポート）と試算されている。

例えば、Ｊリーグの試合会場には海外の事業者から委託を受けてデータを作成する人員が配置されており、冒頭で述べたHAWKEYEなどのテクノロジーを使わなくても、データを作成し活用している。

リーグが公認していないデータを活用してベッティングが行われていることを是正し、本来の対価を得る意味でもデータの権利を規定し、プライバシーを保護する法整備が急務だ。

他方、センシングにより生成されたデータそのものに権利を定義し（例えば、Intelはスポーツ VR 配信用のカメラ〔TrueView〕から取得したデータに独自の権利を制定している）、これらをメディアなどの事業者に販売するなど、テクノロジーの進化によってもたらされたデータを新たな権利ビジネスに変えていく機会が増えている。ガバナンスと同時に議論し、様々な側面からの健全なスポーツデータビジネス市場の可能性を引き続き検討していきたい。

20 Deloitte Annual Review of Football Finance 2022／Ｊリーグ クラブ経営情報開示資料をもとにEYにて作成

第20章 製造業――EaaSで新たな価値を

20・1 様々な社会変化がもたらす業界の苦境

製造業のデータ活用は、ドイツ政府が2011年に発表したインダストリー4・0（第四次産業革命）を発端に先進企業を中心に取り組みが進んできたが、遅れていた日本企業でもデジタル化で生産情報を可視化し、新たなビジネスモデルを創造しようという機運が高まっている。

まず、業界を取り巻く事業環境の変化と主要課題、それに対するデータ分析の〝イマ〟を整理したい。そして、外部環境の変化に起因した近い将来起こりうる地殻変動、未来予測を試みる。

業況悪化をもたらしている主な社会変化としては、「**原材料価格の高騰**」、「**半導体／部素材不足**」、そして少子高齢化の日本が抱える「**人手不足**」が挙げられる。

製品の生産に欠かせない資源や原材料の輸入比率が比較的高い日本は、各国の貿易政策、制裁措置、通貨変動などマクロの影響を受けやすい。

また、ミクロで見ても、世界中に張り巡らされたサプライチェーンの影響を色濃く受ける。半導体に代表される資本財部品の輸入比率、輸入先集中度は主要国の中でも突出して高い。輸入先に供給制約が発生した場合、代替調達で埋め合わせることは難しく、生産活動に大きな影響を及ぼす構造になっている。

人手不足や人材不足については、全業種に共通する日本全体の課題であるが、製造業は79・9％の事業所が課題に挙げており、平均よりも高い水準となっている。とりわけ、高齢化に伴う熟練技術者や指導人材の欠落は特徴的だ。退職者の雇用延長や中途採用を通じた人材確保などの施策と併せ、デジタル技術活用による人手不足解消、円滑な技術継承が求められているのが実情である。

加えて、ここ数年で急激に影響力を強めてきた、注目すべき社会変化が**「カーボンニュートラル**（温室効果ガスの排出量と吸収量がプラスマイナスゼロの状態）」の推進である。

2021年COP26に端を発し、カーボンニュートラル実現に向けた国際的な議論は進展を遂げ、150を超える国・地域がカーボンニュートラルを目指すと宣言している。日本も2050年までの年限付き賛同国に数えられている。

特に製造業では、生産過程で消費し発生させている熱エネルギーが注目され、発電や生産方式の脱炭素化が求められる。このような時代の潮流も、製造業のビジネスモデルやコスト構造にインパクトを与える要因と見られている。

様々な社会変化に起因するコスト増加への対策として、値上げによる価格転嫁の動きが大企業を中心に急激に高まっている。ただし、値上げ幅には限界があり、苦戦している企業が多いのも実情である。

20・2 注目は「情報化投資」と「サプライチェーンの強靭化」

こうした中、一層重要度が高まっているのが次の2点だ。

①デジタル技術を活用した生産工程・業務変革
②サプライチェーンの強靭化

まず、1つ目の「デジタル技術を活用した生産工程・業務変革」については、原材料の高騰や人手不足に対抗すべく、業務効率化やコスト削減を目的に、生産工程や設備を改善する無形固定資産への投資（情報化投資）がトレンドとなっている[21]。工場・設備のIoT化、テレワークを筆頭にDXに関連した設備投資は大きな伸長を見せている。

第1章でも触れた通り、無形固定資産への設備投資額は、営業利益率と相関があると見られており、DXに積極的に取り組んできた企業と、そうでない企業との格差が生まれている。2020年時点で、半数以上の企業が無形固定資産の設備投資に慎重な姿勢を見せているが、見方を変えれば大きなポテンシャルを秘めているとも言える。今後しばらくは、業界をけん引する継続的なトレンドになると推察される[22]。

2つ目が、「サプライチェーンの強靭化」である。

先に述べた様々な社会情勢変化が生産活動に大きな影響を及ぼし、サプライチェーンの一極集中化による弊害が改めて浮き彫りとなった。

全産業中成長率はトップの予測

	2022年度見込（億円）	2026年度予測（億円）	22年度見込み比
製造業	54,550	69,450	127%
金融業	35,810	41,160	115%
小売／卸売業	20,900	24,700	118%
文教／官公庁／地方自治体	16,800	17,710	105%
物流／運輸業	8,488	10,150	120%
建設業	4,875	5,706	117%
不動産業	2,129	2,605	122%
サービス業（宿泊／外食）	1,790	2,110	118%
その他	56,630	61,540	109%

図表20-1　今後も増え続けると予想される情報化投資額[25]

2021年度に行われた、サプライチェーン強靭化に向けた今後の取り組みを聞いた調査[23]によると、約半数の企業が「調達先の分散」を挙げている。また、「国内生産体制の強化」、「標準化、共有化、共通化の推進」の割合も増加傾向だ。レジリエンス（予測できなかった事象・脅威から元通りに復元し、サプライチェーンを維持し続ける能力）[24]を備えたサプライチェーン管理を実現するため、従来の中国に大きく依存した生産からの脱却、分散化や複線化の重視といった傾向が見てとれる。

ただし、二次請けや三次請け企業を含めた適切な取引先選定や、製造拠点の把握が必要不可欠であり、それと「生産効率の追求」との両立が課題となっている。その解決に向けては、テクノロジーの駆使や新規プレイヤーの参入が求められている。

20・3　単なる業務改善からビジネスモデルの変革へ

こうした課題に対応するため、データを活用することで課題解決、ひいてはビジネスモデル変革を推し進める企業も現れている。

ＩＴ投資で解決したい経営課題に関する調査でも、経営者の意識が、業務プロセスの効率化やスピードアップからビジネスモデル変革に移っていることが分かる。ここで、具体的なデータ活用事例とビジネスモデルに与える影響について考察したい。

キャディは、製造業に特化した受発注プラットフォーム「CADDi MANUFACTURING」を主力サービスとして事業を展開し、急成長する新進気鋭の企業である。

メーカー（発注者）からの製品や部品の発注リクエストに対し、図面・仕様をもとに適切な加工業者（受注者）をマッチングし、納品までのサービスを提供するプラットフォーマーである。仕様のすり合わせ、試作、品質評価まで必要に応じて対応する点では、ファブレス（自社で製造設備を持たず製造は外部に委託するメーカー）の機能も有するユニークなサービスを提供しており、数千の取引実績を誇る。

キャディのサービスは、製造業全体の中でも特にサプライチェーンに位置する「調達」、かつ「多品種少量生産業界」と呼ばれる市場をターゲットとしている。

「多品種少量生産」とは、顧客のニーズを第一に考え、類似性の低い商品を必要な量だけ生産し提供する生産方法を指す。従来の主流だった大量生産と対極に位置し、近年の顧客ニーズの多様化、商品ライフサイクルの短期化を受け、また、インダストリー４・０で掲げられているマス・

カスタマイゼーションの文脈でも注目を集めている市場であり、その市場規模は約40兆円と言われている[26]。

このサービスが具体的にどうデータを活用しているのか、発注者と受注者それぞれが享受する便益という観点から考えてみたい。

まず、発注者サイドとしては、「見積もり業務のスピード化やサプライチェーン立ち上げ期間の短縮」が挙げられる。通常、複数の加工会社で相見積もりを取得した場合、2週間程度を要するが、設計情報や入力されたパラメータをもとに、7秒で即座に見積もり結果を出すユニークなシステムを提供している。併せて、加工の種類に応じて、「どの町工場に依頼すべきか」をレコメンドしてくれるため、特に発注側に知見のない新製品開発の際には、非常に大きなメリットを享受できるだろう。また、一部では、サプライチェーンの立ち上げには通常2年ほどかかるところを3カ月で取引開始まで実現した、という事例も見受けられ、「調達」領域でサプライチェーンの強靭化に一役買っている。

一方、受注者側も、様々な便益を享受できる。前述の通り「強みや特徴」を軸に案件を受注できるため、新規の発注者を開拓できる、取引先1社に依存することによる不利な交渉を回避できる、自社で製造できない部品の孫請け外注が不要になる、といった点が挙げられる。

データを中心とした顧客バリューチェーンでの新規事業創出

さらに、取引を通じて蓄積したデータに基づき、顧客のバリューチェーンに対して付加価値を創出しようとする計画もあるようだ。例えば、受注側の多くは中小規模の町工場であり、一般的にキャッシュフローが安定しないという特徴がある。資材や原材料の調達から入金まで半年以上かかり、運転資金に苦戦するケースが少なくない。これらの町工場に対し、過去の取引の実績などをもとに信用情報を測定し、融資機能を提供しようとしている。

これはIoT与信にも近い考え方である。IoT与信とは、テスラがドライバーの運転行動に基づいた「テレマティクス保険サービス」を提供している例にも見られるような、実績データに基づき信用情報を判断し、そのデータをテコに新規事業を展開する、というものである。このような「コアビジネスを通じてデータを集積する仕組み」と「データを起点とした多角化」が成長のドライバーになっている[27]。

20・4 5つのトレンドとそこから生まれるビジネスチャンス

ここで重要なのは、「効率的にデータを収集する仕組み」と「収集データを活用したサービスを顧客のバリューチェーン全体に適用する新規事業構築」であり、製造業におけるデータビジネスを考える上での要件と推察できる。

元来、〝モノ〟の販売を中心に据えてきた製造業でデータビジネスを展開するなら、〝コト＝サービス〟を柱としたビジネスモデルを構築すべき、というのが1つの見解と言える。つまり、「継続的なサービス提供を通じた価値創出＝リカーリングビジネス」に商機があるのではないかと考える。

リカーリングビジネスは古くからあるビジネスモデルとはいえ、製造業では適用が進まない現実があった。〝モノ〟売りの成功体験も一因だが、主な要因の1つとしてはバリューチェーンの構造が考えられる。

これまでの製造業では、販売は代理店や販売店が行うことが多く、顧客にリカーリングサービスを提供すると、いわゆる「代理店外し」の構造となってしまい、コンフリクトが生まれる。この代理店との摩擦への配慮からリカーリングモデルを断念するメーカーも多く見られ、メーカーが提供する主力商品のリカーリングビジネス化、つまり〝コト〟化は困難になっている。この「壁」に対して、サービスとしての機器、つまりＥａａＳは新たな示唆となりうる。

データ収集の問題を解決するEaaS

ＥａａＳはメーカーの主力商品ではなく、製品製造設備や工場自体をサブスクリプション化し、定期的に運用料金を受けとるモデルだ。これにより、前述した代理店との摩擦を避けられる。発注者は、設備機器を購入するための費用、初期設備投資、導入リードタイムを削減できるメリットがある。前述のマス・カスタマイゼーションに見られるような、流動的な顧客ニーズに応えるケイパビリティを、必要に応じて必要な分だけ獲得して発揮することが可能となる。

設備提供側（受注者）は、通常のレンタル同様、未稼働機械をマネタイズすることにより短期的な収益を上げることができる。同時に、ＩｏＴ活用により半自動的に稼働状況、エネルギー消費量、使用頻度、摩耗状況などを把握することでデータを蓄積できる。自社利用だけでは得られない量のデータを集めることができ、新たな使用方法を発見できるので、設備生産性を高めるヒントを獲得できる。このように、稼働実績など機器特有のデータは、先に紹介したような改善や付加価値あるサービスへの展開が期待できる。

なお、ＥａａＳはグローバルな展開が狙えると予想する。

というのも、東南アジアなど一部地域では、日本製の設備を購入する資金を調達することが困難だ。設備を利用したくてもできないケースが想定され、ＥａａＳのニーズが相対的に高いと見られる。運営資金に窮している実情は、日本の町工場とあまり変わらないと考えられるため、過去の取引実績や企業属性データから算出した信用情報を活用し、融資や資金調達のビジネスを展開できると期待できる。

また、他社に設備を利用してもらうことで、これまでにない価値が生まれる可能性がある。発注タイミング、個数、形状、配送先など、時間的および空間的な情報を組み合わせて分析することにより、社内の営業戦略立案、商圏の特定、需要予測など、事業領域への利活用もできるだろう。データを分析して活用することで、工場を運営しながら各国／地域の動向を推察できるようになるだろう。

こうしたデータを中心とした活動は、製造業における部門やプロセスごとの「サイロ構造」を打破する可能性を秘めている。現在、設計、製造、リソース計画など、それぞれにおいてシステムやデータの最適化が行われており、システム間でのデータの連携が行われていないケースが多い。このような状況下では、データビジネスが生まれるはずもない。

逆説的ではあるが、データビジネスへのパラダイムシフトは、データを起点として部門と部門をつなぎ、旧態依然とした製造業のあり方を変革する起爆剤となるかもしれない。

21 中小企業庁「２０１８年版中小企業白書」第2部第5章第3節「設備投資による生産性向上」
https://www.chusho.meti.go.jp/pamflet/hakusyo/H30/h30/html/b2_5_3_0.html

22 経済産業省「令和3年度　ものづくり基盤技術の振興施策」
https://www.meti.go.jp/report/whitepaper/mono/2022/pdf/all.pdf p.114

23 経済産業省「令和3年度　ものづくり基盤技術の振興施策」
https://www.meti.go.jp/report/whitepaper/mono/2022/pdf/all.pdf p.63

24 Yossi Sheffi "The Resilient Enterprise: Overcoming Vulnerability for Competitive Advantage (English Edition)" The MIT Press, 2007

25 富士キメラ総研「業種別IT投資/デジタルソリューション市場 ２０２２年版」

26 Forbes Career「作業着を纏い、泥臭く進む元エリート。40兆円市場に潜む不条理を壊す」
https://career.forbesjapan.com/story/22

27 日経XTECH「『テスラ保険』がテキサスで始動、総取り狙うマスク氏の深謀」
https://xtech.nikkei.com/atcl/nxt/column/18/00141/112200140/

第21章　自動車――「良いクルマづくり」から「良い社会の構築」へ

21・1　最も大きなトレンドはEV化

自動車業界は「100年に一度の変革期にある」と言われて久しいが、自動車発展の軌跡を考えると、100年に一度ではなく、抜本的なパラダイムシフトが起こっていると捉えた方が適切である。

現在、環境対応、テクノロジーの進展、「モノからコトへ」をはじめとした消費者の価値観の変化などにより、**乗用車の商用車化が進展すると同時に、社会インフラ化が急ピッチで進んでいる**。これは一般消費者が乗用車を購入し保有する時代の終焉、つまり自動車という存在自体の見直しが求められる時代が到来していると言えよう。

自動車業界に限らず、世の中の変化のスピードは速い。また、気候変動などの社会アジェンダは、業界や国をまたぎ、グローバルに取り組むべき課題である。

現在、自動車業界で進む最もインパクトの大きなトレンドは、地球温暖化と脱炭素への対応、すなわち、脱ガソリンエンジン、ディーゼルエンジンの動向である。

自動車業界には、これまで様々な規制やルールが敷かれてきた。産業革命以降の環境問題の深刻化に始まり、京都議定書以降、温室効果ガス規制は一段と厳しさを増している。ここ数年、世界レベルで自動車メーカーの不正や不備を目にすることも多いが、技術的にもコスト的にも、もはや1社では対処できないほど厳しい対応が求められている。

また自動車産業は裾野が広く、GDPに大きな影響を及ぼすため、各国の産業〝競争〟戦略に位置づけられ、政治的な影響を強く受ける。例えば、電気のみをエネルギー源として走行する完全なBattery Electric Vehicle（略称BEV）だとしても、グリーン電力でない場合などはカーボンニュートラルにはならないが、BEVをはじめとするEV化の進展は止まることがなく、既存の自動車メーカーやサプライヤーは対応を求められる。

リチウムなどの希少資源や半導体などの供給不足が市場や業績に与えるダメージも顕在化しているが、サプライチェーンの改善や新たな技術方式の開発が急ピッチで進められており、影響は限定的と見ている。

さらに、EV化が自動車産業に大きなインパクトを与える別の理由は、他業界からの参入障壁を下げることにある。エンジンは3万点の部品からなるのに対し、BEVの構成要素であるモーター部品は100点とも言われており、日本の製造業の強みであった〝すり合わせ（部品やモジュールを独自に設計し、互いに調整しながら組み合わせることで、高品質な製品を作り上げる技術）〟は必要なく、部品の組み合わせで成立可能なのである。

これにより近年、テスラやBYDなどの新興メーカーが参入し、従来の自動車ユーザーが生業転換する、つまりユーザーがメーカー化する例が後を絶たない。また、BEVはソフトウェアとの親和性が高い。従来は、クルマに閉じた、もしくはクルマ起点の車両制御系や情報系のソフトウェアだったのが、運行管理や稼働管理、クルマの使い方に即した快適・安心機能、さらに都市や社会インフラとの連携などを備えたものへと進化している。よって、そこに強みを持つGoogleやアリババなどのＩＴプラットフォーマーやスタートアップなどの存在感が増しているのである。

自動車業界は異種格闘技戦へ突入

地球温暖化や脱炭素対応に加え、考慮しなければならないトレンドは、人口動態や消費者の生活スタイルの変化により、価値観が〝モノ〟から〝コト〟へ、さらには〝トキ〟へと変わっていることである。これにより、乗用車であれ商用車であれ自動車のベース需要となる、ヒトの移動とモノの移動は、２０３０年に向けグローバルでそれぞれ１・５倍、１・９倍に増える（２０１９年比）[28]。

日本や米国をはじめとする先進国に限らず、世界中でドライバー不足と言われる現状の要因の１つはここにある。また同時に、乗用車の商用車化のさらなる進展も、ＣＡＳＥ（Connected, Autonomous, Shared & Services, Electrification の頭文字をとり、「ケース」と呼ばれる）を軸に見ると明白である。

つまり、電動化が進み、様々な出自の新興プレイヤーが参入する。脱炭素をはじめ社会負荷を軽減しようというトレンドや、モノからコトへの価値観変化からシェアリングエコノミーが進展する。そして、つながる技術の進化により、クルマ、ヒト、モノ、事業者、社会インフラなどがシームレスに連携することになる。

クルマは、「保有するもの」から「利用するもの」となる。つまり、個人ではなく事業者や地域、社会が保有し、あらゆるものとつながりながら、輸送をはじめとするサービスを提供することになる。自動運転が本格化すれば、クルマは社会インフラの側面がなおさら強くなる。これが、商用車化と言われる所以である。

もちろん、国や地域、使われ方や時期などにより進展度合いは異なるが、すでに先進国や先進都市では販売台数などにも表れている。グローバルかつ長期的に見ると、この方向へ進むことは間違いない。

21・2 自動車業界にとってのデータの意味が大きく変わる

これまでの自動車業界では、情報管理といえば、従来の自動車事業、つまりクルマを製造して販売する事業での活用を指し、自社内で完結するものだった。必要最低限のデータを自社システムに登録する類のものに留まり、地域や自動車バリューチェーン（例えばメーカーとディーラー）などで共有されないことも多々あった。

例えば、乗用車であれ商用車であれ、ユーザー情報は営業マンやディーラー、部門などのコア資産であり、囲い込むことが当然であった。その結果、自動車ユーザーにとっては、メンテナンスや買い替え時、また問い合わせなどにおいて、営業間、部門間、地域間で連携されておらず、不便極まりないことが多々発生していた。その結果、自動車事業の収益の柱である補給部品や整備、買取や買い替えなどで他社にとられてしまう、いわゆる〝囲い込み〟に失敗するという事象が多く見受けられた。

それ以前の「作れば売れる」時代では、情報管理やデータ活用の重要性や必要性がそれほど認識されていなかった、と考えることができるかもしれない。

現在、情報システムやテクノロジーが高度化し、自動車業界の意識が変化したことにより、またサイバーセキュリティをはじめとするリスク管理の観点から、情報・データ管理の重要性は浸透してきているように見える。しかし、それはあくまで守りとしての「管理」であり、攻めのデータ「活用」に至っていない。

例えば、大手独メーカーは数年前、商用車の販売の停止を検討した。車両を売り切りにした結果、収益の柱であるアフターセールス領域まで顧客を引きつけ続けることができず、他社や他業界に流出してしまったことが1つの理由だ。これに対して、車両を自社で保有しつつ、メンテナンスリースにより車両を提供することで、顧客を囲い込む意図があった。これは本末転倒であり、もちろん、ディーラーの反発や顧客からの苦言もあり検討は中止となった。

自動車に関連したデータにどの程度の価値があるのか

そもそも、自動車関連のデータは、他の業界から見ると喉から手が出るほど欲しい〝宝〟である。

車両の稼働状況、位置、ドライバーの運転状況、健康状態、荷室の温度や荷物の揺れ、腐敗状況、道路混雑や倉庫状況など、ヒト・モノ・周辺環境に関するあらゆる移動データがとれるからである。

また、その移動前後のデータを解析することで、モノやコトの需要予測ができ、さらに予測の先に、その需要をコントロールすることまでできるようになるからである。その実現に最も近いプレイヤーの1つがAmazonである。

Amazonは、タッチポイントを増やし顧客のニーズを的確に把握することで、データを小売や保険などの事業拡大に活用できる可能性だけでなく、生活プラットフォームを形成し、顧客周辺の生活流・商流・物流を掌握しコントロールしようとしているように見える。つまり、上位情報の個人の生活や企業の行動を押さえることにより、事業機会を拡大し、カネの流れを押さえることにより物流の効率化（予測含む）を図る。

実際に近年、自社物流を強化し、また、クルマづくりにも着手していることから、前述の「ユーザーのメーカー化」や「荷主のメーカー化」を体現している。人々のライフスタイルや企業活動を支えながらも、あらゆる〝流〟をコントロールし、経済社会の最適化構築に向かっていると言えるのではないだろうか。

なお、国家安全保障の観点からも、自動車関連データの位置づけは重い。それは、どこで何がどのくらい生産・製造され、誰がどこに運ぶかなどが示されるからである。悪意を持った第三者が経済の血液である物流にダメージを与えたり、主要施設を攻撃しようとすることも、この自動車関連データを掌握することで可能になる。

自動運転をはじめ、電子化、ソフトウェア化が進めば進むほど、外部からの車両乗っ取りリスクも増大する。10数億台に及ぶ車両を暴走させることがあってはならず、その観点からも自動車関連データの重要性は高い。

2020年に経済産業省が発表した「物流分野におけるモビリティサービス（物流ＭａａＳ）勉強会とりまとめ[29]」では、物流ＭａａＳ（Mobility as a Service）が解決すべき社会課題のカギの1つが、データの共有化と標準化であった。

これは、自動車メーカー、サプライヤー、荷主、物流事業者、通信事業者、スタートアップなど、通常はライバル関係や顧客関係にある主要事業者が、業界をまたがって日本の未来に向けて立場を超えて実践的に課題解決をする取り組みを著者らが支援したものだ。混載や共同配送、マッチングや電動化などの複数テーマに対し、データの共有化と標準化については、ほとんどの参加事業者が、競争ではなく協調領域であるとして認識が一致した。

今後、乗用車の商用車化に伴い、クルマがより社会インフラ化する中で、自動車データの安全性や各プレイヤーのコア情報を守りながらデータ連携・協調して全体最適を目指すことが求められよう。

21・3 CASEからBeyond CASEへ

自動車業界に限らず、モビリティは業界をまたいだ注目テーマとなっている。なぜだろうか。

これまでモビリティは、社会的活動のために空間的に移動すること、もしくはその能力（手段）であり、乗用車そのものを指していた時代があった。つまり、モビリティ＝自動車であった。ところが現在、アセットの所有から利用へとシフトする傾向に伴い、多目的の移動手段をつなぐマルチモーダルまで含む概念に変化し、さらに、単なる「移動の最適化」ではなく、「都市計画やその持続的運用」の中心に置かれつつある。

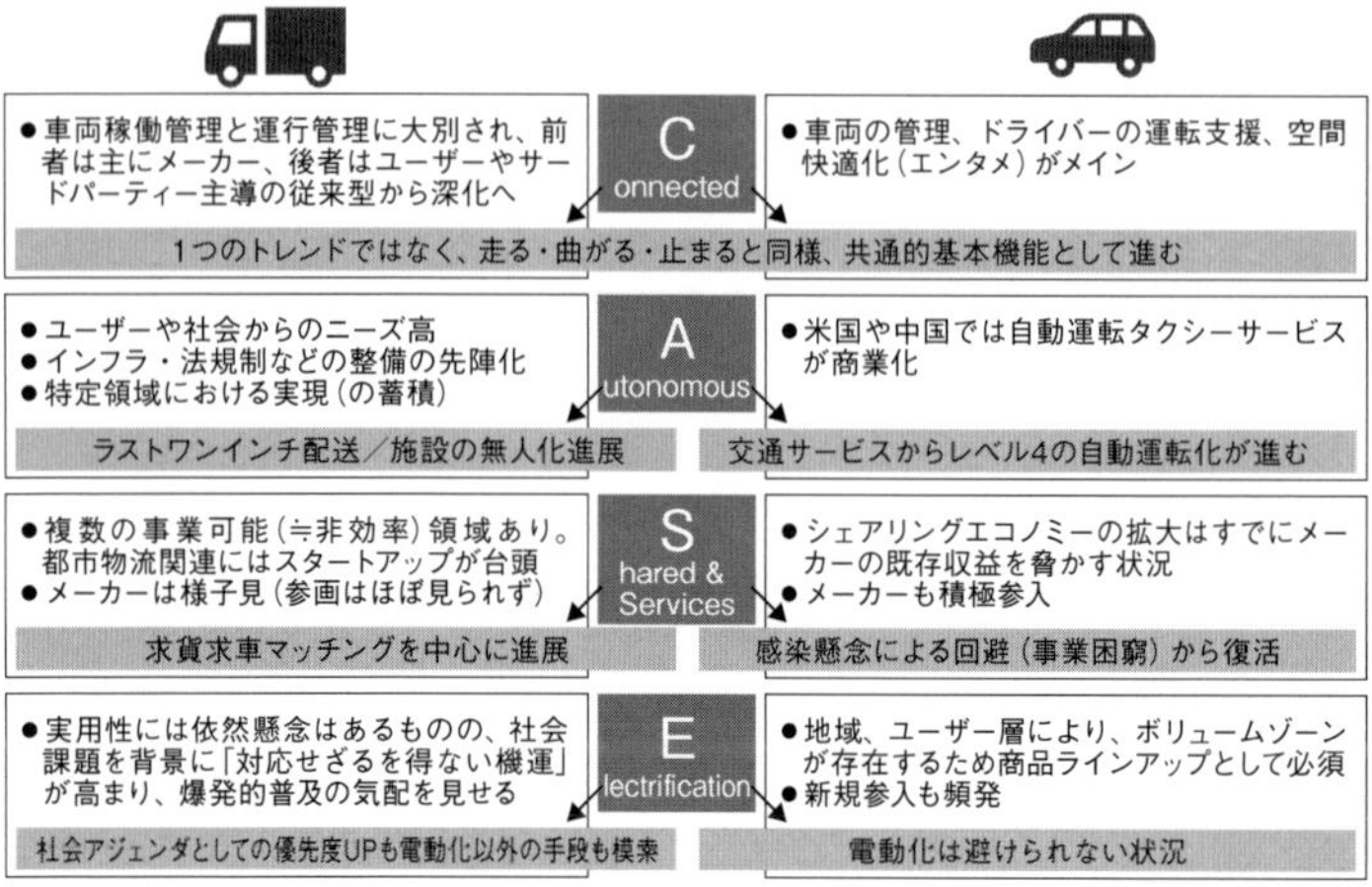

● 車両稼働管理と運行管理に大別され、前者は主にメーカー、後者はユーザーやサードパーティー主導の従来型から深化へ	**C**onnected	● 車両の管理、ドライバーの運転支援、空間快適化（エンタメ）がメイン
1つのトレンドではなく、走る・曲がる・止まると同様、共通的基本機能として進む		
● ユーザーや社会からのニーズ高 ● インフラ・法規制などの整備の先陣化 ● 特定領域における実現（の蓄積）	**A**utonomous	● 米国や中国では自動運転タクシーサービスが商業化
ラストワンインチ配送／施設の無人化進展		交通サービスからレベル4の自動運転化が進む
● 複数の事業可能（≒非効率）領域あり。都市物流関連にはスタートアップが台頭 ● メーカーは様子見（参画はほぼ見られず）	**S**hared & Services	● シェアリングエコノミーの拡大はすでにメーカーの既存収益を脅かす状況 ● メーカーも積極参入
求貨求車マッチングを中心に進展		感染懸念による回避（事業困窮）から復活
● 実用性は依然懸念はあるものの、社会課題を背景に「対応せざるを得ない機運」が高まり、爆発的普及の気配を見せる	**E**lectrification	● 地域、ユーザー層により、ボリュームゾーンが存在するため商品ラインアップとして必須 ● 新規参入も頻発
社会アジェンダとしての優先度UPも電動化以外の手段も模索		電動化は避けられない状況

図表21-1　Beyond CASE

モビリティの対象には、ヒトだけでなくモノも含まれ、また、１つの産業や手段だけを指すものではなく、社会や生活をつくり維持する役割に深化・進化することになる。これが、あらゆる業界がモビリティに注目する理由である。

また、前述のＣＡＳＥへの転換と合わせると、自動車業界へのインパクトは顕著である。脱ガソリン・ディーゼル車は、「一気×全面」ではなく、「段階×まだら」に進む（ＣＡＳＥのＥ）。これは先述の通り、国や地域によって使われ方や規制、ルール、商習慣の進展が異なるためであり、その社会・生活インフラや業界動向に適した形で進展する。

自動運転も一気に自動運転レベル（運転の主体や自動運転の技術到達度、走行可能エリアなどによって「ＬＶ０」から「ＬＶ５」の６段階で定義）のＬ５（完全運転自動化）にはなりえないが、Ｌ３（条件付き運転自動化）、Ｌ４（高度運転自動化）はドライバー不足などをはじめとする社会負荷軽減に向けて社会実装され

（A）、共同輸配送やマッチングなどのサービスのみならず、共有アセットとしてシェアされるようになる（S）。

これらは、自動車の〝内〟だけでなく、V2V（Vehicle-to-Vehicle、通信機器を搭載したクルマ同士で通信して情報を交換する自動車間通信）、V2I（Vehicle-to-roadside-Infrastructure、自動車と道路に設置された通信設備との間で情報をやり取りする技術）、V2P（Vehicle-to-Pedestrian、自動車と歩行者の所持しているスマホで通信を行うシステム）、V2N（Vehicle to Network、車両と無線通信ネットワーク間の通信）などを通じて〝外〟とコネクトする必要性を意味する（C）。これがクルマのスマート化を支えるだけでなく、様々なデータ活用、すなわち事業機会の創出につながってくる。

自動車業界は、従来のゲームルールでは車両の付加価値を高めるためのハードウェア開発で競っていたのに対し、今後は〝使われ方〟を起点とするサービスソフトウェア開発と車両設計を競っていくことを認識しなければならない。

具体的には、自動車VCが進化して拡張し、企画（顧客起点のソフトウェアファーストな設計）、部品調達（キーコンポーネントの占有）、組立・販売（売り切りからサービスへ）、AS（最適車両数によるオペレーション支援／ダウンタイム最小化）、利用・利用後（顧客基盤・顧客起点のサービス設計、社会インフラ・地域連携）がKSF（重要成功要因）となる。

これがいわゆるBeyond CASEと言われるトレンドであり、今後自動車業界が向かう方向性である。

モビリティはデータ活用の巧緻が生命線となる

Beyond CASEでは、事業のつくり方が様々な事業者と連携したものになり、モビリティエコシステムの構築が求められるため、データは否が応でも多種多様に連携される。

ただし、データガバナンスモデルは国によって異なる。

例えば、米国はWinner Takes All（勝者総取り）モデルであり、巨大プラットフォーマーがデータを吸い上げ経済圏を形成することを目指す。

一方、欧州は個人尊重モデルであり、企業が恐る恐るデータを使うため、第四次産業革命の妨げになっている。

中国も政府主導モデルであることから、国内での進展は迅速である一方、国外プレイヤーの参加のハードルとなっている。

日本は第4のモデルとして、例えば、データを所有する企業同士が連携しながら主導することが考えられる。ただ、日本の自動車関連プレイヤーが海外展開する際は、国や地域によってデータ利活用における「市場ルール」が異なるため、横展開するのではなく、国ごとの展開シナリオを検討する必要がある。

いずれの場合も重要なのは、例えば自動車メーカーが個別のデータ形式を使ったり囲い込みをしたりしない、という点である。先の通り、消費者や利用者起点でモビリティを捉える時代では、ブランドごとにデータが異なることは、不便で非効率以外の何ものでもない。

実際に、大手自動車メーカーやディーラーが徐々にブランドの統合を進める背景には、自社の意向以上に、顧客の声や社会要請が強いことがある。

Beyond CASE／MaaSを背景に、自動車は「良いクルマづくり」から「最適な移動提供」、さらには「より良い社会・地球の構築」へと、果たす役割が変わっていく。

自動車リースを主業とする蘭大手リースプランは、車両データ、顧客データ、市場流通データを活かした、グローバルな自動車バリューチェーン全体を巻き込んだデータの有機的な連携を通じ、自社を中心としたエコシステムを構築し、収益性向上を図っている。

同社は、130万台とも190万台とも言われる車両データを軸に、AIやアルゴリズム、機械学習の領域へ戦略的投資を行っている。グローバルな車両データや顧客データの管理基盤であるNext Generation Digital Architectureや、中古車の流通データ活用基盤であるAsset Control Towerを自前のデータサイエンティスト中心に構築しており、データ活用では競合を寄せつけない成果を得ている。

また、中国のJD.comは物流データの統合によって車両の提供から物流の最適化までワンストップで提供し、フリート顧客が抱える「物流の効率化」という難問を解決している。パートナーは自動車メーカーや物流事業者だけでなく、Eコマース大手やコンビニエンスストアを運営するタイ財閥まで含まれ、業界や国の垣根を超えたエコシステム形成を実現しつつある。さらに、グリーン倉庫、パッケージリサイクル、輸送の電動化など、物流のグリーン化にも取り組み、物流データプラットフォーマーのポジションを確立しつつある。いわゆる、リアルとデジタルを融合するエコシステムを実現させたモデルとも言えよう。

21・4 自動車という存在が生き残るために

最後に、未来に向けた自動車業界のデータビジネスについて、ヒトの移動（人流）とモノの移動（物流）という観点、そして日本企業の立ち位置という観点からその方向性を考えたい。

人流データについては、移動の前後、いわゆるＭａａＳデータを活用するビジネスに対して、従来のデータ販売からＢＩ（ビジネスインテリジェンス）ツール提供、そして政府、地方自治体、事業者が各自それぞれにアナログ手法で実施してきた領域のＤＸ化、といった「範囲の拡張」という軸と「高度化」という軸で考えることができる。

前者は年間あたりの件数といった頻度、後者は1件あたりの単価といった品質に言い換えられ、この掛け算でビジネス規模を計れるだろう。

これまでは、ＧＰＳ位置情報などの消費者行動の分析材料として活用するだけに留まり、価値は高くなかった。それがここへ来て、位置情報に複数データを組み合わせることで移動理由や消費行動を推定できるようになり、小売事業者向けの商圏分析ツールのほか、観光事業者向けの経路検索やプローブデータ（ブレーキ・速度計・カーナビ・ドライブデータなどの移動体通信システムを用いて取得されるデータ）などをもとにした交通分析が提供できるようになっている。

今後は、「どんな人が」、「どこで」、「何を購入しているか」などを把握することによる、行動変容を伴うような打ち手の立案、およびＡＩによる事前検証や評価、実行検証ができるのではないだろうか。移動理由やモーダル情報（カメラによる視覚情報、触覚センサーの触覚情報など）、消費情報、属性情報などを解析し、これらを自治体向けに都市課題の解決策を立案するのに役立

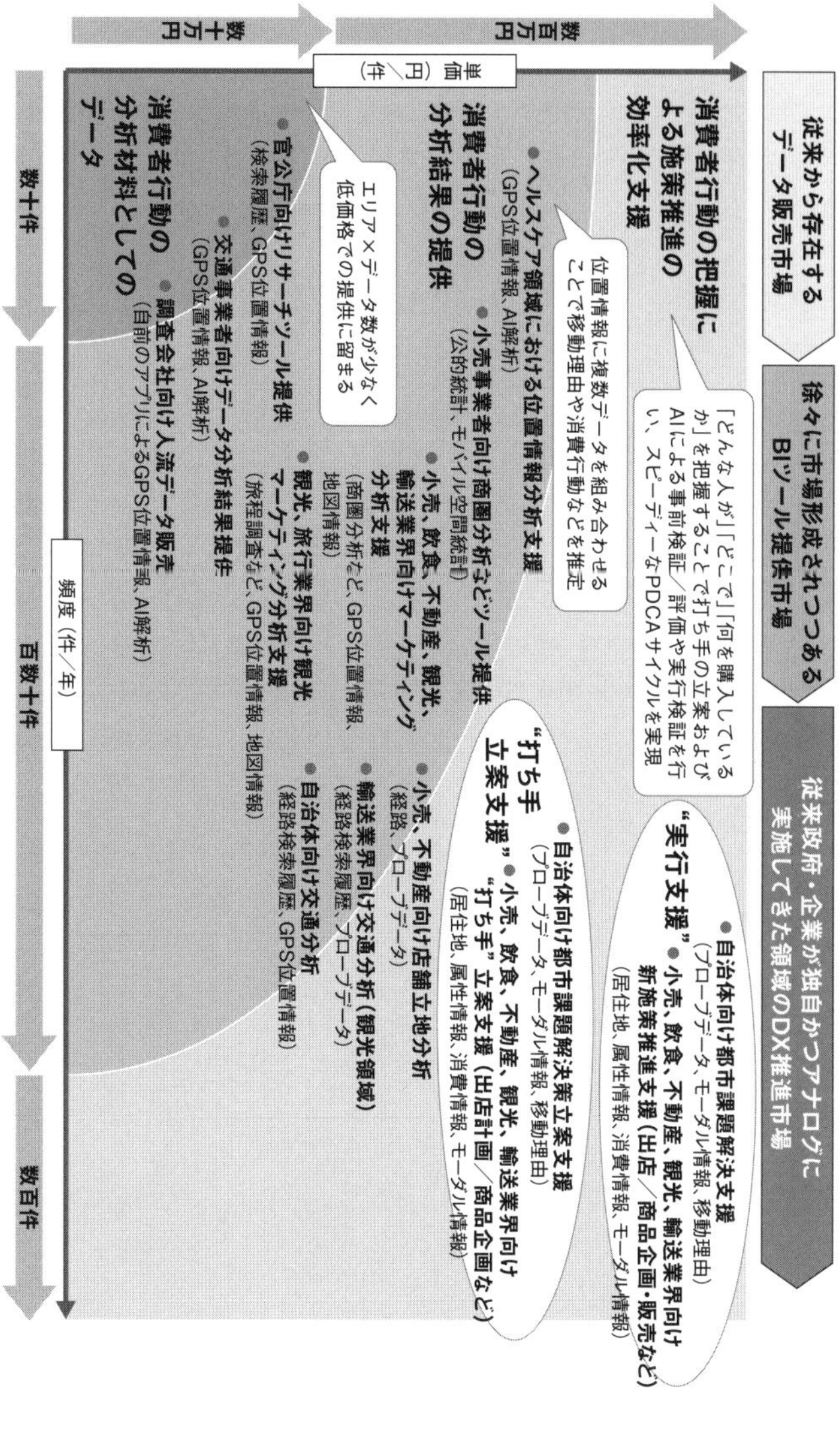

図表21-2　自動車業界におけるデータビジネスの方向性[30]

てたり、小売、飲食、観光、医療、輸送などを組み合わせたエコシステムの構築に活用することも可能になり、これは1件あたり年間数百件×数百万円の事業規模が予測される。

一方で物流については、先述の通り、データ活用の前段として、多種多様なデータが収集できる。

そもそも、クルマだけでなく、荷物、倉庫、ドライバー、道路や交通インフラ、クルマ以外の鉄道、飛行機、船舶、ドローンなど連携先が多いからである。例えばこれらを地図上で動的に可視化するだけでも、比較的連携しやすいクルマ（トラック）やドライバーのデータから、電力レジリエンスの強化や交通事故救命率の向上といった事業機会が現実的にある。

これに、荷物、倉庫、荷主など連携の難しさが増すデータを加えると、ごみ不法投棄削減、交通弱者の事故防止・防犯といったユースケースが考えられる。さらに、予測やレコメンド機能で発展させると、バーチャル都市構築による都市政策の最適化、地方分散化や地産地消の進展（地方創生）など、経済社会の最適化が実現できる。

いずれもインパクトは大きく、日本国内で数億円から数兆円（地産地消）の市場創出が見込まれる。物流クライシスは日本でも最も注目される社会課題の1つであるが、よく言われるようなデータ活用による配送経路の最適化に留まるのではなく、自動車業界以外のプレイヤーも巻き込み、デジタルとフィジカル両面での有機的連携により蓄積される多種多様なデータを物流領域以外に活用することがポイントだ。単体ではなく、組み合わせによる複合事業化を探索することが求められる。

また、自動車業界のデータビジネスについては、従来の自動車関連プレイヤーだけでなく、今後モビリティ業界に参画する事業者にもチャンスが広がると見ている。そこで、日本企業だからこそ可能な、データの獲得や活用に向けたポジション確立のステップを提示したい。

モビリティ事業においては、前述の通りデータを押さえることは必須であり、宝の山をめぐって各社が参入しようと投資を続けているが、一足飛びにデータは掌握できない。まず、モビリティ事業の構成要素ごとに、例えば、これまで培った画像認識、決済基盤、運行管理などの機能を提供することで、対顧客やパートナーへの安心感を醸成し、モビリティ事業に必要なデータ共同利用化へコマを進めるのである。

我々は多くの新規参入プレイヤーが、固有のプラットフォーマーの立ち位置を志向し、頓挫する姿を目にしてきた。ここで重要なのは、独りよがり、かつクローズドなプラットフォーマーとしてデータを押さえにいくのではなく、特に日本企業の事業者の強みである信頼性や独自性を活かし、モビリティサービスとの連携機能を構築することである。

一方で、弱みであるスピード感や業界外との連携などを克服し、単なる支援者でも独裁者でもない、共同〝推進者〟として関与することで、結果的にデータ所有者のポジションを得られると考えている。一見すると遠回りのようであるが、Win−Win−Winのモデルをつくるためには、協創のマインドセットが必要不可欠なのである。

ＢｅｙｏｎｄＣＡＳＥ／ＭａａＳを背景に、自動車業界は、移動に関連する多種多様なデータを利活用し、「良いクルマづくり」から「最適な移動提供」、さらには「より良い社会・地球の構築」へと果たす役割を変えていくことで、自動車という存在自体が見直される時代を勝ち残っていくことができる。

28 世界1600の都市・地域を、人口、GDP、政策・規制、テクノロジーなどの要素をもとにグループ化（6分類）し、ヒト↔モノの移動トレンドなどを反映し、EY Commercial Vehicle Team試算

29 経済産業省「物流MaaS勉強会とりまとめ」
https://www.meti.go.jp/shingikai/mono_info_service/butsuryu_maas/20200420_report.html

30 各種公開情報、EYによるインタビューなどに基づく

第22章　公共――求められる民間の活力

22・1　急ピッチで進むデジタル政策

以前より、日本の行政におけるデジタル化の遅れは指摘され続けていたが、コロナ禍への対応をきっかけに、海外と比較される場面も多くなった。結果、今まで以上に日本の行政におけるデジタル化の遅れは広く認知されることになった。後述する「デジタル社会の実現に向けた重点計画」でも述べられている通り、コロナ禍への対応では、

- 国や地方の情報システムがバラバラで十分な連携がなされていなかったこと
- マイナンバーなどのデジタル基盤に関する制度や手続きの所掌が複数の府省庁に分散していたこと
- 各府省庁で所管業界を対象としたデータ利活用の推進などが図られたものの、府省横断的な視点が十分ではなかったこと

などにより、非効率やシステムトラブルの発生など様々な課題が明らかになった。

一方で海外に目を向けると、ここまでの章でも言及した大手プラットフォーマーを中心に、コロナ禍以前からデータを武器に急激な成長を遂げる企業が複数勃興しているほか、一部の国や地域においては、政府などの公的機関においてもデータを活かした政策立案や実行が進展しており、コロナ禍対応における様々な場面において、海外に比べ日本が遅れている現状が顕在化することとなった。

こうしたデジタル技術やデータ利活用の潮流に対して、府省庁や自治体が共通の戦略や方針もなく、個別に場当たり的な対応をしている限り、日本は世界の流れに乗り遅れ、国際競争力が低下してしまう。こうした認識のもと、2020年に「デジタル社会の実現に向けた改革の基本方針」（以下「デジタル改革基本方針」）が策定され、2021年9月1日、デジタル庁が発足した。また、その直後の12月24日には「デジタル社会の実現に向けた重点計画」（以下「デジタル社会重点計画」）が閣議決定され、その半年後の2022年6月7日には、改定版の「デジタル社会重点計画」も閣議決定され、日本のデジタル化が急ピッチで進められている状況にある。

22・2 国、地方自治体、民間が一体となって進める改革

この「デジタル社会重点計画」では、「誰一人取り残されない、人に優しいデジタル化を」という目標を掲げ、デジタルの力で、国民生活の利便性向上、官民の業務効率化、データの最大限の活用などで安全・安心を前提としつつ、個人を、地域を、産業を、国を、世界を支えることを

目指している。

そのためには、国や地方公共団体、民間事業者などの関係者と連携した社会全体のデジタル化の推進をデジタル・規制・行政の一体的な改革で進めることが必要とされており、その実現に向けた羅針盤として重点計画が位置づけられている。

その中では、デジタル化の7つの基本戦略として、「デジタル社会の実現に向けた構造改革」、「デジタル田園都市国家構想の実現」、「国際戦略の推進」、「サイバーセキュリティ等の安全・安心の確保」、「包括的データ戦略の推進」、「デジタル産業の育成」、「Ｗｅｂ３・０の推進」が掲げられている。また同時に、「目指す社会を実現するために施策を展開する分野」として、

①国民に対する行政サービスのデジタル化
②暮らしのデジタル化
③規制改革
④産業のデジタル化
⑤デジタル社会を支えるシステム・技術
⑥デジタル社会のライフスタイル・人材

の6つの具体的な施策の分野が示されている。

デジタル社会の実現という意味では、どれも重要な分野であり欠かせないものとなるが、本書のデータの利活用という観点では、「包括的データ戦略の推進」の基本戦略とその主な関連施策分野と言える「①国民に対する行政サービスのデジタル化」が最も関連が強い分野であり、ここ

に着眼することで将来の官民におけるデータ活用の姿が見えてくると考える。

22・3 マイナンバーで国民の生活がデジタル化する

近年、国民の生活に影響する国のデジタル化の動きとしては、マイナンバーカードとその普及施策が挙げられる。

マイナンバーカードの健康保険証としての利用推進、運転免許証や在留カードとの一体化、公金受取口座へのマイナンバーの紐づけ、マイナンバーカードの機能のスマホへの搭載の実現など、日常生活でも影響を感じる様々な社会のデジタル化の施策が打ち出されている。しかしこうした施策は、今後のさらなるデジタル社会の実現に向けた大きな構造改革の基盤構築にすぎない。

デジタル庁は、マイナンバーカードというデジタルに対応した本人確認証としての仕組みを軸に、行政で得られる様々なデータを統合し、その上で様々なデータの利活用を可能とする官民連携、自立型のデジタルエコシステム社会の実現といった大きな構造改革を目指している。

「デジタル社会重点計画」の中の「①国民に対する行政サービスのデジタル化」の分野では、さらに5つの施策として、

(1) 国・地方公共団体・民間を通じたトータルデザイン

(2) 新型コロナウイルス感染症対策など緊急時の行政サービスのデジタル化
(3) マイナンバー制度の利活用の推進
(4) マイナンバーカードの普及及び利用の推進
(5) 公共フロントサービスの提供等

が示されている。

ここでは、データの利活用という本書のテーマを鑑みて、特に「(1)国・地方公共団体・民間を通じたトータルデザイン」に着目したい。

22・4 デジタル庁が目指す壮大な構造改革

日本のデジタル化に向けた施策は他にも、ガバメントクラウドの構築、行政手続きのオンライン化、自治体基幹業務システムの統一・標準化などが並行して推進されている。

これらは一見すると個別の施策に捉えられるが、実はデジタル庁が目指している大きな構造改革に向けた関連施策と捉えることができる。

デジタル庁が公開している「公共サービスメッシュを中心としたトータルサービスデザイン」の考え方[31]を参照頂きたい（図表22-1）。その中の国・自治体の行政ネットワークの部分では、様々な機関が保持する国民一人ひとりの様々なデータのみならず、全国の市区町村データも含め

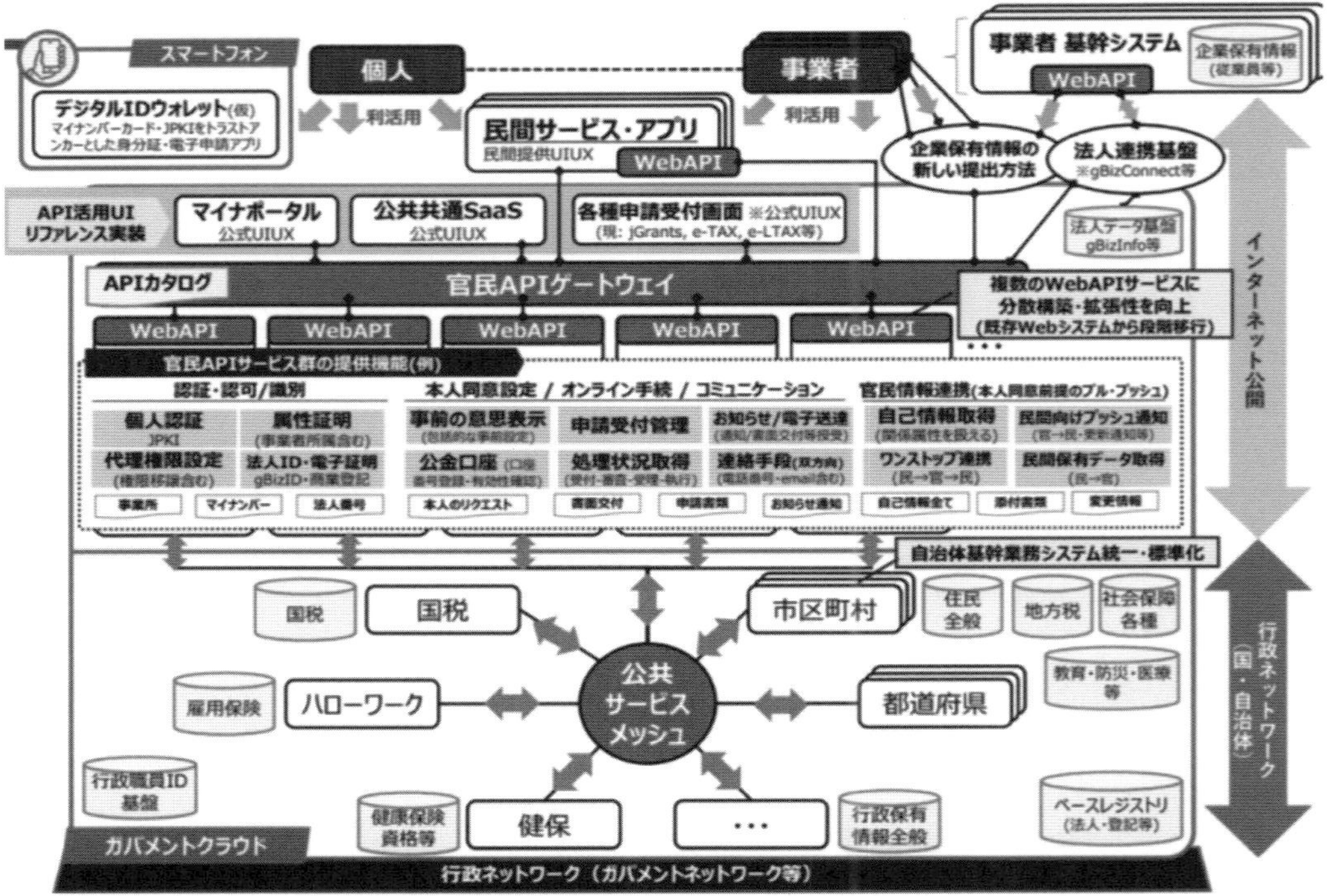

図表22-1　デジタル庁が示す公共サービスメッシュを中心としたトータルサービスデザインの考え方

標準化を図り、公共サービスメッシュという仕組みにて一元的に管理することが検討されている。その公共サービスメッシュの管理は、国民一人ひとりを特定するマイナンバー制度での本人認証制度を活用の上、クラウド技術によるガバメントクラウドという巨大なクラウド環境にて実現される。

すでに全国の約1760の市区町村を対象に、自治体基幹業務システムの統一・標準化が進められ、自治体のデータが統一・標準化された形でガバメントクラウド上にシステムとデータが移行される。

このガバメントクラウドにおけるデータの一元管理は、単なるクラウド技術の活用によるシステム運用やコストの効率化を図ることだけが目的ではない。データの一元的管理を行うと同時にWebAPI技術を活用の上、官民APIサービス群とそれを広く提供する官民APIゲートウェイの構築まで想定されたものとなる。

この官民APIサービス群では、ガバメントクラウド上の様々な公共データを活用し、今までにはなかった新たなサービスを官と民で共創していくことを想定している。つまり公共サービスメッシュとは、データの一元管理と官民APIサービス群、官民APIゲートウェイを通じて官民連携の上、それぞれが独立したサービスとして社会に提供可能とする仕組みと言える。

これだけ大きな構造改革となると、国民のデータは適切に管理・保護されるのかという点が懸念されるが、この公共サービスメッシュにおいて、マイナンバー制度は本人の同意の上で扱われるデータであるという前提のもと、セキュリティ面含め様々な規制も並行して検討されている。

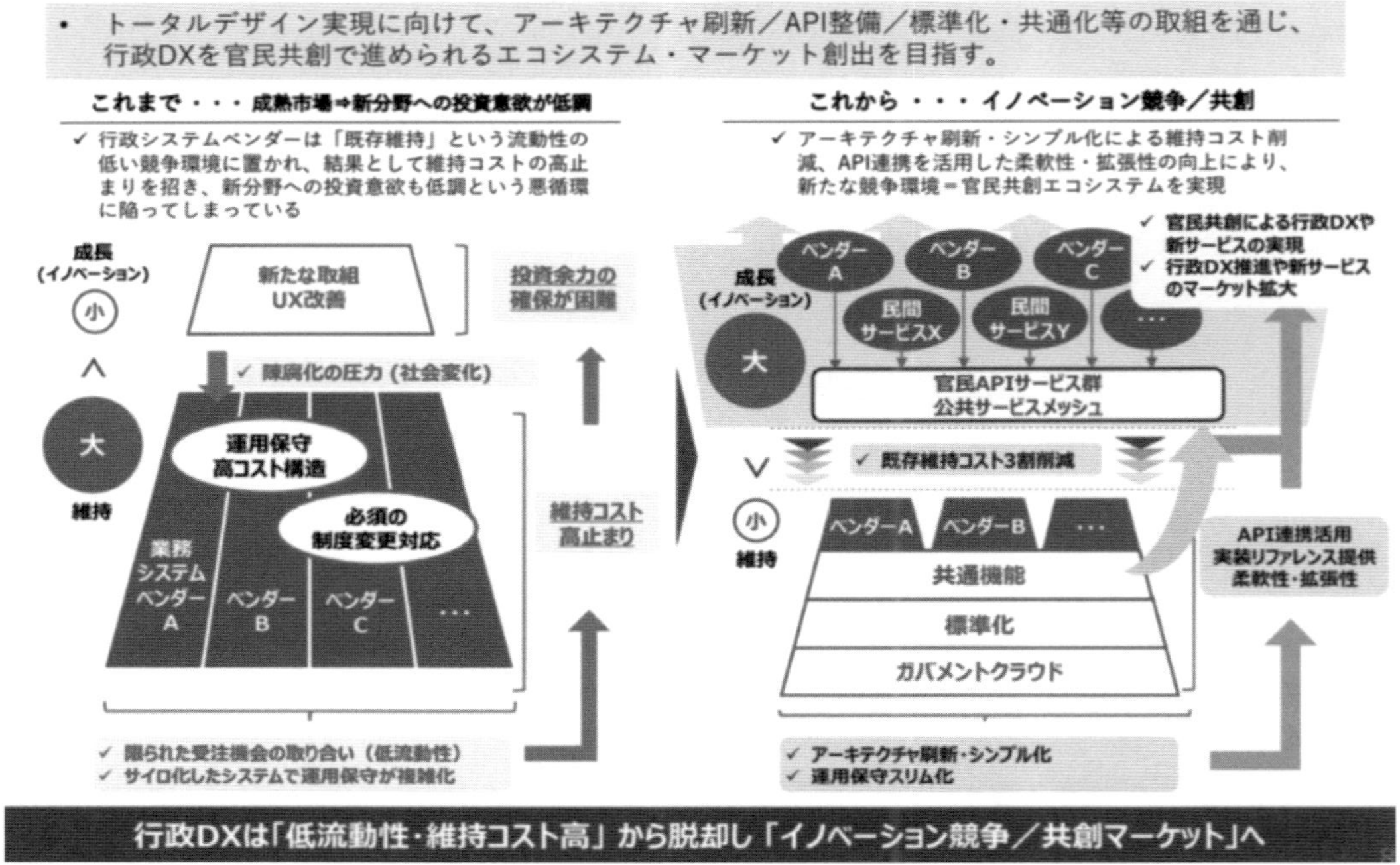

図表22-2　デジタル庁の目指す官民共創のエコシステム

官民でエコシステムを築く

大きな構造改革であるこの公共サービスメッシュや官民APIサービス群の仕組みは、国やデジタル庁主導で構築する以外に方法はない。しかしデジタル庁が目指す最終的な姿は、官民共生のエコシステムにある。

図表22-2のデジタル庁の目指す官民共創のエコシステム[32]を参照頂きたい。これまでは、それぞれのシステムを運用および保守してきたが、これをガバメントクラウドや共通機能、標準化を通して、可視化され共通化された仕組みに変革する。従来システム部分の維持を最小限とした分、新たなサービスの創出に注力する仕組みを生み出そうとしている。

そして、健全なイノベーションの競争や共創が起きるエコシスステムをつくることで、API技術を活用した活発な新サービスの官民共創が持続的に進む環境構築を目指している。

22・5　データのオープン化で進む共創

現在、国や自治体などでは、保有するデータのオープン化が進められている。また、このようなオープンデータを外部に提供して活用するのみならず、自組織内で、エビデンスに基づく政策立案（EBPM＝Evidence-Based Policy Making）やその評価にもデータを活用することが検討されている。

これまで収集されていたのは国や自治体などが保有する情報だったが、今後は、国や自治体、各公共団体が所有する施設や資産にＩｏＴ技術を掛け合わせることで、かつては収集できなかった様々なデータが集積されるようになる。そのデータがオープンデータやＥＢＰＭ、前述の公共サービスメッシュなどで活用されることで、新サービスの共創が進むのではないだろうか。以降、いくつか個別の公共政策領域におけるデジタル化の動向について見てみる。

〈健康医療行政〉

第17章では医療・医薬業界を取り上げたが、ここでは国や自治体が所管する健康医療行政について触れたい。健康情報は行政の制度ごとにデータベースが構築されてきたという歴史的な経緯がある。そうした背景からデータは分散しており、それぞれのデータが相互につながらない形で取り組みが進められてきた。

そのため、個人自らが医療・健康情報をもとにした有効な健康管理を行うことができない、医療、救急、福祉、介護といった関係者間で必要なデータにアクセスできない、各々のデータを管理する上で極めて煩雑な手続きが必要となるなど、様々な問題がこれまでも生じている。デジタル時代の到来に合わせて、広く国民がメリットを享受できるように、医療や健康に関する情報をもっと共有し、同意に基づく適切な管理を行うため、国としても改めて対応をとり始めている。

ＥＨＲとＰＨＲ

日本では、医療や健康に関する情報については、病院の中で扱われるデータ（ＥＨＲ＝Electric

Health Record）と病院の外で扱われるデータ（ＰＨＲ＝Personal Health Record）に大別されている。

ＥＨＲは、電子カルテに含まれる診断に関する情報、検査情報（採血結果、検査画像など）、患者の背景・基礎情報（既往歴、血圧、体重など）、レセプト情報（診療行為、薬剤など）などが含まれる。

ＥＨＲについては、現在厚労省が推進している「医療ＤＸ令和ビジョン２０３０」において、国民自らの医療・健康情報を利用して健康の維持や増進に活用すること、医療を効率的かつ効果的に提供して診療の質を向上すること、さらには関係する分野の産業振興につなげることを目指している。そのためにクラウド間連携を実現し、自治体と介護事業者などの間を含め、必要な時に必要な情報を互いに共有して交換できる仕組み（全国医療情報プラットフォーム）をつくり、電子カルテを医療機関同士などでスムーズに共有できるようにする。それに向けて、交換する標準的なデータの項目および電子的な仕様を定め、それらの仕様を国として標準規格化する取り組みも行われている。

一方、ＰＨＲについては日常的に記録される健康関連情報やライフログ（血圧、体重、歩数、睡眠、食事など）の総称として認識されることが一般的である。ＥＨＲは医療機関や健診機関を受診したタイミング、健康診断を受けたタイミングなど、ある時点の断片的なデータであるのに対し、ＰＨＲはこれまでは取得が困難だった日常生活における継続的なデータとして収集されるものである。そのため、臨床医療の高度化や様々な生活サービスの向上、高付加価値化に期待が集まっている。

例えば行政が、妊娠、出産、子育てにおいて母子に効果的な健康支援を行ったり、疾病や介護リスクに備えた予防支援をするなど、様々な分野や生活シーンでの活用が挙げられるだろう。

現在、健康医療に関する個人のデータをサービス事業者が効果的に利活用するための標準化や、ＰＨＲサービスの品質向上を促進するためのルールを整備する動きもある。個人が安心して様々なサービスを受けられる環境が整備されることで、より一層ＰＨＲサービスが加速すると考えられる。

今後の展望

ここまで見てきたように、医療や健康に関する情報の活用による産業促進や民間サービスの展開や普及については、政策レベルで取り組みが進められており、情報活用に向けたプラットフォームづくりや標準化が急ピッチで進められている。

実現化や普及に向けては、同意に基づく情報管理が適切になされることを外形的に示すことに加えて、様々なステークホルダー（国民、医療関係者、行政機関など）の観点からメリットを示していく必要があると考えられる。

現時点では本格的な普及に向けた準備段階と言える状態だが、以下の観点から、医療・健康情報を活用した高度な民間サービスが立ち上がってくる可能性も十分に考えられる。

① マイナンバーの普及と活用

医療や健康に関する情報は制度ごとに個別のデータベースが構築され、それぞれ異なったＩＤによって管理されてきた（例えば、医療と介護でそれぞれ個別のＩＤによって管理されていた）ため、個人単位での情報の集約が極めて難しかった（データ分析を行う前のデータの集約作業に非常に多くの工数を割く必要があった)。

しかし、マイナンバーの普及により、今後は個人に関わる様々なデータが集約可能となるため、データの利活用を前提とした新規サービスの構築に向けたハードルは大きく下がっていくものと考えられる。

②デジタル田園都市などのスマートシティプロジェクトの潮流

これまでに政府が進めてきたスーパーシティ関連の政策や、現時点で進行中のデジタル田園都市国家政策のように、現在、様々な地域においてスマートシティ化の取り組みが官民の連携によって進んでいる。

医療や健康づくりの事業化には、個人を一意に認識するためのマイナンバーのような統合IDに加えて、様々なデータやサービスを連携させるためのデータ連携基盤が必須となる。そのため、デジタル田園都市国家構想のようなスマートシティ化の取り組みとは極めて相性が良く、事実、多くの地域がこの構想の中で、医療・健康づくりの事業に取り組んでいる。

こうした地域社会における産官学連携のスマートシティの取り組みの中で、国内の複数地域に留まらず、海外マーケットにも進出しうる国民向けサービス事業者が育つことも十分に考えられる。

〈保育・子育て分野〉

急速に進展する少子化により、日本は今後、社会機能を維持できるかどうかの瀬戸際とも呼ぶべき状況に置かれており、子供・子育て政策への対応は待ったなしの状況にあると言える。岸田首相は、2023年の年頭、「異次元の少子化対策に挑戦する」と述べており、2023年4月1日にはこども家庭庁も発足した。今後、子供・子育て領域に対する政策的比重は高まらざるを得ないであろう。

先述の「デジタル社会重点計画」では、医療、防災などを含む準公共分野の1つとして、新たに「こども」が指定された。準公共分野においては、官民間やサービス主体間で、分野を超えたデータの提供や共有をさらに進めるとされている。子供・子育ての課題解決に向けた官民双方によるデータ活用は、今後加速していくことが予想される。

また、2021年11月に開催された「デジタル臨時行政調査会」を機に、デジタル副大臣を主査とし内閣府・厚生労働省・文部科学省の副大臣を構成員とする「こどもに関する情報・データ連携副大臣プロジェクト」が開催された。本プロジェクトは、市町村や支援機関などが保有する子供に関する情報やデータの内容、各データを保有する機関などの整理と連携のあり方、先行自治体の状況把握、自治体を対象とした実証のあり方などについて検討するものである。

このプロジェクトにおける要諦の1つは、子供を主軸に据えた「分野横断」にある。医療、保健、福祉、教育など、複数分野にまたがる情報を横断的に連携させ集約し、支援の必要な子供や家庭に対し、能動的なプッシュ型の支援を届けていくことを目指している。

広島市では、児童虐待や生活保護といった福祉分野と、学校における長期欠席や問題行動などの複数データからAIを活用してリスクを予測し、予防的な支援につなげる実証を行っている。また、尼崎市では、子供一人ひとりの状況に応じてその力を伸ばしていけるよう、外部研究者を招聘し、「尼崎市学びと育ち研究所」を2017年4月に設置した。行政保有データをIDによって統合し、個人識別情報を統合化することで、学力などの認知能力だけでなく、非認知能力や健康、インクルーシブ教育などの総合的な研究を実施している。

なお、内閣官房こども家庭庁設立準備室は２０２２年12月20日、「こども政策ＤＸ推進チーム」を立ち上げた。デジタル技術を活用して、子育て家庭が必要とする情報に素早く簡単にアクセスでき、行政手続きをストレスなく行うことができる環境整備を目指している。

その中でも特に優先して取り組む事項として、ＤＸを活用した伴走型支援が掲げられている。妊娠時から産後の育児まで、子育て世帯とのつながりを強化するための経済的支援が打ち出された。また、保育園などの事業者や地方自治体などの事務負担を軽減する取り組みとして、保育園などの基本情報のデータベース「ベースレジストリ」の整備が挙げられており、これから具体的に実装が進んでいくと考えられる。

こうした政策的な後押しもあり、今後子供・子育て関連におけるデジタル化、データ利活用サービスへのさらなる民間参入が期待される。登園管理や見守り、保育日誌・保育計画の策定、保護者向け書類など、保育者の業務負担は多岐にわたる。それを軽減するには、保育現場のＩＣＴ化が不可欠であり、それによって本来の業務である子供と向き合う保育自体の質向上が図られていくはずである。

〈環境・カーボンニュートラル分野〉

第20章でも注目されているトピックとしてカーボンニュートラルを挙げたが、その推進には、現状の温室効果ガス（ＧＨＧ）排出量を把握して削減対策を決めるために、正確に活動量や排出量を把握することが不可欠である。しかし、これまではＧＨＧに関する正確な情報のニーズは高くなかったことから、あらゆる領域で現状把握すら困難であり、多大なる混乱が生じている。このため現在では、GHGに関するデータの取得、分析、可視化、対策検討をめぐる技術革新が、世界的に重要なテーマとなっている。

全国の地方自治体は、こうした社会的要請を受けて、脱炭素に向けた取り組みを迫られている。その契機となったのは、2020年10月に菅義偉総理の所信表明演説において示された、2050年にカーボンニュートラルを目指すという宣言である。以降、全国の地方自治体では、2050年にCO_2排出実質ゼロを目指す「ゼロカーボンシティ宣言」を首長や議会から発信する動きが相次いだ。2023年2月時点で、全国800以上の自治体が表明済みである。

一方で、地方自治体では具体的な取り組みがなかなか進んでいない。最大の課題は、やはりデータ不足である。先進的な地方自治体は、2030年までにカーボンニュートラルを目指す「脱炭素先行地域」と呼ばれる地区に選定され、1地域あたり5カ年で50億円という巨額の国費補助を受けながら、再生可能エネルギーの導入やZEB／ZEH（net Zero Energy Building／net Zero Energy House、年間の一次エネルギー消費量を正味でゼロを目指す建築物）などの省エネ化など、カーボンニュートラルに向けた具体的なアクションが開始されている。しかし、地域内の排出総量の変遷や各施策における排出削減量など、取り組みの進捗を定量的に把握できるデータがない。粗い統計データや電力使用量などの部分的なデータに頼りながら取り組みを進めている状況である。

このような状況を受けて、データを取得し可視化するサービスの急速な技術開発が進められている。企業の排出に関しては、TCFD（気候関連財務情報開示タスクフォース）などの情報開示ルール化と併せて、GHG可視化システムの開発と導入が進みつつあり、例えば、LCA（ライフサイクルアセスメント評価）で把握するシステムとして、GaBi（Sphera社）が世界的にシェアを獲得している。

多様な事業主や活動が混在する地方自治体においては、定量的に排出量を把握することは容易ではない。しかし、自治体向けの可視化サービスとして、ecoln（アクシス社）やe-dash Carbon Offset（e-dash社）などもリリースされている。今後、地域のGHGに関するデータ取得、分析、対策検討に関する技術革新はより加速し、大きなビジネスチャンスに広がる可能性が非常に大きい。

公共分野は、国や自治体のデジタル政策と連動し、新たな民間活力を活用することが強く求められている。ここに新たなビジネスチャンスがあるはずだ。

31 デジタル庁　マイナンバー制度及び国と地方のデジタル基盤抜本改善ワーキンググループ（第1回）
https://www.digital.go.jp/assets/contents/node/basic_page/field_ref_resources/b0f2020b-5c55-477a-8dfb-63916fa9c282/20211022_meeting_my_number_wg_04.pdf

32 デジタル庁　マイナンバー制度及び国と地方のデジタル基盤抜本改善ワーキンググループ（第1回）
https://www.digital.go.jp/assets/contents/node/basic_page/field_ref_resources/b0f2020b-5c55-477a-8dfb-63916fa9c282/20211022_meeting_my_number_wg_04.pdf

データの効果を検証する方法

データに基づく検証場面では、〝結果の議論〟はされても、その〝検証方法が適切か〟は見逃されている。方法が不適切であれば間違った結果が出るかもしれないのに、「データに基づいているから」と盲目的に信用されがちである。

仮に多額の資金を投じた施策について、本当は効果がないのに「効果がある」いうと検証結果が出ていたら大きな損失となり、施策の方向性を見誤る。そのため、データに基づく検証においては、結果のみならず、その検証方法の信用性についても、議論を重ねる必要がある。

検証結果が信用できるかどうかは、エビデンスレベルで決定される。第18章でも触れたが、もともとは医療分野で、診断・治療方法の信用度を基準化した〝Evidence-Based Medicine〟という概念を、社会の諸事象に適用する潮流が21世紀に入り本格化し、その関連分野が２０２１年にノーベル経済学賞の対象となった。また、エビデンスレベルを利用した最たる例であり、欧米圏で確立されつつある「証拠に基づく政策立案（ＥＢＰＭ＝Evidence-Based Policy Making）」のフレームワークは、ビジネスでも参考となる。

このエビデンスレベルは、「どの分析手法を採択したか」で決定され、サンプルサイズが大きくてもレベルは上がらない。

手法の序列としては、ランダム化比較実験が最も高く、次いで疑似実験（自然実験）

column

column

が信用される。序列の最も低い手法は、施策前後のデータの単純比較などだが、実際のところこれは多くの場面で採用されがちである。一方、ランダム化比較実験に類する手法はＡＢテストとしてウェブ領域で実績があるが、そもそもＡＢテストができない施策が世の大半を占める。

したがって、疑似実験を適用できるよう工夫するだけで、検証結果の信用度を上げられるケースは多い。その工夫とは、「仮に施策がなかった場合の結果」をデータ分析で表現することである。

例えば２０２０年に一時支援金を10社に提供する政策があったとして、その効果検証を考えてみよう。よくあるのは、10社の業績を、支給前（２０１９年以前）と支給後（２０２０年以後）で比較するという手法だ。そうではなく疑似実験を適用するなら、支給対象10社が「仮に支給されなかった場合の２０２０年以後の業績」を仮想的に設定し、実際の「２０２０年以後の業績」と比較する。

計量経済学などの発達により、状況ごとに手法が整備されており、また米国などのＥＢＰＭでエビデンスに関するガイドライン策定まで進んでいるため、疑似実験の手法は日本のビジネスでの適用も十分に現実的な手法と言える。

なお留意しておきたいのが、疑似実験の活用にあたっては、施策後に検証方法を検討すると施策自体をやり直すことになるリスクがあるため、事前に慎重に検討し設計することが求められるということだ。

第23章　国家政策・安全保障――データ規制の背景にあるもの

23・1　曲がり角を迎えたデータ活用の現在

各国は、デジタル化の進展によるデータ量の増大を背景に、データが国の豊かさや国際競争力の基盤であると捉え、新たなデータ戦略を策定し強力に推進している。つまり、「データ」と「国家政策」はもはや切り離せないのだ。

一方で、行き過ぎたデータの収集は、消費者が不利益を被るだけでなく、今後の国家政策を阻害する要因にもなるため、国としても看過できない。その一例が、第15章や第16章でも触れたインターネットにおけるクッキー追跡だ。

また、行き過ぎたデータの活用についても問題視されている。例えば、顔認識技術（Facial Recognition Technology）はまさにこの問題により、技術的イノベーションと倫理観の狭間で揺れていると言えよう。顔認識とはカメラなどで撮影した画像データから、人間の顔を識別して抽出し、顔画像データを数値ベクトル化することで、あらかじめ登録しておいた顔データと照合し同一人物であることを判別できる技術を指す。

スマホやオフィスへの入館ゲートなどでも使用されることが一般化しつつあるが、ひとたびデータの取り扱いを間違えれば、一般市民の生活を脅かす監視社会をつくり上げることも可能である。

ロンドンはCCTV（Closed-circuit Television＝監視カメラ）導入の先駆的な都市と言われてきたが、今やCCTV大国は中国で、2022年時点で2億台近くが設置されている。このように張り巡らされた監視カメラ網と、前述の顔認識技術が組み合わさり、事前に何らかの方法で全国民や新規入国者に顔データの登録を義務づけることで、中国国内のどこに誰がいるのか、いたのかを特定することができる。これは位置情報に留まらず、モーションスキャン技術と組み合わせれば、どこで何をしていたのかも自動的に算出することができてしまう。

また、同じく中国では、特定民族の顔の特徴を数値ベクトルとして検出できるような、顔認識とディープラーニングによるAI技術を応用したものが存在するとまで言われている。

このように行き過ぎたデータ利活用が問題視され、様々な法規制が整ってきた。例えば最も有名であるGDPR（General Data Protection Regulation＝一般データ保護規則）は、欧州経済領域（EEA）内のユーザー情報の保護を求め、データ所在を域内に限定する、もしくは同等の安全性が担保された規則の上で運用されることを求めるなど、プライバシー情報保護に関する数多くの条項が盛り込まれた。

もちろん、前述したクッキー追跡の問題にもアプローチしており、GDPRに準拠するためには、どんな目的でどんな情報を取得するかをクッキー付与前にユーザーに提示し、明確な承諾を得る必要があることが明記された。

顔認識技術への対策も欧米を中心に規制が強化され、その幅は生体情報一般にまで広がっている。最も有名な判例を挙げるとすれば、2020年のClearview AI事件だろう。同社は法執行機関などに対して、顔画像から個人を特定するサービスを提供する米国企業だったが、その照合元となる顔画像データは無断でインターネット上から収集されたものであったことが大問題となった。2020年から米国、カナダ、スウェーデン、フランス、英国、イタリアなどで違法行為であると認定され、各国政府からの罰金は巨額に上った。これがもととなり、各国は生体情報に基づくAI処理について、極めて慎重な姿勢を見せるようになったのである。

これ以外にも、データを取り巻く規制が多く存在するが、その全容を把握することは極めて難しい。そこで本章では、昨今のデータ規制の成り立ちや方向性について紹介したい。

23・2 デジタル社会は「自然状態」へ

情報のデジタル化によってもたらされた変化の中で、ネガティブなものといえば、まず頭に浮かぶのはセキュリティ面の問題である。

これまで紙で管理されてきた機密情報は、物理的に保護していれば良くて、特別な訓練を受けた工作員や関係者による犯行でもない限り、広く一般の攻撃を受ける可能性は低かった。しかし情報のデジタル化が、この常識を覆した。

デジタル化した機密情報は、IT機器の中に保存される。つまり、物理的保護に加えてサイバー攻撃にも備える必要が出てきたのである。サイバー攻撃と聞けば、何か特殊な能力を持った人が行う高度な攻撃だと想像する人も多いが、すべてのサイバー攻撃にはコンピュータ・サイエンスに裏づけられた発生原理が存在し、しっかりと攻撃の基礎原理を習得すれば、ある程度のレベルのものならわりと誰にでもできてしまう。昨今では、高い技術を持つ攻撃グループが開発した攻撃ツールを購入し、数クリックで極めて高度な攻撃をすることができる。

このような現代の状態は、混乱の中世ヨーロッパを描いたトマス・ホッブズの『リヴァイアサン』に記された「自然状態」に酷似している。「自然状態」とは、ルールがなくなった世界で、政府や市民、貴族や平民などの垣根を無視し、争いが激化する様子であるとされている。

現在のサイバー空間では、攻撃元を特定し身柄を確保することの困難さや、攻撃の容易さ、急激なデジタル化による対策不足、それらに対応する法整備の未熟さなどが起因して、まさに一個人が政府を攻撃したり、政府が個人を攻撃するなど、ホッブズが言うところのカオス状態に陥っていると言える。

23・3 データ規制の背景にある安全保障問題

サイバー攻撃が激化し、各国がサイバー攻撃能力の獲得が急務であると本格的に認識し始めたのは2008年頃だと言われている。2010年には、米国で大統領令第13556号がオバマ政権から発布された。そこには大きく分けて2つのことが書かれている。

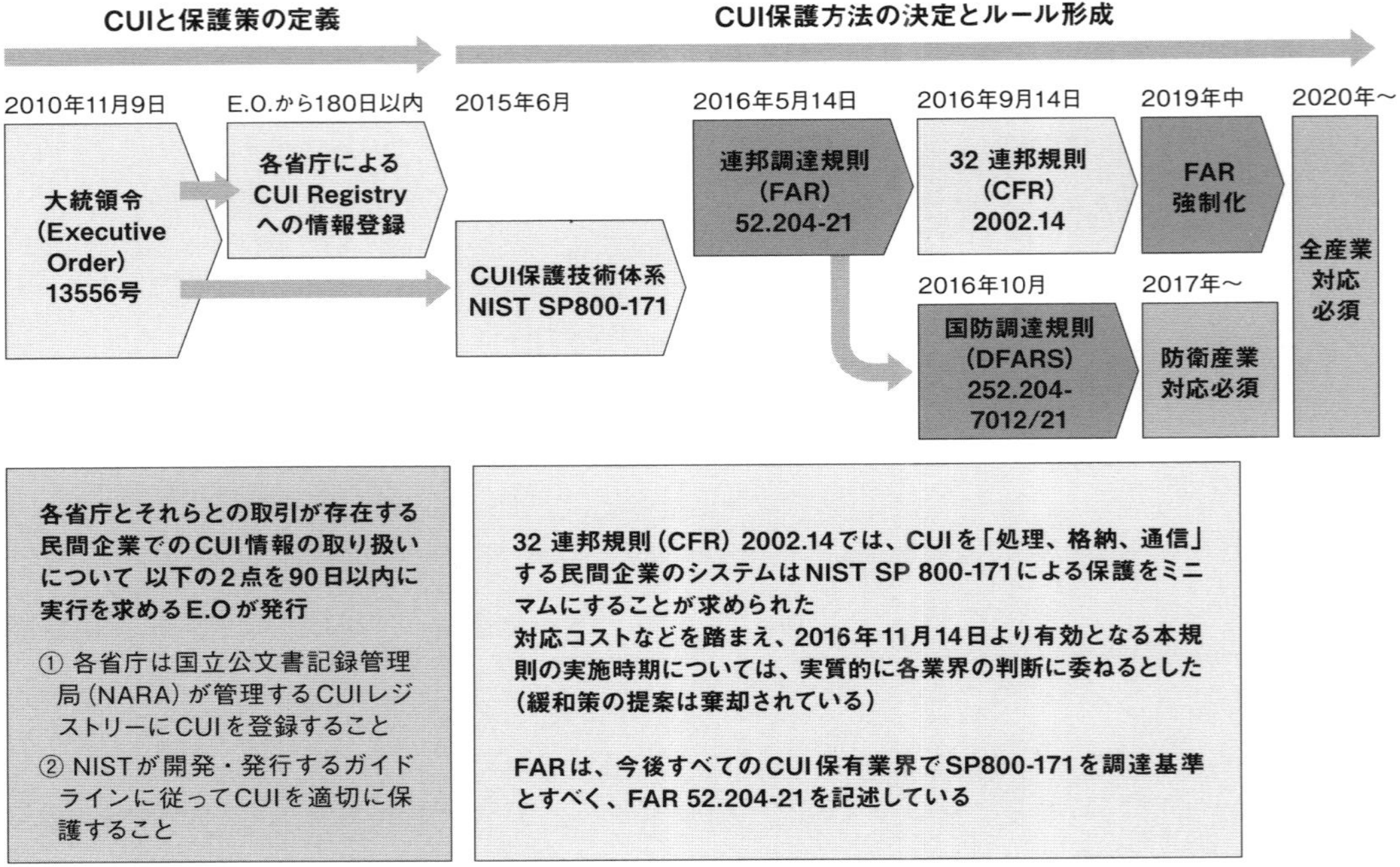
CUIと保護策の定義
CUI保護方法の決定とルール形成
2010年11月9日
大統領令
(Executive
Order)
13556号
E.O.から180日以内
各省庁による
CUI Registry
への情報登録
2015年6月
CUI保護技術体系
NIST SP800-171
2016年5月14日
連邦調達規則
(FAR)
52.204-21
2016年9月14日
32 連邦規則
(CFR)
2002.14
2019年中
FAR
強制化
2020年～
全産業
対応
必須
2016年10月
国防調達規則
(DFARS)
252.204-
7012/21
2017年～
防衛産業
対応必須
各省庁とそれらとの取引が存在する民間企業でのCUI情報の取り扱いについて 以下の2点を90日以内に実行を求めるE.Oが発行
① 各省庁は国立公文書記録管理局（NARA）が管理するCUIレジストリーにCUIを登録すること
② NISTが開発・発行するガイドラインに従ってCUIを適切に保護すること
32 連邦規則（CFR）2002.14では、CUIを「処理、格納、通信」する民間企業のシステムはNIST SP 800-171による保護をミニマムにすることが求められた
対応コストなどを踏まえ、2016年11月14日より有効となる本規則の実施時期については、実質的に各業界の判断に委ねるとした（緩和策の提案は棄却されている）
FARは、今後すべてのCUI保有業界でSP800-171を調達基準とすべく、FAR 52.204-21を記述している

図表23-1　SP800-171の動向

①政府が管理している機密情報であるClassified Information（CI）に加えて、政府が管理しない民間企業などが保有する安全保障上重要な情報をControlled Unclassified Information（CUI）として新たに定義する

②CUIはNIST SP800-171に定められるセキュリティ水準が担保されたITインフラでのみ取り扱うこととする

順を追って説明するが、この大統領令が発布された背景には、当時米国が負った深い傷が起因している。

当時米国は、新型戦闘機の開発と空軍への納入を進めており、リーマンショックの最中、そのための資金繰りに追われ、各国から内政干渉と言われるような行為にも手を出していた。そんな中、この新型戦闘機のもととなった設計図面情報が中国に流出しているのではないかという疑念が出てきた。

もし本当にその情報が奪取されたとすれば、類似した性能の戦闘機を作られてしまう可能性があり、関係者は国防総省や取引先のプライム企業などにサイバー攻撃の痕跡がなかったか、徹底的に調査した。調査結果は意外な答えを導き、情報の漏洩は一次請けのプライム企業の孫やひ孫にあたる、国外サプライチェーンの末端企業へのサイバー攻撃で起きていることが判明した。

この経験から、米国政府は大統領令第13556号の発布に至り、政府に所有権が移る以前の、企業が中間生成する情報についてもきちんと保護する必要があることを訴えた。それによりCUIとNIST SP800-171が定められるに至った。CUIである可能性のある情報は、たとえ米国外の再委託先企業であったとしても、NIST SP800-171の基準を満たすセキュリティ環境で

保護しないと、善管注意義務違反に問われることとなる。

２０２１年末、日本の防衛省も、日米同盟のもと同等の運用をする旨を公式に発表した。この制度改定の影響を受ける国内の防衛装備品関連企業は、９０００社に上るとされる。

本件で重要なのは、単に安全保障上の問題ではなく、情報の属性により保護や取り扱い手段における善管注意義務に大きな違いが出てくるということである。

米国は「米国の安全保障上重要な情報」という属性をＣＵＩとして情報に付加することで、全世界に向けて米国法の準拠を事実上求めた形となる。

前述したＧＤＰＲも同じく、ＥＥＡ域内のプライバシー情報という属性をもって、全世界にＧＤＰＲの遵守を求めている。

このようにデータを取り巻く法規制には、安全保障を起因とする強力なバックグラウンドがある。サイバー空間が自然状態である現状において、データ属性に対する大きな枠組みでの法規制の発展は自然なことであり、今後我々人類はサイバー空間における自由思想であるオープンソース思想と安全性を天秤にかけ続けることとなるだろう。

今経営者やデータ利活用に携わる全員が自覚すべきは、**データ法規制の背景には安全保障という大きな枠組みが存在する**ということだ。その統制はデータ属性ごとに適用されるものであることを認識し、規制の把握も情報資産の棚卸しも、情報属性ごとに実施すべきである。

23・4 AIをめぐる倫理問題

データ処理に関する法規制で、進みそうで進んでいない領域はAI倫理である。

前述の通り顔認識技術などを用いたり、様々な統計情報をもとに予測を実施するなど、マシンラーニングやディープラーニングの技術をもとにしたAI技術の発展が目覚ましい。いわゆる特化型AIの領域においては、人智を超えていると言える。だからこそ起こる問題もある。それは、AI処理のブラックボックス化である。

AIはその学習工程にもよるが、「教師データ」と呼ばれる、いわば学習のもとになるデータを用いてデータの処理を行えるようになるものが大半だ。この教師データが意図的、もしくは無意識に偏った傾向を持っていたとすれば、それを用いて学習し、それが正義であると認識したAIが誕生することとなる。

例えば初期のGoogleフォトのAIは、白人の画像をもとに人間を識別していたため、黒人をゴリラ、黄色人種を猿として検出しており、人種差別的だと問題になった。

他にも、ある企業で行われた、過去の採用者の履歴書を学習して、新規の応募者の書類選考をAIが実施するという取り組みでは、過去の採用実績上、特定の大学を卒業している男性が優秀であると学習したAIが、女性や特定の大学を卒業していない人物の評価を極端に下げてしまったという例がある。

また、日本では大手採用関連サービスが、内定を辞退する確率をAIにより算出し、企業側へ提供していたことが問題となった。

このように、我々はまだまだＡＩを使いこなせておらず、特に人間に対する評価をＡＩが実施する場合は、特化型ＡＩの限界と副作用を考えずにはいられない。ＡＩを作る際の倫理設計と、作り出したＡＩにより算出された結果をどのように活用するのかが、これからのデータ利活用におけるＡＩ活用の論点である。

23・5 データビジネスでも注意すべき「ルールの遵守」

このように、データ利活用はこれからのビジネスにおいて欠かせない一方で、次第に法規制が整ってきており、ある意味では窮屈だと感じることもある。しかし、その窮屈さは、これまでの自由度が高すぎたからこそかもしれない。

従来データとは、データ属性ごとに整理され、それぞれの特性に合わせて法規制が存在して然るべきであり、当たり前のことがやっと実施されているという方が正しい。前述した通り、その規制内容としてはデータの保護に関するセキュリティ要件が多く目立ち、倫理的な点や法的な許諾に関する条項と比べても引けをとらない。

そんな中、２０２２年3月にある法律が米国で可決された。Ｓ３６００（現Strengthening American Cybersecurity Act of 2022）は、米国の重要インフラ産業関連企業がランサムウェア攻撃を受けた場合、攻撃を受けた事実と被害状況を72時間以内に監督官庁へ通告することを義務づけている。

さらに、ランサムウェアの脅迫に屈して身代金を支払った場合には、支払った事実を24時間以内に監督官庁へ通知することも義務づけている。

2020年10月、米財務省外国資産管理室（OFAC）は米国内におけるランサムウェアへの身代金支払いと補填行為（サイバー保険など）を違法行為であるとするステートメントを公式に発表し、身代金支払いをやめるように警鐘を鳴らしていた。S3600が可決されたことで、ランサムウェアを取り巻く企業の状況は一変した。

これまでは、2020年10月のステートメントを受けても、支払った事実を隠してさえいればお咎めなしという雰囲気が漂っていた。しかしS3600によって24時間以内の報告義務ができたことで、報告しなければS3600に違反することになり、報告すれば違法行為であると知った上で身代金を支払った事実を知られてしまうということになった（図表23-2）。

つまり、現在米国が進めようとしている政策は、きちんとしたランサムウェア対策をとってデータを守れ、身代金支払いによる解決は許さない、というスタンスをとっていることが分かる。これには複数の視点から見解を出すことができる。

1つは、米国政府が犯罪グループに資金が流れることをコントロールしたいという安全保障的視点。もう1つは、これからはランサムウェアによってどんな情報が漏洩したか、常に政府は把握することができるという点であり、然るべき対応を求められるということである。

以上述べてきたように、データを用いたビジネスを行う、もしくはサービスを利用するにあたり、当該データがどのような属性を持っているかを明らかにし、認識することの重要性が増している。

ビジネス提供側であれば、それらのデータが個人情報なのか米国のCUIなのか、その両方に

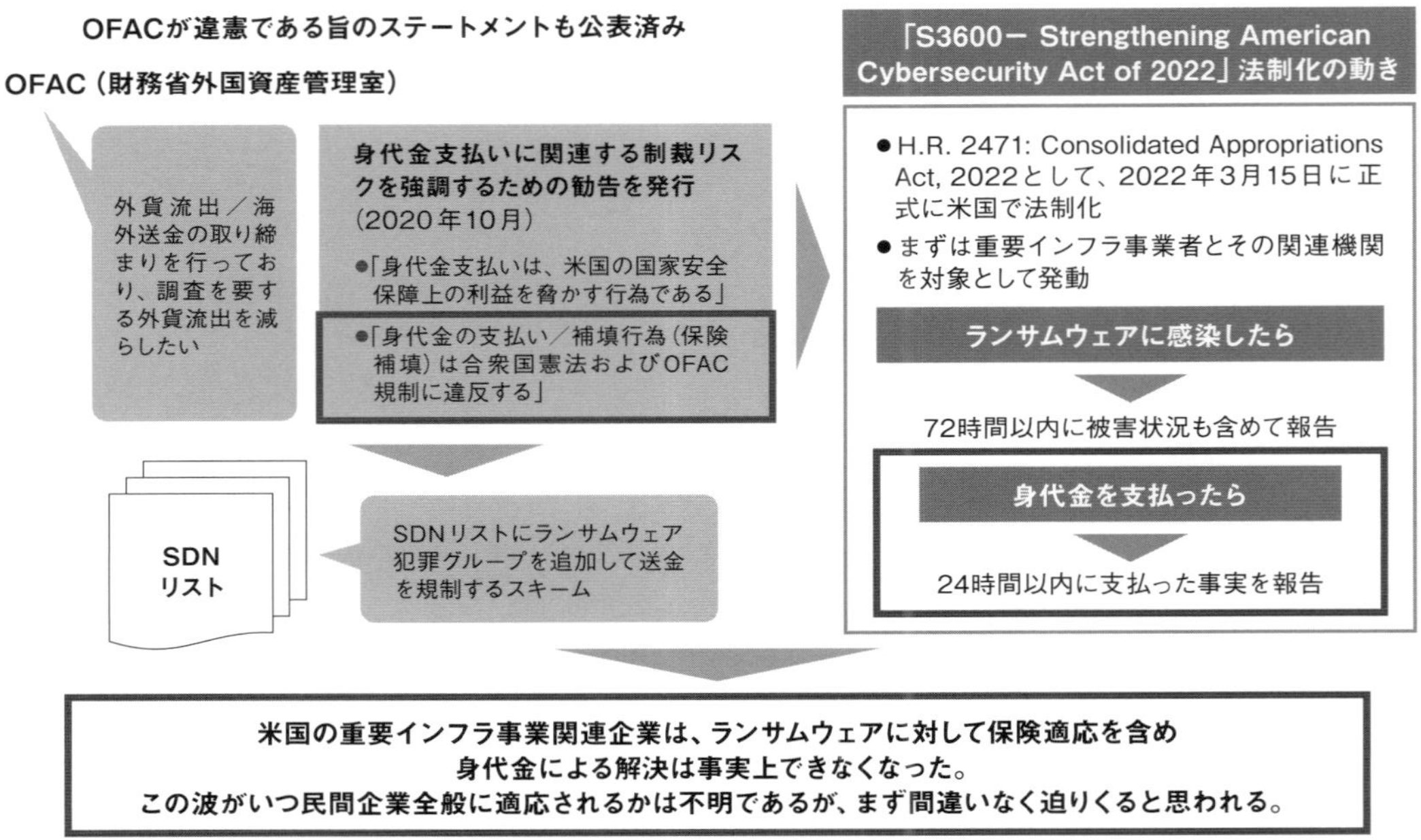
OFACが違憲である旨のステートメントも公表済み
OFAC（財務省外国資産管理室）
外貨流出／海外送金の取り締まりを行っており、調査を要する外貨流出を減らしたい
身代金支払いに関連する制裁リスクを強調するための勧告を発行（2020年10月）
●「身代金支払いは、米国の国家安全保障上の利益を脅かす行為である」
●「身代金の支払い／補填行為（保険補填）は合衆国憲法およびOFAC規制に違反する」
SDNリスト
SDNリストにランサムウェア犯罪グループを追加して送金を規制するスキーム
「S3600－ Strengthening American Cybersecurity Act of 2022」法制化の動き
●H.R. 2471: Consolidated Appropriations Act, 2022として、2022年3月15日に正式に米国で法制化
●まずは重要インフラ事業者とその関連機関を対象として発動
ランサムウェアに感染したら
72時間以内に被害状況も含めて報告
身代金を支払ったら
24時間以内に支払った事実を報告
米国の重要インフラ事業関連企業は、ランサムウェアに対して保険適応を含め
身代金による解決は事実上できなくなった。
この波がいつ民間企業全般に適応されるかは不明であるが、まず間違いなく迫りくると思われる。

図表23-2　ランサムウェアに対する身代金支払いによる解消方法の現状[33]

該当するのかにより、適応される法規制が大きく変わるからである。サービスを利用する立場としても、提供したデータがどのように取り扱われるのかについては、本章に例示したようなデータの悪用事例などを想定した判断が求められる。

33 https://home.treasury.gov/system/files/126/ofac_ransomware_advisory_10012020_1.pdf
https://www.congress.gov/bill/117th-congress/house-bill/2471/actions

おわりに

「一般企業はいかにデータを収益に変えられるか」

このテーマに取り組むようになったのは、4年前のこと。

大手プラットフォーマーが様々な無料サービスを展開し、収集したデータで巨額の収益を稼ぐカラクリを10年以上、コンサルタントとして分析してきた。その中で、一般企業がデータでどう稼ぐのか、一般企業のデータのマネタイゼーションをコンサルティングの柱に据えようと考えたのは、4年前のことだった。

最初は、大手プラットフォーマーのデータビジネスを分析し、それを一般企業でも実践できるようにするにはどうするか、について分析した。その分析を持って、様々な企業を訪問し、「データの収益化という発想は大変興味深い」、「確かにデータをビジネスには活かせていない」、「どうも自社にはそぐわない」、「自社のデータは多分お金にならない」、「すでに似たようなことをデータ分析の部隊で検討している」など、いろいろなご意見を頂いた。

そんな中、データビジネスに共感頂き、実際に新たなデータビジネスの創出、構築を一緒に推進する機会を頂けたクライアント企業のおかげで、自分たちの考えてきた理論を実践し、ともに苦労しながら磨き上げることができた。

どのクライアントの皆様も自分の会社に危機感を持ち、すぐに正解を求めず泥臭くともデータビジネスの可能性を信じて推進しており、我々としても学びの多い経験をさせて頂いた。

こうした学びを書籍化するにあたっては、「書籍の発行なんてコストパフォーマンスの悪いことをわざわざなぜ」という声も正直周りからあった。多くのクライアント企業に認知してもらうなら、少ない労力でウェブメディアに連載を掲載し、ウェビナーを開いた方が、コスト（労力）パフォーマンス（マーケティング効果）が良い、という声も多かった。

余談ではあるが、コンサルティング業界もコストパフォーマンスをいつの間にか気にするようになった。

もともとコンサルティングとは、様々な企業の課題に対して教科書にもないような答えを見つけ出す仕事であり、属人的なスキルと知識が必要な仕事であるため、効率性、生産性を高めようにも構造的に限界があった。

しかし、25年以上この業界にいるが、業界の様相もかつてとは変わっている。現在のコンサルティング業界はこれまでになく肥大化し、少数精鋭の頭脳集団というかつてのイメージとはもはや異なる。

かつてコンサルタントは、世の中にまだないフレームワーク（例えば、BCGの「プロダクト・ポートフォリオ・マネジメント（PPM）」のような）や方法論を発明することにしのぎを削っていた。

しかし現在は、積極的な人材採用で増えた経験の浅いコンサルタントでも従事できるような、既存の方法論やフレームワークに基づき誰でもできるようなコンサルティングや、DXという名の大型のシステム刷新案件など、コストパフォーマンスの高い案件をいかに受注できるか、ということにしのぎを削っている状況だ。

このような業界の環境下において、未だ日本だけでなく世界的にもフレームワークや方法論が確立していないデータビジネスをテーマに書籍を発行しようというのだから、コストパフォーマンスはかなり悪い仕事に違いない（笑）。

ただ、自分たちがこの4年間苦労してきたデータビジネスの取り組みを言語化し、体系的に整理し、それを世の中に発表する手段としては書籍が一番優れていた。

また、日本経済の30年の停滞の中で、データビジネスは資源の乏しいこの国にとって、経済再興のフロンティアだと思っている。そのため、自分たちの経験したことやそこから学んだことは隠すのでなく、広く公開することで日本経済にも貢献したい、という思いもあった。

これは、日本経済の長期停滞にもかかわらず、コンサルティング業界は、企業のＩＴ化など、「効率化」や「コスト削減」に貢献し拡大してきたものの、クライアントである日本企業の成長への貢献が弱かった、という自戒の念も込めている。

この書を手にした方々には、自社でデータビジネスを進める時に参考にして頂き、様々なコンサルタントにノウハウをどんどんとり入れてもらいたい。数年後、この書に皆さんの手垢がついてデータビジネスの進め方が様々な形で自分の手に戻ってきた時に、より洗練され実践的なやり方が、世の中に登場するようになっていれば幸いである。

「聞いたことは忘れるが、見たことは覚えている。そしてやったことは理解していく」

これは学びについて表現した言葉だが、読者の皆様にはぜひデータビジネスをこの書で、頭で理解するだけでなく、実践することで理解して頂ければと思う。

最後に本書の完成に協力頂いたメンバーにお礼を申し上げたい。

水島幹雄さんには、データビジネスを実際に立ち上げていく上で、発生する社内での反対意見や葛藤に対して、どのように克服していくのかを、端的に、でも要領を捉えて解説して頂いた。

データビジネスで他業界よりも先行してきたのは、インターネット広告だ。神山研さんには、日進月歩で新たな手法とプレイヤーが登場するこの業界について、今まさに曲がり角を迎えている背景とデータビジネスを展開してきた企業の最新の動向やネット広告の今後の未来予測について、前職での経験も活かして示して頂いた。

ビッグデータ活用の価値が高いと言われながら、昨今ようやく本格化してきたのは医療・製薬業界だ。佐野徹朗さんには、これまで様々な可能性を追求しながら、急速にデータ活用が進む医療・製薬業界について、データ活用が与える業界構造の変化や巨大なインパクトについて、独自の見解も含めて示して頂いた。

コロナ禍で日本の教育のデジタル化はようやくスタートラインに立ち、今後はデータの活用が教育分野でも期待される。小林真也さんには、今後の日本の未来を占うことにもなる教育分野の革新として、教育3分野（学校教育、予備校、生涯学習）で今後どのようなデータ活用が見込まれるのか示して頂いた。

異業種からの参入が進むのが自動車業界だ。様々なプレイヤーの参入に対抗するためにも、自動車業界にとってデータの活用は生命線と言えよう。早瀬慶さんには、ＢｅｙｏｎｄＣＡＳＥをテーマに、これからの自動車業界におけるデータ活用の未来を予測してもらった。日本の代表的な産業であるので、製造業のデータビジネスの未来予測への示唆を示して頂いた。

少子高齢化で様々な社会課題が深刻化する日本では、地方自治におけるデータ活用も今後加速するだろう。池尻能さんには、日本の公共分野でのデータ活用が現状どこまで進んでいるのか、今後どのように活用が進んでいくのか、また地方自治体の持つデータ活用上の課題をどう克服すべきかについて言及して頂いた。

また、今後、政府・自治体による政策の立案や推進のカギとなる「証拠に基づく政策立案（EBPM）」について、辻本隆宏さんに分析方法に関する興味深い話を示して頂いた。

データが与える影響は、企業のビジネスに留まらなくなってきたのが昨今の情勢だ。西尾素己さんには、目まぐるしく状況が変わる国際情勢を踏まえ、各国でのデータをめぐる国際ルールや規制の動向、国家安全保障とデータの関係などを丁寧に解説し、今後企業が国との関係でどのような取り扱いを行うべきか、示唆を示して頂けた。

そして、本書が無事刊行できたのは、ひとえに中川遼さんのおかげだ。

本書の起案者であり、全体の企画、構成、取りまとめも担いながら、自身のこれまでのコンサルティング経験を活かして、どのようにデータビジネスを立ち上げていくのか、実経験を振り返りながら〝しみじみ〟としてノウハウを言語化してもらった。

また、小売・流通業界でのデータビジネスをクライアントと立ち上げた経験を活かして、小売業界のデータビジネス（リテールテック）の現状と課題、そして今後の未来予測を示して頂いた。

最後に、日本企業においてもデータビジネスの様々な成功例が出て、この国の経済再興につながることを祈ります。

EYストラテジー・アンド・コンサルティング株式会社
アソシエートパートナー
岩泉謙吾

著者紹介

■ EYストラテジー・アンド・コンサルティング

EYストラテジー・アンド・コンサルティング株式会社は企業の成長のための戦略立案、M&Aトランザクションそしてビジネス変革を推進するコンサルティングサービスから成り立つEYのメンバーファームです。業種別の専門チームが起点となり、ストラテジーからエグゼキューション（M&A）、ストラテジーからトランスフォーメーションをワンストップで支援します。

EYは、「Building a better working world ～より良い社会の構築を目指して」をパーパス（存在意義）としています。クライアント、人々、そして社会のために長期的価値を創出し、資本市場における信頼の構築に貢献します。

150カ国以上に展開するEYのチームは、データとテクノロジーの実現により信頼を提供し、クライアントの成長、変革および事業を支援します。

アシュアランス、コンサルティング、法務、ストラテジー、税務およびトランザクションの全サービスを通して、世界が直面する複雑な問題に対し優れた課題提起（better question）をすることで、新たな解決策を導きます。


EYとは、アーンスト・アンド・ヤング・グローバル・リミテッドのグローバルネットワークであり、単体、もしくは複数のメンバーファームを指し、各メンバーファームは法的に独立した組織です。アーンスト・アンド・ヤング・グローバル・リミテッドは、英国の保証有限責任会社であり、顧客サービスは提供していません。EYによる個人情報の取得・利用の方法や、データ保護に関する法令により個人情報の主体が有する権利については、ey.com/privacyをご確認ください。EYのメンバーファームは、現地の法令により禁止されている場合、法務サービスを提供することはありません。EYについて詳しくは、ey.comをご覧ください。

■ 岩泉 謙吾　企画立案、全体監修、第1～7、20章担当

ストラテジー・アンド・トランスフォーメーション／EYパルテノン ストラテジー
アソシエートパートナー

コンサルティングファーム複数社を経て、2021年より現職。事業戦略策定や新規事業立ち上げ、システム導入など幅広いテーマの案件に携わる。ICT（Information and Communication Technology〔情報通信技術〕）関連企業を中心に戦略策定、事業変革、新規事業立ち上げなどの支援業務をけん引する。

■ 中川 遼　企画立案、第8～15章担当

ストラテジー・アンド・トランスフォーメーション／EYパルテノン ストラテジー
マネージャー

コンサルティングファーム複数社を経て、2021年より現職。データビジネスの専門家として、複数年にわたり様々な業種／業界の企業を対象に、データビジネスの構想策定、実行段階、立ち上げ後の事業ピボットに至るまで、3フェーズ一連の支援に従事する。近年は小売業界を中心としたデータビジネスの支援に従事する。

■ **西尾 素己　第23章担当**

ストラテジック インパクト
パートナー

サイバーセキュリティ戦略、経済安全保障領域のコンサルティングサービスを提供するコンサルタント。幼少期より世界中のトップホワイトハッカーとともにサイバー攻撃と防衛の技術を磨き、2つの新規事業立ち上げやセキュリティベンダーでの基礎研究などを経て、2016年に米国系コンサルティングファームに入社。同社にて現在の活動につながる米国の標準規格対応サービスを主導し2019年より現職。

■ **早瀬 慶　第21章担当**

ストラテジー・アンド・トランスフォーメーション／EYパルテノン ストラテジー
パートナー

EYP Cross Sector Strategy Leader / Commercial Vehicle & Mobility Leader
スタートアップ、複数の外資系コンサルティング会社を経て、EYに参画。自動車業界を中心に、20年以上にわたり、経営戦略策定、事業構想、マーケット分析などに従事。乗用車業界に加え、商用車・物流業界を軸としたBtoB、BtoBtoCモデルによる、企業・産業横断のモビリティ社会の構築に注力。海外現地での多数の経験を有し、近年は官公庁の商用車・モビリティ領域のアドバイザを務める。2023年より、一橋大学経営管理研究科（MBA）非常勤講師。

■ **小林 真也　第18章担当**

テクノロジー・メディア＆エンターテインメント・テレコムセクター
マネージャー

コンサルティングファームおよび事業会社を経て、2022年より現職。主にTMT/製造業の大企業に対して、データ利活用に関わる戦略立案からM&Aなどの再編案件、ガバナンス体制の設計など幅広い領域を支援。また、大手教育サービス企業の戦略室において、新規サービスの創出をPMOとして推進。

■ **岡田 明　第19章担当**

公共・社会インフラセクター
アソシエートパートナー

国内大手コンサルティング会社にて流通・不動産・保険などの多様なプロジェクトに従事。その後、外資系総合ITベンダーにてプロスポーツのDX推進、スタジアム・アリーナ構想などのプロジェクトに携わる。保有するコンテンツと施設や資産を一体として運営することによる価値向上の実績を多数有する。2020年よりEYに参画。地方創生やレガシー資産を活用した価値循環モデルの実現をリードしている。

■ 佐野 徹朗　第17章担当

医薬・医療セクターコンサルティングリーダー
パートナー

外資系戦略コンサルティングファームなどを経て、2016年より現職。製薬・医療機器分野など、国内外ライフサイエンス企業に対する経営コンサルティングに従事する。メディカル、コマーシャルからR&D、サプライチェーンに至るまでバリューチェーン全域を対象として支援を行う。また、ライフサイエンス業界のビジネストランスフォーメーションを積極的に推進しており、業界企業・団体向けに関連セミナーや講演を多数実施する。

■ 水島 幹雄　第11章担当

テクノロジー・メディア＆エンターテインメント・テレコムセクター
シニアマネージャー

メガバンク、大手IT企業、外資系M&Aアドバイザリーファームなどを経て現職。テクノロジー・通信セクター企業に対する、事業戦略やM＆A戦略、新規事業開発、オープンイノベーションなどのコンサルティング業務が専門。特に、異業種参入における事業立ち上げ~スケール実現において豊富な支援実績を有する。

■ 池尻 能　第22章担当

公共・社会インフラセクター／Social Agendaチームリーダー
ディレクター

コンサルティングファーム複数社を経て、2020年より現職。公共セクターにおいて、地域を軸とした社会課題解決型ビジネス、地域発イノベーション創出をテーマとしたコンサルティングに従事している。産官学連携による共創事業の企画・立ち上げに豊富な実績を有しているほか、近年は地域におけるデジタル化推進支援を通じた課題解決モデルの構築に力を入れている。

■ 辻本 隆宏　第23章コラム担当

ストラテジー・アンド・トランスフォーメーション データサイエンス
マネージャー

博士号取得後、日本学術振興会特別研究員PDを経て2020年より現職。計量経済学（統計的因果推論）を用いた研究で博士号を取得し、以降、データサイエンス領域にて統計学・統計分析・経済学に関するデータ分析支援およびデータ分析の利活用立ち上げ支援に従事。近年は公共分野、ヘルスケア分野に注力。

■ 神山 研　第16章担当

ストラテジー・アンド・トランスフォーメーション／EYパルテノン ストラテジー
コンサルタント

SNSマーケティング支援のツールベンダーを経て、2022年より現職。前職では営業やプランナーとして、SNSプロモーションの企画立案、実行を支援。現職ではポイント事業戦略策定支援や、データビジネスの新規事業構想策定支援に従事する。

3つのステップで成功させる

データビジネス

「データで稼げる」新規事業をつくる

2023年6月21日　初版第1刷発行

著　者　EY《イーワイ》ストラテジー・アンド・コンサルティング

発行人　佐々木幹夫

発行者　株式会社 翔泳社

https://www.shoeisha.co.jp

印刷・製本　株式会社 広済堂ネクスト

ISBN 978-4-7981-7881-3　Printed in Japan